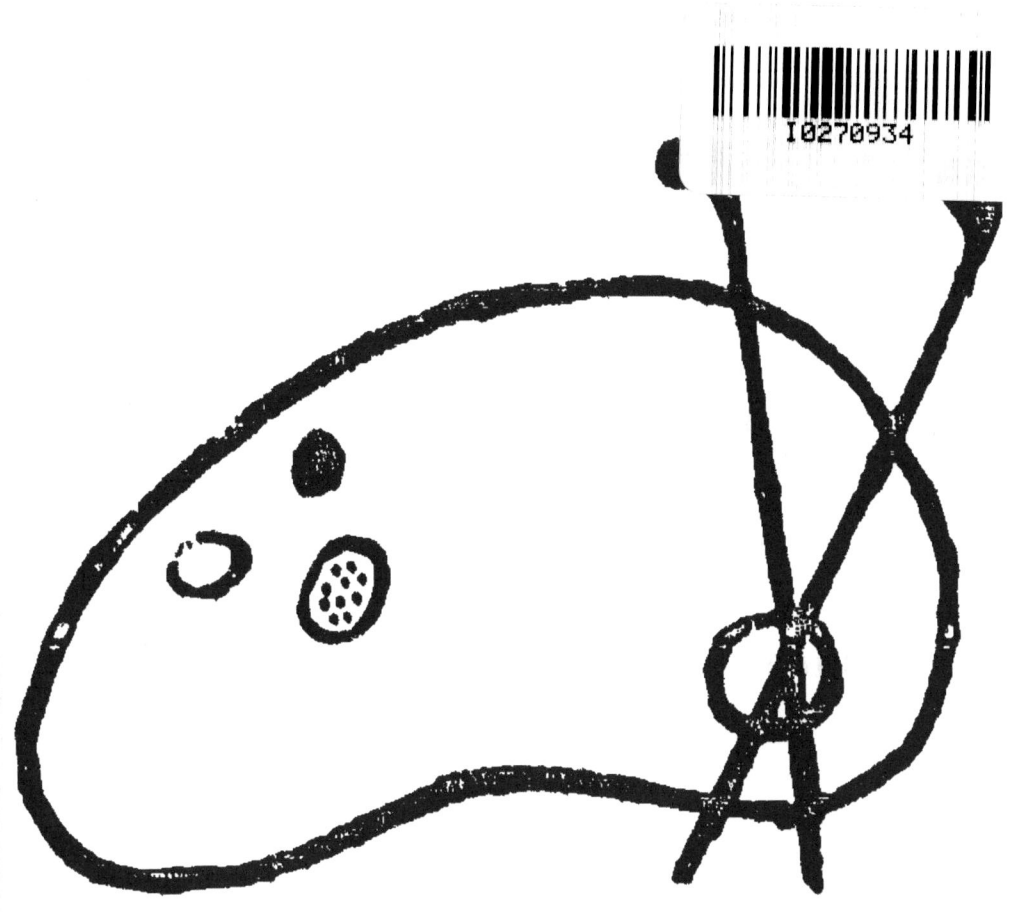

Début d'une série de documents
en couleur

CHARLES DICKENS

LES GRANDES ESPÉRANCES

Roman traduit de l'anglais

PAR

CHARLES BERNARD-DEROSNE

AVEC L'AUTORISATION DE L'AUTEUR

TOME PREMIER

PARIS

LIBRAIRIE HACHETTE ET Cie

79, BOULEVARD SAINT-GERMAIN, 79

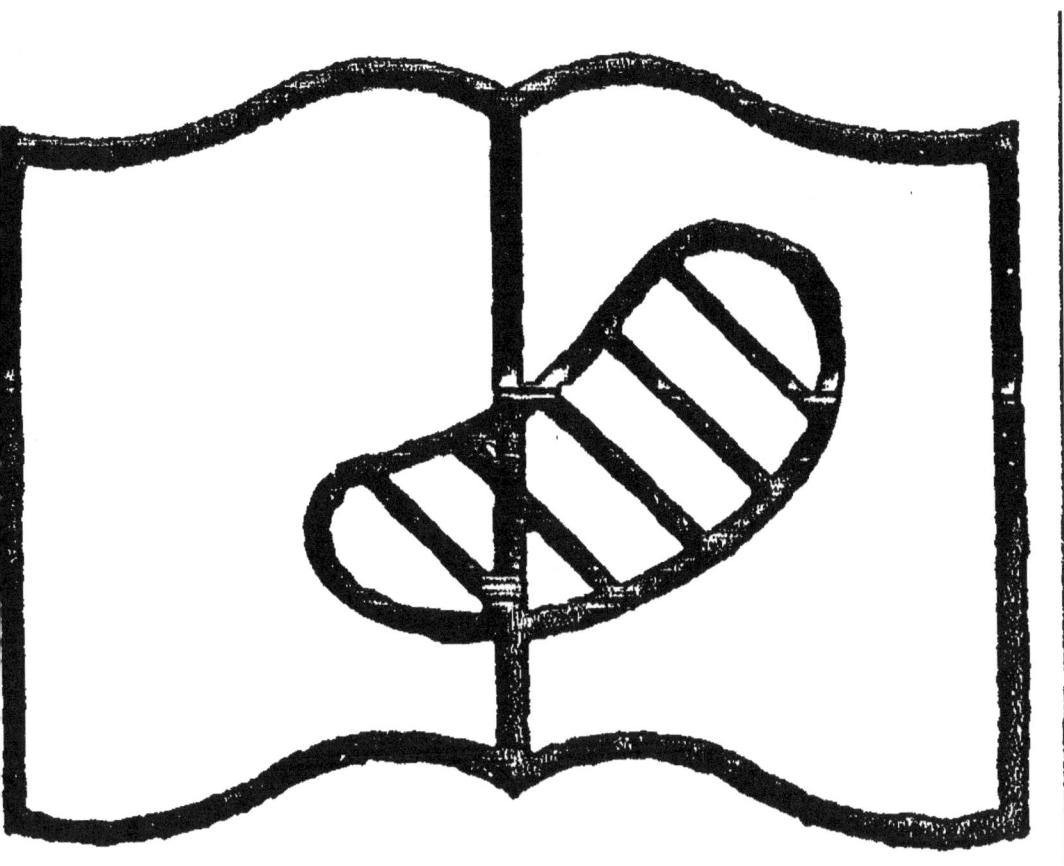

invisibilité partielle

Librairie HACHETTE et Cie, boulevard Saint-Germain, n° 79, à Paris.

BIBLIOTHÈQUE DES MEILLEURS ROMANS ÉTRANGERS

ÉDITIONS A 1 FRANC LE VOLUME

ROMANS TRADUITS DE L'ANGLAIS

Ainsworth (W.) : Auriol. 1 v. — Crichton, 1 v. — Jack Sheppard, 1 v.
Anonymes : Les poétours d'épaves, 1 v. — Miss Marjoribanks, 1 v. — Paul Ferroll, 1 v. — Violette, 1 v. — Whitehall, 2 v. — Whitefriars, 2 v. — La veuve Gernsby, 2 vol. — Tour three months, 1 vol. — Meliss Moss, 1 vol. — Afar Dawn, 1 vol.
Austen (Miss) : Persuasion, 1 v.
Beaconsfield (lord) : Endymion, 2 vol.
Beecher-Stowe (Mrs.) : La case de l'oncle Tom, 1 v. — La fiancée du ministre, 1 v.
Black (W.) : Anne Beresford, 1 vol.
Blackmore (R.) : Lorna, 1 vol.
Braddon (Miss) : Œuvres, 41 volumes.
Bulwer-Lytton (lord Ed.) : Œuvres, 25 vol.
Conway (H.) : Le secret de la neige, 1 v.
Craik (Miss Mulock) : Doux mariages, 1 v. — Une bonne femme, 1 v. — Mildred, 1 v.
Cummins (Miss) : L'allumeur de réverbères, 1 v. — Mabel Vaughan, 1 v. — La rose du Liban, 1 v.
Currer-Bell (Miss Brontë) : Jane Eyre, 2 v. — Le Professeur, 1 v. — Shirley, 2 v.
Dasent : Les Vikings de la Baltique, 1 v.
Derrick (F.) : Olive Varcoe, 1 v.
Dickens (Ch.) : Œuvres, 28 volumes.
Dickens et Collins : L'abîme, 1 v. Voir ci-dessus Beaconsfield.
Disraeli : Sybil, 1 v. — Lothair, 1 v.
Edwardes (Mrs. Annie) : Un basilique, 1 v. — Une singulière héroïne, 1 v.
Edwards (Miss Amélia) : L'héritage de Jacob, Treisden, 1 vol.
Eliot (G.) : Les Italiens, 1 vol.
Fleming (M.) : Un mariage extravagant, 2 v. — Le mystère de Catheron, 2 vol. — Les chaînes d'or, 1 vol.
Fullerton (Lady) : L'oiseau du bon Dieu, 1 v. — Hélène Middleton, 1 v.
Gaskell (Mrs.) : Autour du sofa, 1 v. — Marie Burton, 1 v. — Marguerite Hall (Nord et Sud), 1 v. — Ruth, 1 v. — Les amoureux de Sylvia, 1 v. — Cousine Phillis, 1 v. — L'œuvre d'une nuit de mai, Le héros du fossoyeur, 1 v.
Grenville Murray : Le jeune Brown, 2 v. — La cabale du boudoir, 1 v. — Veuve remariée, 1 v. — Une famille endettée, 1 v. — Étranges histoires, 1 v.
Hall (Capt. Basil) : Scènes de la vie maritime, 1 v. — Scènes du bord et de la terre ferme, 1 v.
Hamilton-Aïdé : Rita, 1 v.

Hardy (T.) : La trompette-major, 1 v.
Harwood (J.) : Lord Ulswater, 1 vol.
Haworth (Miss) : Une méprise. — Les trois soirées de la Saint-Jean. — Morwell, 1 v.
Hawthorne : La lettre rouge, 1 v. — La maison aux 7 pignons, 1 v.
Hildreth : L'esclave blanc, 1 v.
Howells : Le passager de l'Aroostook, 1 v.
James : Eleonora d'Orco, 1 v. — L'Américain à Paris, 1 v. — Roderick Hudson, 1 v.
Jenkin (Mrs.) : Qui casse paye, 1 v.
Jerrold (D.) : Sous les rideaux, 1 v.
Kavanagh (J.) : Tuteur et pupille, 2 v.
Kingsley : Il y a deux ans, 2 v.
Lawrence (G.) : Frontière et prison, 1 v. — Guy Livingstone, 1 v. — Honneur mérite, 1 v. — L'épée et la robe, 1 v. — Maurice Dering, 1 v. — Flora Dellassy, 1 v.
Longfellow : Drames et poésies, 1 v.
Marryat (Miss) : Doux amours, 1 v.
Marsh (Mrs.) : La contrealto, 1 v.
Mayne-Reid : La piste de guerre, 1 v. — Le Quarteronne, 1 v. — Le doigt du destin, 1 v. — Le roi des Séminoles, 1 v. — La jeunianna, 1 v.
Melville (Whyte) : Les gladiateurs, Jephté et Judée, 1 v. — Katerfelto, 1 v. — Digby Grand, 1 v. — Kate Coventry, 1 v. — Satanella, 1 v.
Ouida : Ariane, 2 v. — Pascarel, 1 v.
Page (H.) : Un collège de femmes, 1 v.
Poynter (E.) : Hetty, 1 v.
Reade et Dion Boucicault : L'île providentielle, 1 v.
Seagrave (A.) : Marmorne, 1 v.
Smith (J.) : L'héritage, 3 v.
Stephens (Miss) : Opulence et misère, 1 v.
Thackeray : Henry Esmond, 2 v. — Histoire de Pendennis, 3 v. — La foire aux vanités, 2 v. — Le livre des Snobs, 1 v. — Mémoires de Barry Lyndon, 1 v.
Thackeray (Miss) : Sur la falaise, 1 v.
Townsend (V.-E.) : Madeline, 1 v.
Trolloppe (A.) : Le domaine de Belton, 1 v. — La veuve remariée, 2 v. — Le cousin Henry, 1 v.
Trolloppe (Mrs.) : La Pupille, 1 v.
Wilkie Collins : Œuvres, 16 volumes.
Wood (Mrs.) : Les filles de lord Oakburn, 2 v. — Le serment de Lady Adelaïde. — Le maître de Greylands, 1 v. — des Verner, 1 v. — Edina, 1 v. — L'héritier de Court-Netherleigh, 1 v.

Coulommiers. — Imp. P. Brodard

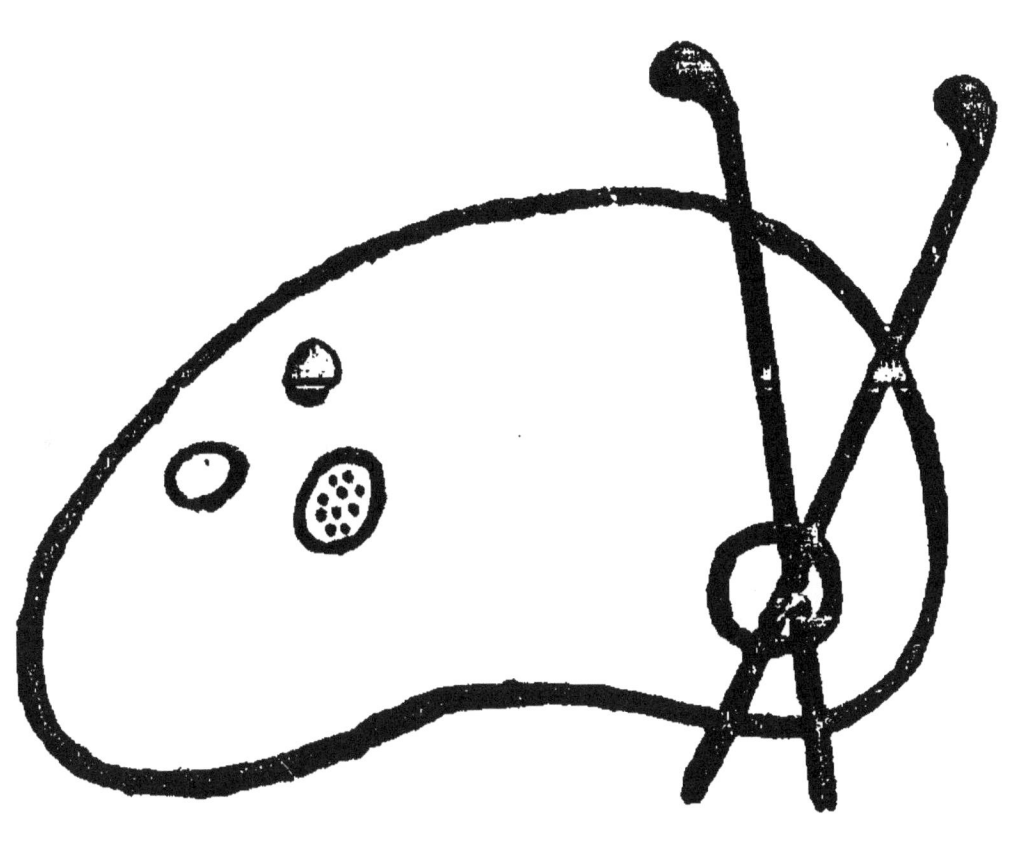

Fin d'une série de documents en couleur

LES GRANDES
ESPÉRANCES

OUVRAGES DU MÊME AUTEUR

PUBLIÉS DANS LA BIBLIOTHÈQUE DES ROMANS ÉTRANGERS

PAR LA LIBRAIRIE HACHETTE ET Cⁱᵉ

Œuvres de Charles Dickens, traduites de l'anglais sous la direction de P. Lorain. 28 vol.

Aventures de M. Pickwick. 2 vol.
Bleak-House. 2 vol.
Barnabé Rudge. 2 vol.
Les temps difficiles. 1 vol.
Contes de Noël. 1 vol.
David Copperfield. 2 vol.
La petite Dorrit. 2 vol.
Dombey et fils. 3 vol.
Le Magasin d'antiquités. 2 vol.
Les temps difficiles. 1 vol.
Nicolas Nickleby. 2 vol.
Olivier Twist. 1 vol.
Paris et Londres en 1793. 1 vol.
Vie et aventures de Martin Chuzzlewit. 2 vol.
Les grandes Espérances. 2 vol.
L'ami commun. 2 vol.
Le Mystère d'Edwin Drood. 1 vol.

DICKENS et COLLINS : L'Abîme, traduit de l'anglais, par Mᵐᵉ Judith. 1 vol.

Coulommiers. — Imp. PAUL BRODARD. — 652-95.

CHARLES DICKENS

LES GRANDES ESPÉRANCES

Roman traduit de l'anglais

PAR

CHARLES BERNARD-DEROSNE

AVEC L'AUTORISATION DE L'AUTEUR

TOME PREMIER

PARIS
LIBRAIRIE HACHETTE ET Cⁱᵉ
79, BOULEVARD SAINT-GERMAIN, 79

1896
Tous droits réservés.

LES
GRANDES ESPÉRANCES

CHAPITRE I.

Le nom de famille de mon père étant Pirrip, et mon nom de baptême Philip, ma langue enfantine ne put jamais former de ces deux mots rien de plus long et de plus explicite que Pip. C'est ainsi que je m'appelai moi-même Pip, et que tout le monde m'appela Pip.

Si je donne Pirrip comme le nom de famille de mon père, c'est d'après l'autorité de l'épitaphe de son tombeau, et l'attestation de ma sœur, Mrs Joe Gargery, qui a épousé le forgeron. N'ayant jamais vu ni mon père, ni ma mère, même en portrait puisqu'ils vivaient bien avant les photographes, la première idée que je me formai de leur personne fut tirée, avec assez peu de raison, du reste, de leurs pierres tumulaires. La forme des lettres tracées sur celle de mon père me donna l'idée bizarre que c'était un homme brun, fort, carré, ayant les cheveux noirs et frisés. De la tournure et des caractères de cette inscription : *Et aussi Georgiana, épouse du ci-dessus*, je tirai la conclusion enfantine que ma mère avait été une femme faible et maladive. Les cinq petites losanges de pierre, d'environ un pied et demi de longueur, qui étaient rangées avec soin à côté de leur tombe, et dédiées à la mémoire de cinq petits frères qui avaient quitté ce monde après y être à peine entrés, firent naître en moi une pensée que j'ai religieusement conservée depuis, c'est qu'ils étaient venus en ce monde couchés sur leurs dos, les mains dans les poches de leurs pantalons, et qu'ils n'étaient jamais sortis de cet état d'immobilité.

Notre pays est une contrée marécageuse, située à vingt milles de la mer, près de la rivière qui y conduit en serpentant. La première impression que j'éprouvai de l'existence des choses extérieures semble m'être venue par une mémorable après-midi, froide, tirant vers le soir. A ce moment, je devinai que ce lieu glacé, envahi par les orties, était le cimetière; que Philip Pirrip, décédé dans cette paroisse, et Georgiana, sa femme, y étaient enterrés; que Alexander, Bartholomew, Abraham, Tobias et Roger, fils desdits, y étaient également morts et enterrés; que ce grand désert plat, au delà du cimetière, entrecoupé de murailles, de fossés, et de portes, avec des bestiaux qui y paissaient çà et là, se composait de marais; que cette petite ligne de plomb plus loin était la rivière, et que cette vaste étendue, plus éloignée encore, et d'où nous venait le vent, était la mer; et ce petit amas de chairs tremblantes effrayé de tout cela et commençant à crier, était Pip.

« Tais-toi ! s'écria une voix terrible, au moment où un homme parut au milieu des tombes, près du portail de l'église. Tiens-toi tranquille, petit drôle, où je te coupe la gorge ! »

C'était un homme effrayant à voir, vêtu tout en gris, avec un anneau de fer à la jambe; un homme sans chapeau, avec des souliers usés et troués, et une vieille loque autour de la tête; un homme trempé par la pluie, tout couvert de boue, estropié par les pierres, écorché par les cailloux, déchiré par les épines, piqué par les orties, égratigné par les ronces; un homme qui boitait, grelottait, grognait, dont les yeux flamboyaient, et dont les dents claquaient, lorsqu'il me saisit par le menton.

« Oh ! monsieur, ne me coupez pas la gorge !... m'écriai-je avec terreur. Je vous en prie, monsieur..., ne me faites pas de mal !...

— Dis-moi ton nom, fit l'homme, et vivement !

— Pip, monsieur....

— Encore une fois, dit l'homme en me fixant, ton nom.... ton nom ?...

— Pip.... Pip.... monsieur....

— Montre-nous où tu demeures, dit l'homme, montre-nous ta maison. »

J'indiquai du doigt notre village, qu'on apercevait parmi les aunes et les peupliers, à un mille ou deux de l'église.

L'homme, après m'avoir examiné pendant quelques minutes, me retourna la tête en bas, les pieds en l'air et vida mes poches. Elles ne contenaient qu'un morceau de pain. Quand je revins à moi, il avait agi si brusquement, et j'avais été si effrayé, que je voyais tout sens dessus dessous, et que le clocher de l'église semblait être à mes pieds; quand je revins à moi, dis-je, j'étais assis sur une grosse pierre, où je tremblais pendant qu'il dévorait mon pain avec avidité.

« Mon jeune gaillard, dit l'homme, en se léchant les lèvres, tu as des joues bien grasses. »

Je crois qu'effectivement mes joues étaient grasses, bien que je fusse resté petit et faible pour mon âge.

« Du diable si je ne les mangerais pas ! dit l'homme en faisant un signe de tête menaçant, je crois même que j'en ai quelque envie. »

J'exprimai l'espoir qu'il n'en ferait rien, et je me cramponnai plus solidement à la pierre sur laquelle il m'avait placé, autant pour m'y tenir en équilibre que pour m'empêcher de crier.

« Allons, dit l'homme, parle ! où est ta mère ?

— Là, monsieur ! » répondis-je.

Il fit un mouvement, puis quelques pas, et s'arrêta pour regarder par-dessus son épaule.

« Là, monsieur ! repris-je timidement en montrant la tombe. Aussi Georgiana. C'est ma mère !

— Oh ! dit-il en revenant, et c'est ton père qui est là étendu à côté de ta mère ?

— Oui, monsieur, dis-je, c'est lui, défunt de cette paroisse.

— Ah ! murmura-t-il en réfléchissant, avec qui demeures-tu, en supposant qu'on te laisse demeurer quelque part, ce dont je ne suis pas certain ?

— Avec ma sœur, monsieur.... Mrs Joe Gargery... la femme de Joe Gargery, le forgeron, monsieur.

— Le forgeron.... hein ? » dit-il en regardant le bas de sa jambe.

Après avoir pendant un instant promené ses yeux alternativement sur moi et sur sa jambe, il me prit dans ses bras, me souleva, et, me tenant de manière à ce que ses yeux plongeassent dans les miens, de haut en bas, et les miens dans les siens, de bas en haut, il dit :

« Maintenant, écoute-moi bien, c'est toi qui vas décider si tu dois vivre. Tu sais ce que c'est qu'une lime ?
— Oui, monsieur....
— Tu sais aussi ce que c'est que des vivres ?
— Oui, monsieur.... »

Après chaque question, il me secouait un peu plus fort, comme pour me donner une idée plus sensible de mon abandon et du danger que je courais.

« Tu me trouveras une lime.... »

Il me secouait.

« Et tu me trouveras des vivres.... »

Il me secouait encore.

« Tu m'apporteras ces deux choses.... »

Il me secouait plus fort.

« Ou j'aurai ton cœur et ton foie.... »

Et il me secouait toujours.

J'étais mortellement effrayé et si étourdi, que je me cramponnai à lui en disant :

« Si vous vouliez bien ne pas tant me secouer, monsieur, peut-être n'aurais-je pas mal au cœur, et peut-être entendrais-je mieux.... »

Il me donna une secousse si terrible, qu'il me sembla voir danser le coq sur son clocher. Alors il me soutint par les bras, dans une position verticale, sur le bloc de pierre, puis il continua en ces termes effrayants :

« Tu m'apporteras demain matin, à la première heure, une lime et des vivres. Tu m'apporteras le tout dans la vieille Batterie là-bas. Tu auras soin de ne pas dire un mot, de ne pas faire un signe qui puisse faire penser que tu m'as vu, ou que tu as vu quelque autre personne ; à ces conditions, on te laissera vivre. Si tu manques à cette promesse en quelque manière que ce soit, ton cœur et ton foie te seront arrachés, pour être rôtis et mangés. Et puis, je ne suis pas seul, ainsi que tu peux le croire. Il y a là un jeune homme avec moi, un jeune homme auprès duquel je suis un ange. Ce jeune homme entend ce que je te dis. Ce jeune homme a un moyen tout particulier de se procurer le cœur et le foie des petits gars de ton espèce. Il est impossible, à n'importe quel moucheron comme toi, de le fuir ou de se cacher de lui. Tu auras beau fermer la porte au verrou, te croire en sûreté dans ton lit bien chaud, te cacher la tête sous tes couvertures, et espérer que tu es à l'abri de tout danger, ce jeune homme saura s'approcher de toi et t'ouvrir le ventre. Ce n'est qu'avec de grandes difficultés que j'empêche en ce moment ce jeune homme de te faire du mal. J'ai beaucoup de peine à l'empêcher de fouiller tes entrailles. Eh bien! qu'en dis-tu? »

Je lui dis que je lui procurerais la lime dont il avait besoin, et toutes les provisions que je pourrais apporter, et que je viendrais le trouver à la Batterie, le lendemain, à la première heure.

« Répète après moi : « Que Dieu me frappe de mort, « si je ne fais pas ce que vous m'ordonnez, » fit l'homme.

Je dis ce qu'il voulut, et il me posa à terre.

« Maintenant, reprit-il, souviens-toi de ce que tu promets, souviens-toi de ce jeune homme, et rentre chez toi!

— Bon.... bonsoir.... monsieur, murmurai-je en tremblant.

— C'est égal! dit-il en jetant les yeux sur le sol humide. Je voudrais bien être grenouille ou anguille. »

En même temps il entoura son corps grelottant avec ses grands bras, en les serrant tellement qu'ils

avaient l'air d'y tenir, et s'en alla en boitant le long
du mur de l'église. Comme je le regardais s'en aller à
travers les ronces et les orties qui couvraient les tertres
de gazon, il sembla à ma jeune imagination qu'il éludait, en passant, les mains que les morts étendaient
avec précaution hors de leurs tombes, pour le saisir à
la cheville et l'attirer chez eux.

Lorsqu'il arriva au mur qui entoure le cimetière, il
l'escalada comme un homme dont les jambes sont
roides et engourdies, puis il se retourna pour voir ce
que je faisais. Je me tournai alors du côté de la maison,
et fis de mes jambes le meilleur usage possible. Mais
bientôt, regardant en arrière, je le vis s'avancer vers la
rivière, toujours enveloppé de ses bras, et choisissant pour ses pieds malades les grandes pierres jetées
çà et là dans les marais, pour servir de passerelles,
lorsqu'il avait beaucoup plu ou que la marée y était
montée.

Les marais formaient alors une longue ligne noire
horizontale, la rivière formait une autre ligne un peu
moins large et moins noire, les nuages, eux, formaient
de longues lignes rouges et noires, entremêlées et menaçantes. Sur le bord de la rivière, je distinguais à
peine les deux seuls objets noirs qui se détachaient
dans toute la perspective qui s'étendait devant moi :
l'un était le fanal destiné à guider les matelots, ressemblant assez à un casque sans houppe placé sur une
perche, et qui était fort laid vu de près ; l'autre, un gibet, avec ses chaînes pendantes, auquel on avait jadis
pendu un pirate. L'homme, qui s'avançait en boitant
vers ce dernier objet, semblait être le pirate revenu à
la vie, et allant se raccrocher et se rependre lui-même.
Cette pensée me donna un terrible moment de vertige ; et, en voyant les bestiaux lever leurs têtes vers

lui, je me demandais s'ils ne pensaient pas comme moi. Je regardais tout autour de moi pour voir si je n'apercevais pas l'horrible jeune homme, je n'en vis pas la moindre trace ; mais la frayeur me reprit tellement, que je courus à la maison sans m'arrêter.

CHAPITRE II.

Ma sœur, Mrs Joe Gargery, n'avait pas moins de vingt ans de plus que moi, et elle s'était fait une certaine réputation d'âme charitable auprès des voisins, en m'élevant, comme elle disait, « à la main. » Obligé à cette époque de trouver par moi-même la signification de ce mot, et sachant parfaitement qu'elle avait une main dure et lourde, que d'habitude elle laissait facilement retomber sur son mari et sur moi, je supposai que Joe Gargery était, lui aussi, élevé à la main.

Ce n'était pas une femme bien avenante que ma sœur; et j'ai toujours conservé l'impression qu'elle avait forcé par la main Joe Gargery à l'épouser. Joe Gargery était un bel homme; des boucles couleur filasse encadraient sa figure douce et bonasse, et le bleu de ses yeux était si vague et si indécis, qu'on eût eu de la peine à définir l'endroit où le blanc lui cédait la place, car les deux nuances semblaient se fondre l'une dans l'autre. C'était un bon garçon, doux, obligeant, une bonne nature, un caractère facile, une sorte d'Hercule par sa force, et aussi par sa faiblesse.

Ma sœur, Mrs Joe, avec des cheveux et des yeux noirs, avait une peau tellement rouge que je me demandais souvent si, peut-être, pour sa toilette, elle ne remplaçait pas le savon par une râpe à muscade. C'était une femme grande et osseuse; elle ne quittait presque jamais un tablier de toile grossière, attaché par derrière à l'aide de deux cordons, et une bavette imperméable, toujours parsemée d'épingles et d'aiguilles. Ce tablier était la glorification de son mérite et un reproche perpétuellement suspendu sur la tête de Joe. Je n'ai jamais pu deviner pour quelle raison elle le portait, ni pourquoi, si elle voulait absolument le porter, elle ne l'aurait pas changé, au moins une fois par jour.

La forge de Joe attenait à la maison, construite en bois, comme l'étaient à cette époque plus que la plupart des maisons de notre pays. Quand je rentrai du cimetière, la forge était fermée, et Joe était assis tout seul dans la cuisine. Joe et moi, nous étions compagnons de souffrances, et comme tels nous nous faisions des confidences; aussi, à peine eus-je soulevé le loquet de la porte et l'eus-je aperçu dans le coin de la cheminée, qu'il me dit:

« Mrs Joe est sortie douze fois pour te chercher, mon petit Pip; et elle est maintenant dehors une treizième fois pour compléter la douzaine de boulanger.

— Vraiment?

— Oui, mon petit Pip, dit Joe; et ce qu'il y a de pire pour toi, c'est qu'elle a pris Tickler avec elle. »

A cette terrible nouvelle, je me mis à tortiller l'unique bouton de mon gilet et, d'un air abattu, je regardai le feu. Tickler était un jonc flexible, poli à son extrémité par de fréquentes collisions avec mon pauvre corps.

« Elle se levait sans cesse, dit Joe; elle parlait à Tickler, puis elle s'est précipitée dehors comme une furieuse. Oui, comme une furieuse, » ajouta Joe en tisonnant le feu entre les barreaux de la grille avec le poker.

— Y a-t-il longtemps qu'elle est sortie, Joe ? dis-je, car je le traitais toujours comme un enfant, et le considérais comme mon égal.

— Hom ! dit Joe en regardant le coucou hollandais, il y a bien cinq minutes qu'elle est partie en fureur.... mon petit Pip. Elle revient !.... Cache-toi derrière la porte, mon petit Pip, et rabats l'essuie-main sur toi. »

Je suivis ce conseil. Ma sœur, Mrs Joe, entra en poussant la porte ouverte, et trouvant une certaine résistance elle en devina aussitôt la cause, et chargea Tickler de ses investigations. Elle finit, je lui servais souvent de projectile conjugal, par me jeter sur Joe, qui, heureux de cette circonstance, me fit passer sous la cheminée, et me protégea tranquillement avec ses longues jambes.

« D'où viens-tu, petit singe ? dit Mrs Joe en frappant du pied. Dis-moi bien vite ce que tu as fait pour me donner ainsi de l'inquiétude et du tracas, sans cela je saurai bien t'attraper dans ce coin, quand vous seriez cinquante Pips et cinq cents Gargerys.

— Je suis seulement allé jusqu'au cimetière, dis-je du fond de ma cachette en pleurant et en me grattant.

— Au cimetière ? répéta ma sœur. Sans moi, il y a longtemps que tu y serais allé et que tu n'en serais pas revenu. Qui donc t'a élevé ?

— C'est toi, dis-je.

— Et pourquoi y es-tu allé ? Voilà ce que je voudrais savoir, s'écria ma sœur.

— Je ne sais pas, dis-je à voix basse.

— Je ne sais pas ! reprit ma sœur, je ne le ferai plus jamais ! Je connais cela. Je t'abandonnerai un de ces jours, moi qui n'ai jamais quitté ce tablier depuis que tu es au monde. C'est déjà bien assez d'être la femme d'un forgeron, et d'un Gargery encore, sans être ta mère ! »

Mes pensées s'écartèrent du sujet dont il était question, car en regardant le feu d'un air inconsolable, je vis paraître, dans les charbons vengeurs, le fugitif des marais, avec sa jambe ferrée, le mystérieux jeune homme, la lime, les vivres, et le terrible engagement que j'avais pris de commettre un larcin sous ce toit hospitalier.

« Ah ! dit Mrs Joe en remettant Tickler à sa place. Au cimetière, c'est bien cela ! C'est bien à vous qu'il appartient de parler de cimetière. Pas un de nous, entre parenthèse, n'avait soufflé un mot de cela. Vous pouvez vous en vanter tous les deux, vous m'y conduirez un de ces jours, au cimetière. Ah ! quel j....o....l....i c....o....u....p....l....e vous ferez sans moi ! »

Pendant qu'elle s'occupait à préparer le thé, Joe tournait sur moi des yeux interrogateurs, comme pour me demander si je prévoyais quelle sorte de couple nous pourrions bien faire à nous deux, si le malheur prédit arrivait. Puis il passa sa main gauche sur ses favoris, en suivant de ses gros yeux bleus les mouvements de Mrs Joe, comme il faisait toujours par les temps d'orage.

Ma sœur avait adopté un moyen de nous préparer nos tartines de beurre, qui ne variait jamais. Elle appuyait d'abord vigoureusement et longuement avec sa main gauche, le pain sur sa poitrine, où il ne manquait pas de ramasser sur la bavette, tantôt une épingle, tantôt une aiguille, qui se retrouvait bientôt dans la bouche de l'un de nous. Elle prenait ensuite un peu (très-peu de beurre) à la pointe d'un couteau, et l'étalait sur le pain de la même manière qu'un apothicaire prépare un emplâtre, se servant des deux côtés du couteau avec dextérité, et ayant soin de ramasser ce qui dépassait le bord de la croûte. Puis elle donnait un dernier coup de couteau sur le bord de l'emplâtre, et elle tranchait une épaisse tartine de pain que, finalement, elle séparait en deux moitiés, l'une pour Joe, l'autre pour moi.

Ce jour-là, j'avais faim, et malgré cela je n'osai pas manger ma tartine. Je sentais que j'avais à réserver quelque chose pour ma terrible connaissance et son allié, plus terrible encore, le jeune homme mystérieux. Je savais que Mrs Joe dirigeait sa maison avec la plus stricte économie, et que mes recherches dans le garde-manger pourraient bien être infructueuses. Je me décidai donc à cacher ma tartine dans l'une des jambes de mon pantalon.

L'effort de résolution nécessaire à l'accomplissement de ce projet me paraissait terrible. Il produisait sur mon imagination le même effet que si j'eusse dû me précipiter d'une haute maison, ou dans une eau très-profonde, et il me devenait d'autant plus difficile de m'y résoudre finalement, que Joe ignorait tout. Dans l'espèce de franc-maçonnerie, déjà mentionnée par moi, qui nous unissait comme compagnons des mêmes souffrances, et dans la camaraderie bienveillante de Joe pour moi, nous avions coutume de comparer nos tartines, à mesure que nous y faisions des brèches, en les exposant à notre mutuelle admiration, comme pour stimuler notre ardeur. Ce soir-là, Joe m'invita plusieurs fois à notre lutte amicale en me montrant les progrès que faisait la brèche ouverte dans sa tartine ; mais, chaque fois, il me trouva avec ma tasse de thé sur un genou et ma tartine intacte sur l'autre. Enfin, je considérai que le sacrifice étant inévitable, je devais le faire de la manière la moins extraordinaire et la plus compatible avec les circonstances. Profitant donc d'un moment où Joe avait les yeux tournés, je fourrai ma tartine dans une des jambes de mon pantalon.

Joe paraissait évidemment mal à l'aise de ce qu'il supposait être un manque d'appétit, et il mordait tout pensif à même sa tartine des bouchées qu'il semblait avaler sans aucun plaisir. Il les tournait et retournait dans sa bouche plus longtemps que de coutume, et finissait par les avaler comme des pilules. Il allait saisir encore une fois, avec ses dents, le pain beurré et avait déjà ouvert une bouche d'une dimension fort raisonnable, lorsque, ses yeux tombant sur moi, il s'aperçut que ma tartine avait disparu.

L'étonnement et la consternation avec lesquels Joe avait arrêté le pain sur le seuil de sa bouche et me regardait, étaient trop évidents pour échapper à l'observation de ma sœur.

« Qu'y a-t-il encore? dit-elle en posant sa tasse sur la table.

— Oh! oh! murmurait Joe, en secouant la tête d'un air de sérieuse remontrance, mon petit Pip, mon camarade, tu te feras du mal, ça ne passera pas, tu n'as pas pu la mâcher, mon petit Pip, mon ami!

— Qu'est-ce qu'il y a encore, voyons? répéta ma sœur avec plus d'aigreur que la première fois.

— Si tu peux en faire remonter quelque parcelle, en toussant, mon petit Pip, fais-le, mon ami! dit Joe. Certainement chacun mange comme il l'entend, mais encore, ta santé!... ta santé!... »

A ce moment, ma sœur furieuse avait attrapé Joe par ses deux favoris et lui cognait la tête contre le mur, pendant qu'assis dans mon coin je les considérais d'un air vraiment piteux.

« Maintenant, peut-être vas-tu me dire ce qu'il y a, gros niais que tu es! » dit ma sœur hors d'haleine.

Joe promena sur elle un regard désespéré, prit une bouchée désespérée, puis il me regarda de nouveau :

« Tu sais, mon petit Pip, dit-il d'un ton solennel et confidentiel, comme si nous eussions été seuls, et en logeant sa dernière bouchée dans sa joue, tu sais que toi et moi sommes bons amis, et que je serais le dernier à faire aucun mauvais rapport contre toi; mais faire un pareil coup.... »

Il éloigna sa chaise pour regarder le plancher entre lui et moi; puis il reprit :

« Avaler un pareil morceau d'un seul coup!
— Il a avalé tout son pain, n'est-ce pas? s'écria ma sœur.
— Tu sais, mon petit Pip, reprit Joe, en me regardant, sans faire la moindre attention à Mrs Joe, et ayant toujours sous la joue sa dernière bouchée, que j'ai avalé aussi, moi qui te parle.... et souvent encore.... quand j'avais ton âge, et j'ai vu bien des avaleurs, mais je n'ai jamais vu avaler comme toi, mon petit Pip, et je m'étonne que tu n'en sois pas mort; c'est par une permission du bon Dieu! »

Ma sœur s'élança sur moi, me prit par les cheveux et m'adressa ces paroles terribles :

« Arrive, mauvais garnement, qu'on te soigne! »

Quelque brute médicale avait, à cette époque, remis en vogue l'eau de goudron, comme un remède très-efficace, et Mrs Joe en avait toujours dans son armoire une certaine provision, croyant qu'elle avait d'autant plus de vertu qu'elle était plus dégoûtante. Dans de meilleurs temps, un peu de cet élixir m'avait été administré comme un excellent fortifiant; je craignis donc ce qui allait arriver, pressentant une nouvelle entrave à mes projets de sortie. Ce soir-là, l'urgence du cas demandait au moins une pinte de cette drogue. Mrs Joe me l'introduisit dans la gorge, pour mon plus grand bien, en me tenant la tête sous son bras, comme un tire-bottes tient une chaussure. Joe en fut quitte pour une demi-pinte, qu'il dut avaler, bon gré, mal gré, pendant qu'il était assis, mâchant tranquillement et méditant devant le feu, parce qu'il avait peut-être eu mal au cœur. Jugeant d'après moi, je puis dire qu'il y aurait eu mal après, s'il n'y avait eu mal avant.

La conscience est une chose terrible, quand elle accuse, soit un homme, soit un enfant; mais quand ce secret fardeau se trouve lié à un autre fardeau, enfoui dans les jambes d'un pantalon, c'est (je puis l'avouer) une grande punition. La pensée que j'allais commettre un crime en volant Mrs Joe, l'idée que je volerais Joe ne me serait jamais venue, car je n'avais jamais pensé qu'il eût aucun droit sur les ustensiles du ménage; cette pensée, jointe à la nécessité dans laquelle je me trouvais de tenir sans relâche ma main sur ma tartine, pendant que j'étais assis ou que j'allais à la cuisine chercher quelque chose ou faire quelques petites commissions, me rendait presque fou. Alors, quand le vent des marais venait ranimer et faire briller le feu de la cheminée, il me semblait entendre au dehors la voix de l'homme à la jambe ferrée, qui m'avait fait jurer le secret, me criant qu'il ne pouvait ni ne voulait jeûner jusqu'au lendemain, mais qu'il lui fallait manger tout de suite. D'autres fois, je pensais que le jeune homme, qu'il était si difficile d'empêcher de plonger ses mains dans mes entrailles, pourrait bien céder à une impatience constitutionnelle, ou se tromper d'heure et se croire des droits à mon cœur et à mon foie ce soir même, au lieu de demain ! S'il est jamais arrivé à quelqu'un de sentir ses cheveux se dresser sur sa tête, ce doit être à moi. Mais peut-être cela n'est-il jamais arrivé à personne.

C'était la veille de Noël, et j'étais chargé de remuer, avec une tige en cuivre, la pâte du pudding pour le lendemain, et cela de sept à huit heures, au coucou hollandais. J'essayai de m'acquitter de ce devoir sans me séparer de ma tartine, et cela me fit penser une fois de plus à l'homme chargé de fers, et j'éprouvai alors une certaine tendance à sortir la malheureuse tartine de mon pantalon, mais la chose était bien difficile. Heureusement, je parvins à me glisser jusqu'à ma petite chambre, où je déposai cette partie de ma conscience.

« Écoute ! dis-je, quand j'eus fini avec le pudding, et que je revins prendre encore un peu de chaleur au coin de la cheminée avant qu'on ne m'envoyât coucher. Pourquoi tire-t-on ces grands coups de canon, Joe ?

— Ah ! dit Joe, encore un forçat d'évadé !

— Qu'est-ce que cela veut dire, Joe ? »

Mrs Joe, qui se chargeait toujours de donner des explications, répondit avec aigreur :

« Échappé ! échappé !... » administrant ainsi la définition comme elle administrait l'eau de goudron.

Tandis que Mrs Joe avait la tête penchée sur son ouvrage d'aiguille, je tâchai par des mouvements muets de mes lèvres de faire entendre à Joe cette question :

« Qu'est-ce que c'est qu'un forçat ? »

Joe me fit une réponse grandement élaborée, à en juger par les contorsions de sa bouche, mais dont je ne pus former que le seul mot : « Pip !... »

« Un forçat s'est évadé hier soir après le coup de canon du coucher du soleil, reprit Joe à haute voix, et on a tiré le canon pour en avertir ; et maintenant on tire sans doute encore pour un autre.

— Qu'est-ce qui tire? demandai-je.

— Qu'est-ce que c'est qu'un garçon comme ça? fit ma sœur en fronçant le sourcil par-dessus son ouvrage. Quel questionneur éternel tu fais.... Ne fais pas de questions, et on ne te dira pas de mensonges. »

Je pensais que ce n'était pas très-poli pour elle-même de me laisser entendre qu'elle me dirait des mensonges, si je lui faisais des questions. Mais elle n'était jamais polie avec moi, excepté quand il y avait du monde.

A ce moment, Joe vint augmenter ma curiosité au plus haut degré, en prenant beaucoup de peine pour ouvrir la bouche toute grande, et lui faire prendre la forme d'un mot qui, au mouvement de ses lèvres, me parut être :

« Boudé.... »

Je regardai naturellement Mrs Joe et dis :

« Elle? »

Mais Joe ne parut rien entendre du tout, et il répéta le mouvement avec plus d'énergie encore; je ne compris pas davantage.

« Mistress Joe, dis-je comme dernière ressource, je voudrais bien savoir.... si cela ne te fait rien.... où l'on tire le canon?

— Que Dieu bénisse cet enfant! s'écria ma sœur d'un ton qui faisait croire qu'elle pensait tout le contraire de ce qu'elle disait. Aux pontons!

— Oh! dis-je en levant les yeux sur Joe, aux pontons! »

Joe me lança un regard de reproche qui disait :

« Je te l'avais bien dit¹. »

---

1. En anglais : « *Sulks* » — bouder — ayant la même terminaison que « *hulks* » — pontons — la méprise de Pip est tout expliquée.

— Et s'il te plait, qu'est-ce que les pontons ? repris-je.

— Voyez-vous, s'écria ma sœur en dirigeant sur moi son aiguille et en secouant la tête de mon côté, répondez-lui une fois, et il vous fera de suite une douzaine de questions. Les pontons sont des vaisseaux qui servent de prison, et qu'on trouve en traversant tout droit les marais.

— Je me demande qui on peut mettre dans ces prisons, et pourquoi on y met quelqu'un ? » dis-je d'une manière générale et avec un désespoir calme.

C'en était trop pour Mrs Joe, qui se leva immédiatement.

« Je vais te le dire, méchant vaurien, fit-elle. Je ne t'ai pas élevé pour que tu fasses mourir personne à petit feu ; je serais à blâmer et non à louer si je l'avais fait. On met sur les pontons ceux qui ont tué, volé, fait des faux et toutes sortes de mauvaises actions, et ces gens-là ont tous commencé comme toi par faire des questions. Maintenant, va te coucher, et dépêchons ! »

On ne me donnait jamais de chandelle pour m'aller coucher, et en gagnant cette fois ma chambre dans l'obscurité, ma tête tintait, car Mrs Joe avait tambouriné avec son dé sur mon crâne, en disant ces derniers mots et je sentais avec épouvante que les pontons étaient faits pour moi ; j'étais sur le chemin, c'était évident ! J'avais commencé à faire des questions, et j'étais sur le point de voler Mrs Joe.

Depuis cette époque, bien reculée maintenant, j'ai souvent pensé combien peu de gens savent à quel point on peut compter sur la discrétion des enfants frappés de terreur. Cependant, rien n'est plus déraisonnable que la terreur. J'éprouvais une terreur mortelle en pensant au jeune homme qui en voulait absolument à mon cœur et à mes entrailles. J'éprouvais une terreur mortelle au souvenir de mon interlocuteur à la jambe ferrée. J'éprouvais une terreur mortelle de moi-même, depuis qu'on m'avait arraché ce terrible serment; je n'avais aucun espoir d'être délivré de cette terreur par ma toute-puissante sœur, qui me rebutait à chaque tentative que je faisais; et je suis effrayé rien qu'en pensant à ce qu'un ordre quelconque aurait pu m'amener à faire sous l'influence de cette terreur.

Si je dormis un peu cette nuit-là, ce fut pour me sentir entraîné vers les pontons par le courant de la rivière. En passant près de la potence, je vis un fantôme de pirate, qui me criait dans un porte-voix que je ferais mieux d'aborder et d'être pendu tout de suite que d'attendre. J'aurais eu peur de dormir, quand même j'en aurais eu l'envie, car je savais que c'était à la première aube que je devais piller le garde-manger. Il ne fallait pas songer à agir la nuit, car je n'avais aucun moyen de me procurer de la lumière, si ce n'est en battant le briquet, ou une pierre à fusil avec un morceau de fer, ce qui aurait produit un bruit semblable à celui du pirate agitant ses chaînes.

Dès que le grand rideau noir qui recouvrait ma petite fenêtre eût pris une légère teinte grise, je descendis. Chacun de mes pas, sur le plancher, produisait un craquement qui me semblait crier : « Au voleur!... Réveillez-vous, mistress Joe!... Réveillez-vous!... » Arrivé au garde-manger qui, vu la saison, était plus abondamment fourni que de coutume, j'eus un moment de frayeur indescriptible à la vue d'un lièvre pendu par les pattes. Il me sembla même qu'il fixait sur moi un œil beaucoup trop vif pour sa situation. Je n'avais pas le temps de rien vérifier, ni de choisir; en un mot, je n'avais le temps de rien faire. Je pris du pain, du fromage, une assiette de hachis, que je nouai dans mon mouchoir avec la fameuse tartine de la veille, un peu d'eau-de-vie dans une bouteille de grès, que je transvasai dans une bouteille de verre que j'avais secrètement emportée dans ma chambre pour composer ce liquide enivrant appelé « jus de réglisse », remplissant la bouteille de grès avec de l'eau que je trouvai dans une cruche dans le buffet de la cuisine, un os, auquel il ne restait que fort peu de viande, et un magnifique pâté de porc. J'allais partir sans ce splendide morceau, quand j'eus l'idée de monter sur une planche pour voir ce que pouvait contenir ce plat de terre si soigneusement relégué dans le coin le plus obscur de l'armoire et que je découvris le pâté, je m'en emparai avec l'espoir qu'il n'était pas destiné à être mangé de sitôt, et qu'on ne s'apercevrait pas de sa disparition, de quelque temps au moins.

Une porte de la cuisine donnait accès dans la forge ; je tirai le verrou, j'ouvris cette porte, et je pris une lime parmi les outils de Joe. Puis, je remis toutes les fermetures dans l'état où je les avais trouvées ; j'ouvris la porte par laquelle j'étais rentré le soir précédent ; je m'élançai dans la rue, et pris ma course vers les marais brumeux.

CHAPITRE III.

C'était une matinée de gelée blanche très-humide. J'avais trouvé l'extérieur de la petite fenêtre de ma chambre tout mouillé, comme si quelque lutin y avait pleuré toute la nuit, et qu'il lui eût servi de mouchoir de poche. Je retrouvai cette même humidité sur les haies stériles et sur l'herbe desséchée, suspendue comme de grossières toiles d'araignée, de rameau en rameau, de brin en brin ; les grilles, les murs étaient dans le même état, et le brouillard était si épais, que je ne vis qu'en y touchant le poteau au bras de bois qui indique la route de notre village, indication qui ne servait à rien car on ne passait jamais par là. Je levai les yeux avec terreur sur le poteau, ma conscience oppressée en faisait un fantôme, me montrant la rue des Pontons.

Le brouillard devenait encore plus épais, à mesure que j'approchais des marais, de sorte qu'au lieu d'aller vers les objets, il me semblait que c'étaient les objets qui venaient vers moi. Cette sensation était extrêmement désagréable pour un esprit coupable. Les grilles et les fossés s'élançaient à ma poursuite, à travers le brouillard, et criaient très-distinctement : « Arrêtez-le ! Arrêtez-le !... Il emporte un pâté qui n'est pas à lui !... »

Les bestiaux y mettaient une ardeur égale et écarquillaient leurs gros yeux en me lançant par leurs naseaux un effroyable : « Holà ! petit voleur !... Au voleur ! Au voleur !... » Un bœuf noir, à cravate blanche, auquel ma conscience troublée trouvait un certain air clérical, fixait si obstinément sur moi son œil accusateur, que je ne pus m'empêcher de lui dire en passant:

« Je n'ai pas pu faire autrement, monsieur! Ce n'est pas pour moi que je l'ai pris ! »

Sur ce, il baissa sa grosse tête, souffla par ses naseaux un nuage de vapeur, et disparut après avoir lancé une ruade majestueuse avec ses pieds de derrière et fait le moulinet avec sa queue.

Je m'avançais toujours vers la rivière. J'avais beau courir, je ne pouvais réchauffer mes pieds, auxquels l'humidité froide semblait rivée comme la chaîne de fer était rivée à la jambe de l'homme que j'allais retrouver. Je connaissais parfaitement bien le chemin de la Batterie, car j'y étais allé une fois, un dimanche, avec Joe, et je me souvenais, qu'assis sur un vieux canon, il m'avait dit que, lorsque je serais son apprenti et directement sous sa dépendance, nous viendrions là passer de bons quarts d'heure. Quoi qu'il en soit, le brouillard m'avait fait prendre un peu trop à droite ; en conséquence, je dus rebrousser chemin le long de la rivière, sur le bord de laquelle il y avait de grosses pierres au milieu de la vase et des pieux, pour contenir la marée. En me hâtant de retrouver mon chemin, je venais de traverser un fossé que je savais n'être pas éloigné de la Batterie, quand j'aperçus l'homme assis devant moi. Il me tournait le dos, et avait les bras croisés et la tête penchée en avant, sous le poids du sommeil.

Je pensais qu'il serait content de me voir arriver

aussi inopinément avec son déjeuner. Je m'approchai donc de lui et le touchai doucement à l'épaule. Il bondit sur ses pieds, mais ce n'était pas le même homme, c'en était un autre!

Et pourtant cet homme était, comme l'autre, habillé tout en gris; comme l'autre, il avait un fer à la jambe; comme l'autre, il boitait, il avait froid, il était enroué; enfin c'était exactement le même homme, si ce n'est qu'il n'avait pas le même visage et qu'il portait un chapeau bas de forme et à larges bords. Je vis tout cela en un moment, car je n'eus qu'un moment pour voir tout cela; il me lança un gros juron à la tête, puis il voulut me donner un coup de poing; mais si indécis et si faible qu'il me manqua et faillit lui-même rouler à terre car ce mouvement le fit chanceler; alors, il s'enfonça dans le brouillard, en trébuchant deux fois et je le perdis de vue.

« C'est le jeune homme! » pensai-je en portant la main sur mon cœur.

Et je crois que j'aurais aussi ressenti une douleur au foie, si j'avais su où il était placé.

J'arrivai bientôt à la Batterie. J'y trouvai mon homme, le véritable, s'étreignant toujours et se promenant çà et là en boitant, comme s'il n'eût pas cessé un instant, toute la nuit, de s'étreindre et de se promener en m'attendant. A coup sûr, il avait terriblement froid, et je m'attendais presque à le voir tombé inanimé et mourir de froid à mes pieds. Ses yeux annonçaient aussi une faim si épouvantable que, quand je lui tendis la lime, je crois qu'il eût essayé de la manger, s'il n'eût aperçu mon paquet. Cette fois, il ne me mit pas la tête en bas, et me laissa tranquillement sur mes jambes, pendant que j'ouvrais le paquet et que je vidais mes poches.

« Qu'y a-t-il dans cette bouteille? dit-il

— De l'eau-de-vie, » répondis-je.

Il avait déjà englouti une grande partie du hachis de la manière la plus singulière, plutôt comme un homme qui a une hâte extrême de mettre quelque chose en sûreté, que comme un homme qui mange ; mais il s'arrêta un moment pour boire un peu de liqueur. Pendant tout ce temps, il tremblait avec une telle violence, qu'il avait toutes la peine du monde à ne pas briser entre ses dents le goulot de la bouteille.

« Je crois que vous avez la fièvre, dis-je.

— Tu pourrais bien avoir raison, mon garçon, répondit-il.

— Il ne fait pas bon ici, repris-je, vous avez dormi dans les marais, ils donnent la fièvre et des rhumatismes.

— Je vais toujours manger mon déjeuner, dit-il, avant qu'on ne me mette à mort. J'en ferais autant, quand même je serais certain d'être repris et ramené là-bas, aux pontons, après avoir mangé ; et je te parie que j'avalerai jusqu'au dernier morceau. »

Il mangeait du hachis, du pain, du fromage et du pâté, tout à la fois : jetant dans le brouillard qui nous entourait des yeux inquiets, et souvent arrêtant, oui, arrêtant jusqu'au jeu de ses mâchoires pour écouter. Le moindre bruit, réel ou imaginaire, le murmure de l'eau, ou la respiration d'un animal le faisait soudain tressaillir, et il me disait tout à coup :

« Tu ne me trahis pas, petit diable ?.... tu n'as amené personne avec toi ?

— Non, monsieur !... non !

— Tu n'as dit à personne de te suivre ?

— Non !

— Bien ! disait-il, je te crois. Tu serais un fier limier, en vérité, si à ton âge tu aidais déjà à faire prendre une pauvre vermine comme moi, près de la mort, et traquée de tous côtés, comme je le suis. »

Il se fit dans sa gorge un bruit assez semblable à celui d'une pendule qui va sonner, puis il passa sa manche de toile grossière sur ses yeux.

Touché de sa désolation, et voyant qu'il revenait toujours au pâté de préférence, je m'enhardis assez pour lui dire :

« Je suis bien aise que vous le trouviez bon.

— Est-ce toi qui as parlé ?

— Je dis que je suis bien aise que vous le trouviez bon.

— Merci, mon garçon, je le trouve excellent. »

Je m'étais souvent amusé à regarder manger un gros chien que nous avions à la maison, et je remarquai qu'il y avait une similitude frappante dans la manière de manger de ce chien et celle de cet homme. Il donnait des coups de dent secs comme le chien ; il avalait, ou plutôt il happait d'énormes bouchées, trop tôt et trop vite, et regardait de côté et d'autres en mangeant, comme s'il eût craint que, de toutes les directions, on ne vînt lui enlever son pâté. Il était cependant trop préoccupé pour en bien apprécier le mérite, et je pensais que si quelqu'un avait voulu partager son dîner, il se fût jeté sur ce quelqu'un pour lui donner un coup de dent, tout comme aurait pu le faire le chien, en pareille circonstance.

« Je crains bien que vous ne lui laissiez rien, dis-je timidement, après un silence pendant lequel j'avais hésité à faire cette observation : il n'en reste plus à l'endroit où j'ai pris celui-ci.

— Lui en laisser ?.... A qui ?... dit mon ami, en s'arrêtant sur un morceau de croûte.

— Au jeune homme. A celui dont vous m'avez parlé. A celui qui se cache avec vous.

— Ah! oh! reprit-il avec quelque chose comme un éclat de rire; lui!.... oui!.... oui!.... Il n'a pas besoin de vivres.

— Il semblait pourtant en avoir besoin, » dis-je.

L'homme cessa de manger et me regarda d'un air surpris.

« Il t'a semblé?.... Quand?....

— Tout à l'heure.

— Où cela?

— Là-bas!... dis-je, en indiquant du doigt; là-bas, où je l'ai trouvé endormi; je l'avais pris pour vous. »

Il me prit au collet et me regarda d'une manière telle, que je commençai à croire qu'il était revenu à sa première idée de me couper la gorge.

« Il était habillé tout comme vous, seulement, il avait un chapeau, dis-je en tremblant, et.... et.... (j'étais très-embarrassé pour lui dire ceci) et.... il avait les mêmes raisons que vous pour m'emprunter une lime. N'avez-vous pas entendu le canon hier soir?

— Alors on a tiré! se dit-il à lui-même.

— Je m'étonne que vous ne le sachiez pas, repris-je, car nous l'avons entendu de notre maison, qui est plus éloignée que cet endroit; et, de plus, nous étions enfermés.

— C'est que, dit-il, quand un homme est dans ma position, avec la tête vide et l'estomac creux, à moitié mort de froid et de faim, il n'entend pendant toute la nuit que le bruit du canon et des voix qui l'appellent.... Écoute! Il voit des soldats avec leurs habits rouges, éclairés par des torches, qui s'avancent et vont l'entourer; il entend appeler son numéro, il entend résonner les mousquets, il entend le commandement : en joue !... Il entend tout cela, et il n'y a rien. Oui.... je les ai vus me poursuivre une partie de la nuit, s'avancer en ordre, ces damnés, en piétinant, piétinant.... j'en ai vu cent.... et comme ils tiraient!... Oui, j'ai vu le brouillard se dissiper au canon, et, comme par enchantement, faire place au jour!... Mais cet homme; il avait dit tout le reste comme s'il eût oublié ma réponse; as-tu remarqué quelque chose de particulier en lui?

— Il avait la face meurtrie, dis-je, en me souvenant que j'avais remarqué cette particularité.

— Ici, n'est-ce pas? s'écria l'homme, en frappant sa joue gauche, sans miséricorde, avec le plat de la main.

— Oui.... là!

— Où est-il? »

En disant ces mots, il déposa dans la poche de sa jacquette grise le peu de nourriture qui restait.

« Montre-moi le chemin qu'il a pris, je le tuerai comme un chien! Maudit fer, qui m'empêche de marcher! Passe-moi la lime, mon garçon. »

Je lui indiquai la direction que l'autre avait prise, à travers le brouillard. Il regarda un instant, puis il s'assit sur le bord de l'herbe mouillée et commença à limer le fer de sa jambe, comme un fou, sans s'inquiéter de moi, ni de sa jambe, qui avait une ancienne blessure qui saignait et qu'il traitait aussi brutalement que si elle eût été aussi dépourvue de sensibilité qu'une lime. Je recommençais à avoir peur de lui, maintenant que je le voyais s'animer de cette façon; de plus j'étais effrayé de rester aussi longtemps dehors de la maison. Je lui dis donc qu'il me fallait partir; mais il n'y fit pas attention, et je pensai que ce que j'avais de mieux à faire était de m'éloigner. La dernière fois que je le vis il avait toujours la tête penchée sur son genou, il limait toujours ses fers et murmurait de temps à autre quelque imprécation d'impatience contre ses fers ou contre sa jambe. La dernière fois que je l'entendis, je m'arrêtai dans le brouillard pour écouter et j'entendis le bruit de la lime qui allait toujours.

CHAPITRE IV.

Je m'attendais, en rentrant, à trouver dans la cuisine un constable qui allait m'arrêter; mais, non-seulement il n'y avait là aucun constable, mais on n'avait encore rien découvert du vol que j'avais commis. Mrs Joe était tout occupée des préparatifs pour la solennité du jour, et Joe avait été posté sur le pas de la porte de la cuisine pour éviter de recevoir la poussière, chose que malheureusement sa destinée l'obligeait à recevoir tôt ou tard, toutes les fois qu'il prenait fantaisie à ma sœur de balayer les planchers de la maison.

« Où diable as-tu été? »

Tel fut le salut de Noël de Mrs Joe, quand moi et ma conscience nous nous présentâmes devant elle.

Je lui dis que j'étais sorti pour entendre chanter les noëls.

« Ah! bien, observa Mrs Joe, tu aurais pu faire plus mal. »

Je pensais qu'il n'y avait aucun doute à cela.

« Si je n'étais pas la femme d'un forgeron, et ce qui revient au même, une esclave qui ne quitte jamais son tablier, j'aurais été aussi entendre les noëls, dit Mrs Joe, je ne déteste pas les noëls, et c'est sans doute pour cette raison que je n'en entends jamais.

Joe, qui s'était aventuré dans la cuisine après moi, pensant que la poussière était tombée, se frottait le nez avec un petit air de conciliation pendant que sa femme avait les yeux sur lui; dès qu'elle les eût détournés, il mit en croix ses deux index, ce qui signifiait que Mrs Joe était en colère [1]. Cet état était devenu tellement habituel, que Joe et moi nous passions des semaines entières à nous croiser les doigts, comme les anciens croisés croisaient leurs jambes sur leurs tombes.

Nous devions avoir un dîner splendide, consistant en un gigot de porc mariné aux choux et une paire de volailles roties et farcies. On avait fait la veille au matin un magnifique *mince-pie*, (ce qui expliquait qu'on n'eût pas encore découvert la disparition du hachis), et le pudding était en train de bouillir. Ces énormes préparatifs nous forcèrent, avec assez peu de cérémonie, à nous passer de déjeuner.

« Je ne vais pas m'amuser à tout salir, après avoir tout nettoyé, tout lavé comme je l'ai fait, dit Mrs Joe, je vous le promets! »

On nous servit donc nos tartines dehors, comme si, au lieu d'être deux à la maison, un homme et un enfant, nous eussions été deux mille hommes en marche forcée; et nous puisâmes notre part de lait et d'eau à même un pot sur la table de la cuisine, en ayant l'air de nous excuser humblement de la grande peine que nous lui donnions. Cependant Mrs Joe avait fait voir le jour à des rideaux tout blancs et accroché un volant à fleurs tout neuf au manteau de la cheminée, pour remplacer l'ancien; elle avait même découvert tous les

---

[1]. Jeu de mot impossible à rendre exactement « *Cross* » — signifie : « *croix* » et aussi : « *contrariant, hostile, furieux, de mauvaise humeur.* » — En mettant ses doigts en croix, Joe indiquait à Pip l'humeur de Mrs Joe.

ornements du petit parloir donnant sur l'allée, qui n'étaient jamais découverts dans un autre temps, et restaient tous les autres jours de l'année enveloppés dans une froide et brumeuse gaze d'argent, qui s'étendait même sur les quatre petits caniches en faïence blanche qui ornaient le manteau de la cheminée, avec leurs nez noirs et leurs paniers de fleurs à la gueule, en face les uns des autres et se faisant pendant. Mrs Joe était une femme d'une extrême propreté, mais elle s'arrangeait pour rendre sa propreté moins confortable et moins acceptable que la saleté même. La propreté est comme la religion, bien des gens la rendent insupportable en l'exagérant.

Ma sœur avait tant à faire qu'elle n'allait jamais à l'église que par procuration, c'est-à-dire quand Joe et moi nous y allions. Dans ses habits de travail, Joe avait l'air d'un brave et digne forgeron; dans ses habits de fête, il avait plutôt l'air d'un épouvantail dans de bonnes conditions que de toute autre chose. Rien de ce qu'il portait ne lui allait, ni ne semblait lui appartenir. Toutes les pièces de son habillement étaient trop grandes pour lui, et lorsqu'à l'occasion de la présente fête il sortit de sa chambre, au son joyeux du carillon, il représentait la Misère revêtue des habits prétentieux du dimanche. Quant à moi, je crois que ma sœur avait eu quelque vague idée que j'étais un jeune pêcheur, dont un policeman-accoucheur s'était emparé, et qu'il lui avait remis pour être traité selon la majesté outragée de la loi. Je fus donc toujours traité comme si j'eusse insisté pour venir au monde, malgré les règles de la raison, de la religion et de la morale, et malgré les remontrances de mes meilleurs amis. Toutes les fois que j'allais chez le tailleur pour prendre mesure de nouveaux habits, ce dernier avait ordre de me les faire comme ceux des maisons de correction et de ne me laisser sous aucun prétexte, le libre usage de mes membres.

Joe et moi, en nous nous rendant à l'église, devions nécessairement former un tableau fort émouvant pour les âmes compatissantes. Cependant ce que je souffrais en allant à l'église, n'était rien auprès de ce que je souffrais en moi-même. Les terreurs qui m'assaillaient toutes les fois que Mrs Joe se rapprochait de l'office, ou sortait de la chambre, n'étaient égalées que par les remords que j'éprouvais de ce que mes mains avaient fait. Je me demandais, accablé sous le poids du terrible secret, si l'Église serait assez puissante pour me protéger contre la vengeance de ce terrible jeune homme, au cas où je me déciderais à tout divulguer. J'eus l'idée que je devais choisir le moment où, à la publication des bans, le vicaire dit : « Vous êtes priés de nous en donner connaissance, » pour me lever et demander un entretien particulier dans la sacristie. Si, au lieu d'être le saint jour de Noël, c'eût été un simple dimanche, je ne réponds pas que je n'eusse procuré une grande surprise à notre petite congrégation, en ayant recours à cette mesure extrême.

M. Wopsle, le chantre, devait dîner avec nous, ainsi que M. Hubble; le charron, et Mrs Hubble; et aussi l'oncle Pumblechook (oncle de Joe, que Mrs Joe tâchait d'accaparer), fort grainetier de la ville voisine, qui conduisait lui-même sa voiture. Le dîner était annoncé pour une heure et demie. En rentrant, Joe et moi nous trouvâmes le couvert mis, Mrs Joe habillée, le dîner dressé et la porte de la rue (ce qui n'arrivait jamais dans d'autres temps), toute grande ouverte pour recevoir les invités. Tout était splendide. Et pas un mot sur le larcin.

La compagnie arriva, et le temps, en s'écoulant, n'apportait aucune consolation à mes inquiétudes. M. Wopsle, avec un nez romain, un front chauve et luisant, possédait, en outre, une voix de basse dont il n'était pas fier à moitié. C'était un fait avéré parmi ses connaissances, que si l'on eût pu lui donner une autre tête, il eût été capable de devenir *clergyman*, et il confessait lui-même que si l'Église eût été « ouverte à tous, » il n'aurait pas manqué d'y faire figure; mais que l'Église n'étant pas « accessible à tout le monde, » il était simplement, comme je l'ai dit, notre chantre. Il entonnait les répons d'une voix de tonnerre qui faisait trembler, et quand il annonçait le psaume, en ayant soin de réciter le verset tout entier, il regardait la congrégation réunie autour de lui d'une manière qui voulait dire : « Vous avez entendu mon ami, là-bas derrière; eh bien! faites-moi maintenant l'amitié de me dire ce que vous pensez de ma manière de répéter le verset? »

C'est moi qui ouvris la porte à la compagnie, en voulant faire croire que c'était dans nos habitudes, je reçus d'abord M. Wopsle, puis Mrs Hubble, et enfin l'oncle Pumblechook. — N. B. Je ne devais pas l'appeler mon oncle, sous peine des punitions les plus sévères.

« Mistress Joe, dit l'oncle Pumblechook, homme court et gros et à la respiration difficile, ayant une bouche de poisson, des yeux ternes et étonnés, et des cheveux roux se tenant droits sur son front, qui lui donnaient toujours l'air effrayé, je vous apporte, avec les compliments d'usage, madame, une bouteille de Sherry, et je vous apporte aussi, madame, une bouteille de porto. »

Chaque année, à Noël, il se présentait comme une

grande nouveauté, avec les mêmes paroles exactement, et portant ses deux bouteilles comme deux sonnettes muettes. De même, chaque année à la Noël, Mrs Joe répliquait comme elle le faisait ce jour-là :

« Oh!... mon.... on....cle...Pum....ble....chook!... c'est bien bon de votre part! »

De même aussi, chaque année à la Noël, l'oncle Pumblechook répliquait : comme il répliqua en effet ce même jour :

« Ce n'est pas plus que vous ne méritez.... Êtes-vous tous bien portants?... Comment va le petit, qui ne vaut pas le sixième d'un sou? »

C'est de moi qu'il voulait parler.

En ces occasions, nous dînions dans la cuisine, et l'on passait au salon, où nous étions aussi empruntés que Joe dans ses habits du dimanche, pour manger les noix, les oranges, et les pommes. Ma sœur était vraiment sémillante ce jour-là, et il faut convenir qu'elle était plus aimable pour Mrs Hubble que pour personne. Je me souviens de Mrs Hubble comme d'une petite personne habillée en bleu de ciel des pieds à la tête, aux contours aigus, qui se croyait toujours très-jeune, parce qu'elle avait épousé M. Hubble je ne sais à quelle époque reculée, étant bien plus jeune que lui. Quant à M. Hubble, c'était un vieillard voûté, haut d'épaules, qui exhalait un parfum de sciure de bois; il avait les jambes très-écartées l'une de l'autre; de sorte que, quand j'étais tout petit, je voyais toujours entre elles quelques milles de pays, lorsque je le rencontrais dans la rue.

Au milieu de cette bonne compagnie, je ne me serais jamais senti à l'aise, même en admettant que je n'eusse pas pillé le garde-manger. Ce n'est donc pas parce que j'étais placé à l'angle de la table, que cet angle m'entrait dans la poitrine et que le coude de M. Pumblechook m'entrait dans l'œil, que je souffrais, ni parce qu'on ne me permettait pas de parler (et je n'en avais guère envie), ni parce qu'on me régalait avec les bouts de pattes de volaille et avec ces parties obscures du porc dont le cochon, de son vivant, n'avait eu aucune raison de tirer vanité. Non; je ne me serais pas formalisé de tout cela, s'ils avaient voulu seulement me laisser tranquille; mais ils ne le voulaient pas. Ils semblaient ne pas vouloir perdre une seule occasion d'amener la conversation sur moi, et ce jour-là, comme toujours, chacun semblait prendre à tâche de m'enfoncer une pointe et de me tourmenter. Je devais avoir l'air d'un de ces infortunés petits taureaux que l'on martyrise dans les arènes espagnoles, tant j'étais douloureusement touché par tous ces coups d'épingle moraux.

Cela commença au moment où nous nous mîmes à table. M. Wopsle dit les Grâces d'un ton aussi théâtral et aussi déclamatoire, du moins cela me fait cet effet-là maintenant, que s'il eût récité la scène du fantôme d'*Hamlet*, ou celle de *Richard III*, et il termina avec la même emphase que si nous avions dû vraiment lui en être reconnaissants. Là-dessus, ma sœur fixa ses yeux sur moi, et me dit d'un ton de reproche :

« Tu entends cela ?.... rends grâces.... sois reconnaissant !

— Rends surtout grâces, dit M. Pumblechook, à ceux qui t'ont élevé, mon garçon. »

Mrs Hubble secoua la tête, en me contemplant avec le triste pressentiment que je ne ferais pas grand'chose de bon, et demanda :

« Pourquoi donc les jeunes gens sont-ils toujours ingrats ? »

Ce mystère moral sembla trop profond pour la compagnie, jusqu'à ce que M. Hubble en eut, enfin, donné l'explication en disant :

« Parce qu'ils sont naturellement vicieux. »

Et chacun de répondre :

« C'est vrai ! »

Et de me regarder de la manière la plus significative et la plus désagréable.

La position et l'influence de Joe étaient encore amoindries, s'il est possible, quand il y avait du monde ; mais il m'aidait et me consolait toujours quand il le pouvait ; par exemple, à dîner, il me donnait de la sauce quand il en restait. Ce jour-là, la sauce était très-abondante et Joe en versa au moins une demi-pinte dans mon assiette.

Un peu plus tard M. Wopsle fit une critique assez sévère du sermon et insinua dans le cas hypothétique où l'Église « aurait été ouverte à tout le monde » quel genre de sermon il aurait fait. Après avoir rappelé quelques-uns des principaux points de ce sermon, il remarqua qu'il considérait le sujet comme mal choisi ; ce qui était d'autant moins excusable qu'il ne manquait certainement pas d'autres sujets.

« C'est encore vrai, dit l'oncle Pumblechook. Vous avez mis le doigt dessus, monsieur ! Il ne manque pas de sujets en ce moment, le tout est de savoir leur mettre un grain de sel sur la queue comme aux moineaux. Un homme n'est pas embarrassé pour trouver un sujet, s'il a sa boîte à sel toute prête. »

M. Pumblechook ajouta, après un moment de réflexion :

« Tenez, par exemple, le porc, voilà un sujet ! Si vous voulez un sujet, prenez le porc !

— C'est vrai, monsieur, reprit M. Wopsle, il y a

plus d'un enseignement moral à en tirer pour la jeunesse. »

Je savais bien qu'il ne manquerait pas de tourner ses yeux vers moi en disant ces mots.

« As-tu écouté cela, toi?... Puisses-tu en profiter, me dit ma sœur » d'un ton sévère, en matière de parenthèse.

Joe me donna encore un peu de sauce.

« Les pourceaux, continua M. Wopsle de sa voix la plus grave, en me désignant avec sa fourchette, comme s'il eût prononcé mon nom de baptême, les pourceaux furent les compagnons de l'enfant prodigue. La gloutonnerie des pourceaux n'est-elle pas un exemple pour la jeunesse? (Je pensais en moi-même que cela était très-bien pour lui qui avait loué le porc d'être aussi gras et aussi savoureux.) Ce qui est détestable chez un porc est bien plus détestable encore chez un garçon.

— Ou chez une fille, suggéra M. Hubble.

— Ou chez une fille, bien entendu, monsieur Hubble, répéta M. Wopsle, avec un peu d'impatience; mais il n'y a pas de fille ici.

— Sans compter, dit M. Pumblechook, en s'adressant à moi, que tu as à rendre grâces de n'être pas né cochon de lait....

— Mais il l'était, monsieur! s'écria ma sœur avec feu, il l'était autant qu'un enfant peut l'être. »

Joe me redonna encore de la sauce.

« Bien! mais je veux parler d'un cochon à quatre pattes, dit M. Pumblechook. Si tu étais né comme cela, serais-tu ici maintenant? Non, n'est-ce pas?

— Si ce n'est sous cette forme, dit M. Wopsle en montrant le plat.

— Mais je ne parle pas de cette forme, monsieur, repartit M. Pumblechook, qui n'aimait pas qu'on l'interrompit. Je veux dire qu'il ne serait pas ici, jouissant de la vue de ses supérieurs et de ses aînés, profitant de leur conversation et se roulant au sein des voluptés. Aurait-il fait tout cela ?... Non, certes ! Et quelle eût été ta destinée, ajouta-t-il en me regardant de nouveau ; on t'aurait vendu moyennant une certaine somme selon le cours du marché, et Dunstable, le boucher, serait venu te chercher sur la paille de ton étable ; il t'aurait enlevé sous son bras gauche, et, de son bras droit il t'aurait arraché à la vie à l'aide d'un grand couteau. Tu n'aurais pas été « élevé à la main »…. Non, rien de la sorte ne te fût arrivé ! »

Joe m'offrit encore de la sauce, que j'avais honte d'accepter.

« Cela a dû être un bien grand tracas pour vous, madame, dit Mrs Hubble, en plaignant ma sœur.

— Un enfer, madame, un véritable enfer, répéta ma sœur. Ah ! si vous saviez !... »

Elle commença alors à passer en revue toutes les maladies que j'avais eues, tous les méfaits que j'avais commis, toutes les insomnies dont j'avais été cause, toutes les mauvaises actions dont je m'étais rendu coupable, tous les endroits élevés desquels j'étais tombé, tous les trous au fond desquels je m'étais enfoncé, et tous les coups que je m'étais donné. Elle termina en disant que toutes les fois qu'elle aurait désiré me voir dans la tombe, j'avais constamment refusé d'y aller.

Je pensais alors, en regardant M. Wopsle, que les Romains avaient dû pousser à bout les autres peuples avec leurs nez, et que c'est peut-être pour cette raison qu'ils sont restés le peuple rumuant que nous connaissons. Quoi qu'il en soit, le nez de M. Wopsle m'impatientait si fort que pendant le récit de mes fautes, j'aurais aimé le tirer jusqu'à faire crier son propriétaire.

Mais tout ce que j'endurais pendant ce temps n'est rien auprès des affreux tourments qui m'assailliront, lorsque fut rompu le silence qui avait succédé au récit de ma sœur, silence pendant lequel chacun m'avait regardé, comme j'en avais la triste conviction, avec horreur et indignation.

« Et pourtant, dit M. Pumblechook qui ne voulait pas abandonner ce sujet de conversation, le porc.... bouilli.... est un excellent manger, n'est-ce pas ?

— Un peu d'eau-de-vie, mon oncle? » dit ma sœur.

O ciel! le moment était venu! l'oncle allait trouver qu'elle était faible; il le dirait; j'étais perdu! Je me cramponnai au pied de la table, et j'attendis mon sort.

Ma sœur alla chercher la bouteille de grès, revint avec elle, et versa de l'eau-de-vie à mon oncle, qui était la seule personne qui en prît. Ce malheureux homme jouait avec son verre; il le soulevait, le plaçait entre lui et la lumière, le remettait sur la table; et tout cela ne faisait que prolonger mon supplice. Pendant ce temps, Mrs Joe, et Joe lui-même faisaient table nette pour recevoir le pâté et le pudding.

Je ne pouvais les quitter des yeux. Je me cramponnais toujours avec une énergie fébrile au pied de la table, avec mes mains et avec mes pieds. Je vis enfin la misérable créature porter le verre à ses lèvres, rejeter sa tête en arrière et avaler la liqueur d'un seul trait. L'instant d'après, la compagnie était plongée dans une inexprimable consternation. Jeter à ses pieds ce qu'il tenait à la main, se lever et tourner deux ou trois fois sur lui-même, crier, tousser, danser dans un état spasmodique épouvantable, fut pour lui l'affaire d'une seconde; puis il se précipita dehors et nous le vîmes, par la fenêtre, en proie à de violents efforts pour cracher et expectorer, au milieu de contorsions hideuses, et paraissant avoir perdu l'esprit.

Je tenais mon pied de table avec acharnement, pendant que Mrs Joe et Joe s'élancèrent vers lui. Je ne savais pas comment, mais sans aucun doute je l'avais tué. Dans ma terrible situation, ce fut un soulagement pour moi de le voir rentrer dans la cuisine. Il en fit le tour en examinant toutes les personnes de la compagnie, comme si elles eussent été cause de sa mésaventure ; puis il se laissa tomber sur sa chaise, en murmurant avec une grimace significative :

« De l'eau de goudron ! »

J'avais rempli la bouteille d'eau-de-vie avec la cruche à l'eau de goudron, pour qu'on ne s'aperçût pas de mon larcin. Je savais ce qui pouvait lui arriver de pire. Je secouais la table, comme un médium de nos jours, par la force de mon influence invisible.

« Du goudron !... s'écria ma sœur, étonnée au plus haut point. Comment l'eau de goudron a-t-elle pu se trouver là ? »

Mais l'oncle Pumblechook, qui était tout-puissant dans cette cuisine, ne voulut plus entendre un seul mot de cette affaire : il repoussa toute explication sur ce sujet en agitant la main, et il demanda un grog chaud au gin. Ma sœur, qui avait commencé à réfléchir et à s'alarmer, fut alors forcée de déployer toute son activité en cherchant du gin, de l'eau chaude, du sucre et du citron. Pour le moment, du moins, j'étais sauvé ! Je continuai à serrer entre mes mains le pied de la table, mais cette fois, c'était avec une affectueuse reconnaissance.

Bientôt je repris assez de calme pour manger ma part du pudding. M. Pumblechook lui-même en mangea sa part, tout le monde en mangea. Lorsque chacun fut servi, M. Pumblechook commença à rayonner sous la bienheureuse influence du grog. Je commençais, moi, à croire que la journée se passerait bien, quand ma sœur dit à Joe de donner les assiettes propres…. pour manger les choses froides.

Je ressaisis le pied de la table, que je serrai contre ma poitrine, comme s'il eût été le compagnon de ma jeunesse et l'ami de mon cœur. Je prévoyais ce qui allait se passer, et cette fois je sentais que j'étais réellement perdu.

« Vous allez en goûter, dit ma sœur en s'adressant à ses invités avec la meilleure grâce possible ; vous allez en goûter, pour faire honneur au délicieux présent de l'oncle Pumblechook ! »

Devaient-ils vraiment y goûter! qu'ils ne l'espèrent pas !

« Vous saurez, dit ma sœur en se levant, que c'est un pâté, un savoureux pâté au jambon. »

La société se confondit en compliments. L'oncle Pumblechook, enchanté d'avoir bien mérité de ses semblables, s'écria :

« Eh bien! mistress Joe, nous ferons de notre mieux; donnez-nous une tranche dudit pâté. »

Ma sœur sortit pour le chercher. J'entendais ses pas dans l'office. Je voyais M. Pumblechook aiguiser son couteau. Je voyais l'appétit renaître dans les narines du nez romain de M. Wopsle. J'entendais M. Hubble faire remarquer qu'un morceau de pâté au jambon était meilleur que tout ce qu'on pouvait s'imaginer, et n'avait jamais fait de mal à personne. Quant à Joe, je l'entendis me dire à l'oreille :

« Tu y goûteras, mon petit Pip. »

Je n'ai jamais été tout à fait certain si, dans ma terreur, je proférai un hurlement, un cri perçant, simplement en imagination, ou si les oreilles de la société en entendirent quelque chose. Je n'y tenais plus, il fallait me sauver; je lâchai le pied de la table et courus pour chercher mon salut dans la fuite.

Mais je ne courus pas bien loin, car, à la porte de la maison, je me trouvai en face d'une escouade de soldats armés de mousquets. L'un d'eux me présenta une paire de menottes en disant :

« Ah! te voilà!... Enfin, nous te tenons; en route!.. »

CHAPITRE V.

L'apparition d'une rangée de soldats faisant résonner leurs crosses de fusils sur le pas de notre porte, causa une certaine confusion parmi les convives. Mrs Joe reparut les mains vides, l'air effaré, en faisant entendre ces paroles lamentables :

« Bonté divine !... qu'est devenu.... le pâté ? »

Le sergent et moi nous étions dans la cuisine quand Mrs Joe rentra. A ce moment fatal, je recouvrai en partie l'usage de mes sens. C'était le sergent qui m'avait parlé : il promena alors ses yeux sur les assistants, en leur tendant d'une manière engageante les menottes de sa main droite, et en posant sa main gauche sur mon épaule.

« Pardonnez-moi, mesdames et messieurs, dit le sergent, mais comme j'en ai prévenu ce jeune et habile fripon, avant d'entrer, je suis en chasse au nom du Roi et j'ai besoin du forgeron.

— Et peut-on savoir ce que vous lui voulez? reprit ma sœur vivement.

— Madame, répondit le galant sergent, si je parlais pour moi, je dirais que c'est pour avoir l'honneur et le plaisir de faire connaissance avec sa charmante épouse;

mais, parlant pour le Roi, je réponds que je viens pour affaires. »

Ce petit discours fut accueilli par la société comme une chose plutôt agréable que désagréable, et M. Pumblechook murmura d'une voix convaincue :

« Bien dit, sergent.

— Vous voyez, forgeron, continua le sergent qui avait fini par découvrir Joe; nous avons eu un petit accident à ces menottes; je trouve que celle-ci ne ferme pas très-bien, et comme nous en avons besoin immédiatement, je vous prierai d'y jeter un coup d'œil sans retard. »

Joe, après y avoir jeté le coup d'œil demandé, déclara qu'il fallait allumer le feu de la forge et qu'il y avait au moins pour deux heures d'ouvrage.

« Vraiment! alors vous allez vous y mettre de suite, dit le sergent; comme c'est pour le service de Sa Majesté, si un de mes hommes peut vous donner un coup de main, ne vous gênez pas. »

Là-dessus, il appela ses hommes dans la cuisine. Ils y arrivèrent un à un, posèrent d'abord leurs armes dans un coin, puis ils se promenèrent de long en large, comme font les soldats, les mains croisées négligemment sur leurs poitrines, s'appuyant tantôt sur une jambe, tantôt sur une autre, jouant avec leurs ceinturons ou leurs gibernes, et ouvrant la porte de temps à autre pour lancer dehors un jet de salive à plusieurs pieds de distance.

Je voyais toutes ces choses sans avoir conscience que je les voyais, car j'étais dans une terrible appréhension. Mais commençant à remarquer que les menottes n'étaient pas pour moi, et que les militaires avaient mieux à faire que de s'occuper du pâté absent, je repris encore un peu de mes sens évanouis.

« Voudriez-vous me dire quelle heure il est? dit le sergent à M. Pumblechook, comme à un homme dont la position, par rapport à la société, égalait la sienne.

— Deux heures viennent de sonner, répondit celui-ci.

— Allons, il n'y a pas encore grand mal, fit le sergent après réflexion; quand même je serais forcé de rester ici deux heures, ça ne fera rien. Combien croyez-vous qu'il y ait d'ici aux marais.... un quart d'heure de marche peut-être?...

— Un quart d'heure, justement, répondit Mrs Joe.

— Très-bien! nous serons sur eux à la brune, tels sont mes ordres; cela sera fait : c'est on ne peut mieux.

— Des forçats, sergent? demanda M. Wopsle, en manière d'entamer la conversation.

— Oui, répondit le sergent, deux forçats; nous savons bien qu'ils sont dans les marais, et qu'ils n'essayeront pas d'en sortir avant la nuit. Est-il ici quelqu'un qui ait vu semblable gibier? »

Tout le monde, moi excepté, répondit : « Non, » avec confiance. Personne ne pensa à moi.

« Bien, dit le sergent. Nous les cernerons et nous les prendrons plus tôt qu'ils ne pensent. Allons, forgeron, le Roi est prêt, l'êtes-vous? »

Joe avait ôté son habit, son gilet, sa cravate, et était passé dans la forge, où il avait revêtu son tablier de cuir. Un des soldats alluma le feu, un autre se mit au soufflet, et la forge ne tarda pas à ronfler. Alors Joe commença à battre sur l'enclume, et nous le regardions faire.

Non-seulement l'intérêt de cette éminente poursuite absorbait l'attention générale, mais il excitait la générosité de ma sœur. Elle alla tirer au tonneau un pot de bière pour les soldats, et invita le sergent à prendre un verre d'eau-de-vie. Mais M. Pumblechook dit avec intention :

« Donnez-lui du vin, ma nièce, je réponds qu'il n'y a pas de goudron dedans. »

Le sergent le remercia en disant qu'il ne tenait pas essentiellement au goudron, et qu'il prendrait volontiers un verre de vin, si rien ne s'y opposait. Quand on le lui eût versé, il but à la santé de Sa Majesté, avec les compliments d'usage pour la solennité du jour, et vida son verre d'un seul trait.

« Pas mauvais, n'est-ce pas, sergent ? dit M. Pumblechook.

— Je vais vous dire quelque chose, répondit le sergent, je soupçonne que ce vin-là sort de votre cave. »

M. Pumblechook se mit à rire d'une certaine manière, en disant :

« Ah !... ah !... et pourquoi cela ?

— Parce que, reprit le sergent en lui frappant sur l'épaule, vous êtes un gaillard qui vous y connaissez.

— Croyez-vous ? dit M. Pumblechook en riant toujours. Voulez-vous un second verre ?

— Avec vous, répondit le sergent, nous trinquerons. Quelle jolie musique que le choc des verres ! A votre santé.... Puissiez-vous vivre mille ans, et ne jamais en boire de plus mauvais ! »

Le sergent vida son second verre et paraissait tout prêt à en vider un troisième. Je remarquai que, dans son hospitalité généreuse, M. Pumblechook semblait oublier qu'il avait déjà fait présent du vin à ma sœur ; il prit la bouteille des mains de Mrs Joe, et en fit les honneurs avec beaucoup d'effusion et de gaieté. Moi-même j'en bus un peu. Il alla jusqu'à demander une seconde bouteille, qu'il offrit avec la même libéralité, quand on eut vidé la première.

En les voyant aller et venir dans la forge, gais et contents, je pensai à la terrible trempée qui attendait, pour son dîner, mon ami réfugié dans les marais Avant le repas, ils étaient beaucoup plus tranquilles et ne s'amusaient pas le quart autant qu'ils le firent après; mais le festin les avait animés et leur avait donné cette excitation qu'il produit presque toujours. Et maintenant qu'ils avaient la perspective charmante de s'emparer des deux misérables; que le soufflet semblait ronfler pour ceux-ci, le feu briller à leur intention et la fumée s'élancer en toute hâte, comme si elle se mettait à leur poursuite; que je voyais Joe donner des coups de marteau et faire résonner la forge pour eux, et les ombres fantastiques sur la muraille, qui semblaient les atteindre et les menacer, pendant que la flamme s'élevait et s'abaissait; que les étincelles rouges et brillantes jaillissaient, puis se mouraient, le pâle déclin du jour semblait presqu'à ma jeune imagination compâtissante s'affaiblir à leur intention.... les pauvres malheureux....

Enfin, la besogne de Joe était terminée. Les coups de marteau et la forge s'étaient arrêtés. En remettant son habit, Joe eut le courage de proposer à quelques-uns de nous d'aller avec les soldats pour voir comment les choses se passeraient. M. Pumblechook et M. Hubble s'excusèrent en donnant pour raison la pipe et la société des dames; mais M. Wopsle dit qu'il irait si Joe y allait. Joe répondit qu'il ne demandait pas mieux, et qu'il m'emmènerait avec la permission de Mrs Joe. C'est à la curiosité de Mrs Joe que nous dûmes la permission qu'elle nous accorda; elle n'était pas fâchée de savoir comment tout cela finirait, et elle se contenta de dire :

« Si vous me ramenez ce garçon la tête brisée et

mise en morceaux à coups de mousquets, ne comptez pas sur moi pour la raccommoder. »

Le sergent prit poliment congé des dames et quitta M. Pumblechook comme un vieux camarade. Je crois cependant que, dans ces circonstances difficiles, il exagérait un peu ses sentiments à l'égard de M. Pumblechook, lorsque ses yeux se mouillèrent de larmes naissantes. Ses hommes reprirent leurs mousquets et se remirent en rang. M. Wopsle, Joe et moi reçûmes l'ordre de rester à l'arrière-garde, et de ne plus dire un mot dès que nous aurions atteint les marais. Une fois en plein air, je dis à Joe :

« J'espère, Joe, que nous ne les trouverons pas. »

Et Joe me répondit:

« Je donnerais un shilling pour qu'ils se soient sauvés, mon petit Pip. »

Aucun flâneur du village ne vint se joindre à nous ; car le temps était froid et menaçant, le chemin difficile et la nuit approchait. Il y avait de bons feux dans l'intérieur des maisons, et les habitants fêtaient joyeusement le jour de Noël. Quelques têtes se mettaient aux fenêtres pour nous regarder passer; mais personne ne sortait. Nous passâmes devant le poteau indicateur, et, sur un signe du sergent, nous nous arrêtâmes devant le cimetière, pendant que deux ou trois de ses hommes se dispersaient parmi les tombes ou examinaient le portail de l'église. Ils revinrent sans avoir rien trouvé. Alors nous reprîmes notre marche et nous nous enfonçâmes dans les marais. En passant par la porte de côté du cimetière, un grésil glacial, poussé par le vent d'est, nous fouetta le visage, et Joe me prit sur son dos.

A présent que nous étions dans cette lugubre solitude, où l'on ne se doutait guère que j'étais venu quelques heures auparavant, et où j'avais vu les deux hommes se cacher, je me demandai pour la première fois, avec une frayeur terrible, si le forçat, en supposant qu'on l'arrêtât, n'allait pas croire que c'était moi qui amenais les soldats? Il m'avait déjà demandé si je n'étais pas un jeune drôle capable de le trahir, et il m'avait dit que je serais un fier limier si je le dépistais. Croirait-il que j'étais à la fois un jeune drôle et un limier de police, et que j'avais l'intention de le trahir?

Il était inutile de me faire cette question alors; car j'étais sur le dos de Joe, et celui-ci s'avançait au pas de course, comme un chasseur, en recommandant à M. Wopsle de ne pas tomber sur son nez romain et de rester avec nous. Les soldats marchaient devant nous, un à un, formant une assez longue ligne, en laissant entre chacun d'eux un intervalle assez grand. Nous suivions le chemin que j'avais voulu prendre le matin, et dans lequel je m'étais égaré à cause du brouillard, qui ne s'était pas encore dissipé complétement, ou que le vent n'avait pas encore chassé. Aux faibles rayons du soleil couchant, le phare, le gibet, le monticule de la Batterie et le bord opposé de la rivière, tout paraissait plat et avoir pris la teinte grise et plombée de l'eau.

Perché sur les larges épaules du forgeron, je regardais au loin si je ne découvrirais pas quelques traces des forçats. Je ne vis rien; je n'entendis rien. M. Wopsle m'avait plus d'une fois alarmé par son souffle et sa respiration difficiles; mais, maintenant, je savais parfaitement que ces sons n'avaient aucun rapport avec l'objet de notre poursuite. Il y eut un moment où je tressaillis de frayeur. J'avais cru entendre le bruit de la lime.... Mais c'était tout simplement la clochette d'un mouton. Les brebis cessaient de manger pour nous regarder timidement, et les bestiaux, détournant leurs têtes du vent et du grésil, s'arrêtaient pour nous regarder en colère, comme s'ils nous eussent rendus responsables de tous leurs désagréments ; mais à part ces choses et le frémissement de chaque brin d'herbe qui se fermait à la fin du jour, on n'entendait aucun bruit dans la silencieuse solitude des marais.

Les soldats s'avançaient dans la direction de la vieille Batterie, et nous les suivions un peu en arrière, quand soudain tout le monde s'arrêta, car, sur leurs ailes, le vent et la pluie venaient de nous apporter un grand cri. Ce cri se répéta ; il semblait venir de l'est, à une assez grande distance ; mais il était si prolongé et si fort qu'on aurait pu croire que c'étaient plusieurs cris partis en même temps, s'il eût été possible à quelqu'un de juger quelque chose dans une si grande confusion de sons.

Le sergent en causait avec ceux de ses hommes qui étaient les plus rapprochés de lui, quand Joe et moi les rejoignîmes. Après s'être concertés un moment, Joe (qui était un bon juge) donna son avis. M. Wopsle (qui était un mauvais juge) donna aussi le sien. Enfin, le sergent, qui avait de la décision, ordonna qu'on ne répondrait pas au cri, mais qu'on changerait de route, et qu'on se rendrait en toute hâte du côté d'où il paraissait venir. En conséquence, nous prîmes à droite, et Joe détala avec une telle rapidité, que je fus obligé de me cramponner à lui pour ne pas perdre l'équilibre.

C'était une véritable chasse maintenant, ce que Joe appela aller comme le vent, dans les quatre seuls mots qu'il prononça dans tout ce temps. Montant et descendant les talus, franchissant les barrières, pataugeant dans les fossés, nous nous élancions à travers tous les obstacles, sans savoir où nous allions. A mesure que nous approchions, le bruit devenait de plus en plus distinct, et il nous semblait produit par plusieurs voix : quelquefois il s'arrêtait tout à coup ; alors les soldats aussi s'arrêtaient ; puis, quand il reprenait, les soldats continuaient leur course avec une nouvelle ardeur et nous les suivions. Bientôt, nous avions couru avec une telle rapidité, que nous entendîmes une voix crier :

« Assassin ! »

Et une autre voix :

« Forçats !... fuyards !... gardes !... soldats !... par ici !... Voici les forçats évadés !... »

Puis toutes les voix se mêlèrent comme dans une lutte, et les soldats se mirent à courir comme des cerfs. Joe fit comme eux. Le sergent courait en tête. Le bruit cessa tout à coup. Deux de ses hommes suivaient de près le sergent, leurs fusils armés et prêts à tirer.

« Voilà nos deux hommes ! s'écria le sergent luttant déjà au fond d'un fossé. Rendez-vous, sauvages que vous êtes, rendez-vous tous les deux ! »

L'eau éclaboussait.... la boue volait.... on jurait.... on se donnait des coups effroyables.... Quand d'autres hommes arrivèrent dans le fossé au secours du sergent, ils s'emparèrent de mes deux forçats l'un après l'autre, et les traînèrent sur la route ; tous deux blasphémant, se débattant, et saignant. Je les reconnus du premier coup d'œil.

« Vous savez, dit mon forçat, en essuyant sa figure couverte de sang avec sa manche en loques, que c'est moi qui l'ai arrêté, et que c'est moi qui vous l'ai livré ; vous savez cela.

— Cela n'a pas grande importance ici, dit le sergent, et cela vous fera peu de bien, mon bonhomme, car vous êtes dans la même situation. Vite, des menottes !

— Je n'en attends pas de bien non plus, dit mon forçat avec un rire singulier. C'est moi qui l'ai pris; il le sait, et cela me suffit. »

L'autre forçat était effrayant à voir : il avait la figure toute déchirée; il ne put ni remuer, ni parler, ni respirer, jusqu'à ce qu'on lui eût mis les menottes; et il s'appuya sur un soldat pour ne pas tomber.

« Vous le voyez, soldat, il a voulu m'assassiner! furent ses premiers mots.

— Voulu l'assassiner?... dit mon forçat avec dédain, allons donc! est-ce que je sais ce que c'est que vouloir et ne pas faire?... Je l'ai arrêté et livré aux soldats, voilà ce que j'ai fait! Non-seulement je l'ai empêché de quitter les marais, mais je l'ai amené jusqu'ici, en le tirant par les pieds. C'est un gentleman, s'il vous plaît, que ce coquin. C'est moi qui rends au bagne ce gentleman.... l'assassiner!... Pourquoi?... quand je savais faire pire en le ramenant au bagne! »

L'autre râlait et s'efforçait de dire :

« Il a voulu me tuer.... me tuer.... vous en êtes témoins.

— Écoutez! dit mon forçat au sergent, je me suis échappé des pontons; j'aurais bien pu aussi m'échapper de vos pattes : voyez mes jambes, vous n'y trouverez pas beaucoup de fer. Je serais libre, si je n'avais appris qu'il était ici; mais le laisser profiter de mes moyens d'évasion, non pas!... non pas!... Si j'étais mort là dedans, et il indiquait du geste le fossé où nous l'avions trouvé, je ne l'aurais pas lâché, et vous pouvez être certain que vous l'auriez trouvé dans mes griffes. »

L'autre fugitif, qui éprouvait évidemment une horreur extrême à la vue de son compagnon, répétait sans cesse :

« Il a voulu me tuer, et je serais un homme mort si vous n'étiez pas arrivés....

— Il ment! dit mon forçat avec une énergie féroce; il est né menteur, et il mourra menteur. Regardez-le.... n'est-ce pas écrit sur son front? Qu'il me regarde en face, je l'en défie. »

L'autre, s'efforçant de trouver un sourire dédaigneux, ne réussit cependant pas, malgré ses efforts, à donner à sa bouche une expression très-nette; il regarda les soldats, puis les nuages et les marais, mais il ne regarda certainement pas son interlocuteur.

« Le voyez-vous, ce coquin? continua mon forçat. Voyez comme il me regarde avec ses yeux faux et lâches. Voilà comment il me regardait quand nous avons été jugés ensemble. Jamais il ne me regardait en face. »

L'autre, après bien des efforts, parvint à fixer ses yeux sur son ennemi en disant :

« Vous n'êtes pas beau à voir. »

Mon forçat était tellement exaspéré qu'il se serait précipité sur lui, si les soldats ne se fussent interposés.

« Ne vous ai-je pas dit, fit l'autre forçat, qu'il m'assassinerait s'il le pouvait ? »

On voyait qu'il tremblait de peur; et il sortait de ses lèvres une petite écume blanche comme la neige.

« Assez parlé, dit le sergent, allumez des torches. »

Un des soldats, qui portait un panier au lieu de fusil, se baissa et se mit à genoux pour l'ouvrir. Alors mon forçat, promenant ses regards pour la première fois autour de lui, m'aperçut. J'avais quitté le dos de Joe en arrivant au fossé, et je n'avais pas bougé depuis. Je le regardais, il me regardait; je me mis à remuer mes mains et à remuer ma tête; j'avais attendu qu'il me vît pour l'assurer de mon innocence. Il ne me fut pas bien prouvé qu'il comprît mon intention, car il me lança un regard que je ne compris pas non plus ; ce regard ne dura qu'un instant ; mais je m'en souviens encore, comme si je l'eusse considéré une heure durant, ou même pendant toute une journée.

Le soldat qui tenait le panier se fût bientôt procuré de la lumière, et il alluma trois ou quatre torches, qu'il distribua aux autres. Jusqu'alors il avait fait presque noir ; mais en ce moment l'obscurité était complète. Avant de quitter l'endroit où nous étions, quatre soldats déchargèrent leurs armes en l'air. Bientôt après, nous vîmes d'autres torches briller dans l'obscurité derrière nous, puis d'autres dans les marais et d'autres encore sur le bord opposé de la rivière.

« Tout va bien ! dit le sergent. En route ! »

Nous marchions depuis peu, quand trois coups de canon retentirent tout près de nous, avec tant de force que je croyais avoir quelque chose de brisé dans l'oreille.

« On vous attend à bord, dit le sergent à mon forçat ; on sait que nous vous amenons. Avancez, mon bonhomme, serrez les rangs. »

Les deux hommes étaient séparés et entourés par des gardes différents. Je tenais maintenant Joe par la main, et Joe tenait une des torches. M. Wopsle aurait voulu retourner au logis, mais Joe était déterminé à tout voir, et nous suivîmes le groupe des soldats et des prisonniers. Nous marchions en ce moment sur un chemin pas trop mauvais qui longeait la rivière, en faisant çà et là un petit détour où se trouvait un petit fossé avec un moulin en miniature et une petite écluse pleine de vase. En me retournant, je voyais les autres torches qui nous suivaient, celles que nous tenions jetaient de grandes lueurs de feu sur les chemins, et je les voyais toutes flamber, fumer et s'éteindre. Autour de nous, tout était sombre et noir ; nos lumières réchauffaient l'air qui nous enveloppait par leurs flammes épaisses. Les prisonniers n'en paraissaient pas fâchés, en s'avançant au milieu des mousquets. Comme ils boitaient, nous ne pouvions aller très-vite, et ils étaient si faibles que nous fûmes obligés de nous arrêter deux ou trois fois pour les laisser reposer.

Après une heure de marche environ, nous arrivâmes à une hutte de bois et à un petit débarcadère. Il y avait un poste dans la hutte. On questionna le sergent. Alors nous entrâmes dans la hutte où régnait une forte odeur de tabac et de chaux détrempée. Il y avait un bon feu, une lampe, un faisceau de mousquets, un tambour et un grand lit de camp en bois, capable de contenir une douzaine de soldats à la fois. Trois ou quatre soldats, étendus tout habillés sur ce lit, ne firent guère attention à nous ; mais ils se contentèrent de lever un moment leurs têtes appesanties par le sommeil, puis les laissèrent retomber. Le sergent fit ensuite une espèce de rapport et écrivit quelque chose sur un livre. Alors, seulement, le forçat que j'appelle l'*autre*, fut emmené entre deux gardes pour passer à bord le premier.

Mon forçat ne me regarda jamais, excepté cette fois. Tout le temps que nous restâmes dans la hutte, il se tint devant le feu, en le regardant d'un air rêveur ; ou bien, mettant ses pieds sur le garde-feu, il se retournait et considérait tristement ses gardiens, comme pour les plaindre de leur récente aventure. Tout à coup, il fixa ses yeux sur le sergent, et dit :

« J'ai quelque chose à dire sur mon évasion. Cela pourra empêcher d'autres personnes d'être soupçonnées à cause de moi.

— Dites ce que vous voulez, répondit le sergent qui le

regardait les bras croisés; mais ça ne servira à rien de le dire ici. L'occasion ne vous manquera pas d'en parler là-bas avant de.... vous savez bien ce que je veux dire....

— Je sais, mais c'est une question toute différente et une toute autre affaire; un homme ne peut pas mourir de faim, ou du moins, moi, je ne le pouvais pas. J'ai pris quelques vivres là-bas, dans le village, près de l'église.

— Vous voulez dire que vous les avez volés, dit le sergent.

— Oui, et je vais vous dire où. C'est chez le forgeron.

— Holà ! dit le sergent en regardant Joe.

— Holà ! mon petit Pip, dit Joe en me regardant.

— C'étaient des restes, voilà ce que c'était, et une goutte de liqueur et un pâté.

— Dites-donc, forgeron, avez-vous remarqué qu'il vous manquât quelque chose, comme un pâté ? demanda le sergent.

— Ma femme s'en est aperçue au moment même où vous êtes entré, n'est-ce pas, mon petit Pip ?

— Ainsi donc, dit mon forçat en tournant sur Joe des yeux timides sans les arrêter sur moi, ainsi donc, c'est vous qui êtes le forgeron ? Alors je suis fâché de vous dire que j'ai mangé votre pâté.

— Dieu sait si vous avez bien fait, en tant que cela me concerne, répondit Joe en pensant à Mrs Joe. Nous ne savons pas ce que vous avez fait, mais nous ne voudrions pas vous voir mourir de faim pour cela, pauvre infortuné !... N'est-ce pas, mon petit Pip ? »

Le bruit que j'avais déjà entendu dans la gorge de mon forçat se fit entendre de nouveau, et il se détourna. Le bateau revint le prendre et la garde était prête ; nous le suivîmes jusqu'à l'embarcadère, formé de pierres grossières, et nous le vîmes entrer dans la barque qui s'éloigna aussitôt, mise en mouvement par un équipage de forçats comme lui. Aucun d'eux ne paraissait ni surpris, ni intéressé, ni fâché, ni bien aise de le revoir; personne ne parla, si ce n'est quelqu'un, qui dans le bateau cria comme à des chiens :

« Nagez, vous autres, et vivement ! »

Ce qui était le signal pour faire jouer les rames. A la lumière des torches, nous pûmes distinguer le noir ponton, à très peu de distance de la vase du rivage, comme une affreuse arche de Noé. Ainsi ancré et retenu par de massives chaînes rouillées, le ponton semblait, à ma jeune imagination, être enchaîné comme les prisonniers. Nous vîmes le bateau arriver au ponton, le tourner, puis disparaître. Alors on jeta le bout des torches dans l'eau. Elles s'éteignirent, et il me sembla que tout était fini pour mon pauvre forçat.

CHAPITRE VI.

L'état de mon esprit, à l'égard du larcin dont j'avais été déchargé d'une manière si imprévue, ne me poussait pas à un aveu complet, mais j'espérais qu'il sortirait de là quelque chose de bon pour moi.

Je ne me souviens pas d'avoir ressenti le moindre remords de conscience en ce qui concernait Mrs Joe, quand la crainte d'être découvert m'eut abandonné. Mais j'aimais Joe, sans autre raison, peut-être, dans les premiers temps, que parce que ce cher homme se laissait aimer de moi ; et, quant à lui, ma conscience ne se tranquillisa pas si facilement. Je sentais fort bien, (surtout quand je le vis occupé à chercher sa lime) que j'aurais dû lui dire toute la vérité. Cependant, je n'en fis rien, par la raison absurde que, si je le faisais, il me croirait plus coupable que je ne l'étais réellement. La crainte de perdre la confiance de Joe, et dès lors de m'asseoir dans le coin de la cheminée, le soir, sans oser lever les yeux sur mon compagnon, sur mon ami perdu pour toujours, tint ma langue clouée à mon palais. Je me figurais que si Joe savait tout, je ne le verrais plus le soir, au coin du feu, caressant ses beaux favoris, sans penser qu'il méditait sur ma faute. Je m'imaginais que si Joe savait tout, je ne le verrais plus me regarder, comme il le faisait bien souvent, et comme il l'avait encore fait hier et aujourd'hui, quand on avait apporté la viande et le pudding sur la table, sans se demander si je n'avais pas été visiter l'office. Je me persuadais que si Joe savait tout, il ne pourrait plus, dans nos futures réunions domestiques, remarquer que sa bière était plate ou épaisse, sans que je fusse convaincu qu'il s'imaginait qu'il y avait de l'eau de goudron, et que le rouge m'en monterait à la face. En un mot, j'étais trop lâche pour faire ce que je savais être bien, comme j'avais été trop lâche pour éviter ce que je savais être mal. Je n'avais encore rien appris du monde, je ne suivais donc l'exemple de personne. Tout à fait ignorant, je suivis le plan de conduite que je me traçais moi-même.

Comme j'avais envie de dormir un peu après avoir quitté le ponton, Joe me prit encore une fois sur ses épaules pour me ramener à la maison. Il dut être bien fatigué, car M. Wopsle n'en pouvait plus et était dans un tel état de surexcitation que si l'Église eût été accessible à tout le monde, il eût probablement excommunié l'expédition tout entière, en commençant par Joe et par moi. Avec son peu de jugement, il était resté assis sur la terre humide, pendant un temps très-déraisonnable, si bien qu'après avoir ôté sa redingote, pour la suspendre au feu de la cuisine, l'état évident de son pantalon aurait réclamé les mêmes soins, si ce n'eût été commettre un crime de lèse-convenances.

Pendant ce temps, on m'avait remis sur mes pieds et je chancelais sur le plancher de la cuisine comme un petit ivrogne ; j'étais étourdi, sans doute parce que j'avais dormi, et sans doute aussi à cause des lumières et du bruit que faisaient tous ces personnages qui parlaient tous en même temps. En revenant à moi, grâce à un grand coup de poing qui me fut administré par ma sœur entre les deux épaules, et grâce aussi à l'exclamation stimulante : « Allons donc !... A-t-on jamais vu un pareil gamin ! » j'entendis Joe leur raconter les aveux du forçat, et tous les invités s'évertuer à chercher par quel moyen il avait pu pénétrer jusqu'au garde-manger. M. Pumblechook découvrit, après un mystérieux examen des lieux, qu'il avait dû gagner d'abord le toit de la forge, puis le toit de la maison, et que de là il s'était laissé glisser, à l'aide d'une corde, par la cheminée de la cuisine ; et comme M. Pumblechook était un homme influent et positif, et qu'il conduisait lui-même sa voiture, au vu et au su de tout le monde, on admit que les choses avaient dû se passer ainsi qu'il le disait. M. Wopsle eut beau crier : « Mais non ! Mais non ! » avec la faible voix d'un homme fatigué, comme il n'apportait aucune théorie à l'appui de sa négation et qu'il n'avait pas d'habit sur le dos, on n'y fit aucune attention, sans compter qu'il se dégageait une vapeur épaisse du fond de son pantalon, qu'il tenait tourné vers le feu de la cuisine pour en faire évaporer l'humidité. On comprendra que tout cela n'était pas fait pour inspirer une grande confiance.

C'est tout ce que j'entendis ce soir là, jusqu'au moment où ma sœur m'empoigna comme un coupable, en me reprochant d'avoir dormi sous les yeux de toute la société, et me mena coucher en me tirant par la main avec une violence telle, qu'en marchant je faisais autant de bruit que si j'eusse traîné cinquante paires de bottes sur les escaliers. Mon esprit, tendu et agité dès le matin, ainsi que je l'ai déjà dit, resta dans cet état longtemps encore, après qu'on eût laissé tomber dans l'oubli ce terrible sujet, dont on ne parla plus que dans des occasions tout à fait exceptionnelles.

CHAPITRE VII.

A cette époque, quand je lisais dans le cimetière les inscriptions des tombeaux, j'étais juste assez savant pour les épeler, et encore le sens que je formais de leur construction, n'était-il pas toujours très-correct. Par exemple, je comprenais que : « *Épouse du ci-dessus* » était un compliment adressé à mon père dans un monde meilleur ; et si, sur la tombe d'un de mes parents défunts, j'avais lu n'importe quel titre de parenté suivi de ces mots : « *du ci-dessous* », je n'aurais pas manqué de prendre l'opinion la plus triste de ce membre de la famille. Mes notions théologiques, que je n'avais puisées que dans le catéchisme, n'étaient pas non plus parfaitement exactes, car je me souviens que lorsqu'on m'invitait à suivre « le droit chemin » durant toute ma vie, je supposais que cela voulait dire qu'il me fallait toujours suivre le même chemin pour rentrer ou sortir de chez nous, sans jamais me détourner, en passant par la maison du charron ou bien encore par le moulin.

Je devais être, dès que je serais en âge, l'apprenti de Joe ; jusque-là, je n'avais pas à prétendre à aucune autre dignité, qu'à ce que Mrs Joe appelait être dorloté, et que je traduisais, moi, par être trop bourré. Non-seulement je servais d'aide à la forge, mais si quelque voisin avait, par hasard, besoin d'un mannequin pour effrayer les oiseaux, ou de quelqu'un pour ramasser les pierres, ou faire n'importe quelle autre besogne du même genre, j'étais honoré de cet emploi. Cependant, afin de ménager la dignité de notre position élevée et de ne pas la compromettre, on avait placé sur le manteau de la cheminée de la cuisine une tirelire dans laquelle, on le disait à tout le monde, tout ce que je gagnais était versé. Mais j'ai une vague idée que mes épargnes ont dû contribuer un jour à la liquidation de la Dette Nationale. Tout ce que je sais, c'est que je n'ai jamais, pour ma part, espéré participer à ce trésor.

La grande tante de M. Wopsle tenait une école du soir dans le village, c'est-à-dire que c'était une vieille femme ridicule, d'un mérite fort restreint, et qui avait des infirmités sans nombre; elle avait l'habitude de dormir de six à sept heures du soir, en présence d'enfants qui payaient chacun deux pence par semaine pour la voir se livrer à ce repos salutaire. Elle louait un petit cottage, dont M. Wopsle occupait l'étage supérieur, où nous autres écoliers l'entendions habituellement lire à haute voix, et quelquefois frapper de grands coups de pied sur le plancher. On croyait généralement que M. Wopsle inspectait l'école une fois par semaine, mais ce n'était qu'une pure fiction; tout ce qu'il faisait, dans ces occasions, c'était de relever les parements de son habit, de passer la main dans ses cheveux, et de nous débiter le discours de Marc Antoine sur le corps de César; puis venait invariablement l'ode de Collins sur les Passions, après laquelle je ne pouvais m'empêcher de comparer M. Wopsle à la Vengeance rejetant son épée teinte de sang et vociférant pour ramasser la trompette qui doit annoncer la Guerre. Je n'étais pas alors ce je devins plus tard : quand j'atteignis l'âge des passions et que je les comparai à Collins et à Wopsle, ce fut au grand désavantage de ces deux gentlemen.

La grand'tante de M. Wopsle, indépendamment de cette maison d'éducation, tenait dans la même chambre une petite boutique de toutes sortes de petites choses. Elle n'avait elle-même aucune idée de ce qu'elle avait en magasin, ni de la valeur des objets; mais il y avait dans un tiroir un mémorandum graisseux, qui servait de catalogue et indiquait les prix. A l'aide de cet oracle infaillible, Biddy présidait à toutes les transactions commerciales. Biddy était la petite fille de la grand'tante de M. Wopsle. J'avoue que je n'ai jamais pu trouver à quel degré elle était parente de ce dernier. Biddy était orpheline comme moi; comme moi aussi elle avait été élevée à la main. Elle se faisait surtout remarquer par ses extrémités, car ses cheveux n'étaient jamais peignés, ses mains toujours sales, et ses souliers n'étant jamais entrés qu'à moitié, laissaient sortir ses talons. Je ferai remarquer que cette description ne doit s'appliquer qu'aux jours de la semaine; les Dimanches elle se nettoyait à fond pour se rendre à l'église.

Grâce à mon application, et bien plus avec l'aide de Biddy qu'avec celle de la grand'tante de M. Wopsle, je m'escrimais avec l'alphabeth comme avec un buisson de ronces, et j'étais très-fatigué et très-égratigné par chaque lettre. Ensuite, je tombai parmi ces neuf gredins de chiffres, qui semblaient chaque soir prendre un nouveau déguisement pour éviter d'être reconnus. Mais à la fin, je commençai à lire, écrire et calculer, le tout à l'aveuglette et en tâtonnant, et sur une très-petite échelle.

Un soir, j'étais assis dans le coin de la cheminée, mon ardoise sur les genoux, m'évertuant à écrire une lettre à Joe. Je pense que cela devait être une année au moins après notre expédition dans les marais, car c'était en hiver et il gelait très-fort. J'avais devant moi, par terre, un alphabet auquel je me reportais à tout moment; je réussis donc, après une ou deux heures de travail, à tracer cette épître :

« MOnt chaiR JO j'ai ce Pair queux tU es bien
« PortaNt, j'aI ce Pair Osi qUe je seré bien TO capabe
« dE Td JO, Alor NouseronT Contan et croy moa ToN
« amI PiP. »

Je dois dire qu'il n'était pas indispensable que je communiquasse avec Joe par lettres, d'autant plus qu'il était assis à côté de moi, et que nous étions seuls; mais je lui remis de ma propre main cette missive, écrite sur l'ardoise avec le crayon, et il la reçut comme un miracle d'érudition.

« Ah! mon petit Pip! s'écria Joe en ouvrant ses grands yeux bleus; je dis, mon petit Pip, que tu es un fier savant, toi!

— Je voudrais bien être savant, » lui répondis-je.

Et en jetant un coup d'œil sur l'ardoise, il me sembla que l'écriture suivait une légère inclinaison de bas en haut.

« Ah! ah! voilà un J, dit Joe, et un O, ma parole d'honneur! Oui, un J et un O, mon petit Pip, ça fait Joe. »

Jamais je n'avais entendu Joe lire à haute voix aussi longtemps, et j'avais remarqué à l'église, le dernier Dimanche, alors que je tenais notre livre de prières à l'envers, qu'il le trouvait tout aussi bien à sa convenance que si je l'eusse tenu dans le bon sens. Voulant donc saisir la présente occasion de m'assurer si, en enseignant Joe, j'aurais affaire à un commençant, je lui dis :

« Oh! mais, lis le reste, Joe.

— Le reste.... Hein!.... mon petit Pip?... dit Joe en promenant lentement son regard sur l'ardoise, une.... deux.... trois.... Eh bien, il y a trois J et trois O, ça fait trois Joe, Pip! »

Je me penchai sur Joe, et en suivant avec mon doigt, je lui lus la lettre tout entière.

« C'est étonnant, dit Joe quand j'eus fini, tu es un fameux écolier.

— Comment épèles-tu Gargery, Joe? lui demandai-je avec un petit air d'indulgence.

— Je ne l'épèle pas du tout, dit Joe.

— Mais en supposant que tu l'épèles?

— Il ne faut pas le supposer, mon petit Pip, dit Joe, quoique j'aime énormément la lecture.

— Vraiment, Joe?

— Énormément. Mon petit Pip, dit Joe, donne-moi un bon livre ou un bon journal, et mets-moi près d'un bon feu, et je ne demande pas mieux. Seigneur! ajouta-t-il après s'être frotté les genoux durant un moment, quand on arrive à un J et à un O, on se dit comme cela, j'y suis enfin, un J et un O, ça fait Joe; c'est une fameuse lecture tout de même! »

Je conclus de là, qu'ainsi que la vapeur, l'éducation de Joe était encore en enfance. Je continuai à l'interroger :

« Es-tu jamais allé à l'école, quand tu étais petit comme moi?

— Non, mon petit Pip.

— Pourquoi, Joe?

— Parce que, mon petit Pip, dit Joe en prenant le poker, et se livrant à son occupation habituelle quand il était rêveur, c'est-à-dire se mettant à tisonner le feu; je vais te dire. Mon père, mon petit Pip, s'adonnait à la boisson, et quand il avait bu, il frappait à coups de marteau sur ma mère, sans miséricorde, c'était presque la seule personne qu'il eût à frapper, excepté moi, et il me frappait avec toute la vigueur qu'il aurait dû mettre à frapper son enclume. Tu m'écoutes et.... tu me comprends, mon petit Pip, n'est-ce pas?

— Oui, Joe.

— En conséquence, ma mère et moi, nous quittâmes mon père à plusieurs reprises; alors ma mère, en s'en allant à son ouvrage, me disait : « Joe, s'il plaît à Dieu, « tu auras une bonne éducation. » Et elle me mettait à l'école. Mais mon père avait cela de bon dans sa dureté, qu'il ne pouvait se passer longtemps de nous : donc, il s'en venait avec un tas de monde faire un tel tapage à la porte des maisons où nous étions, que les habitants n'avaient qu'une chose à faire, c'était de nous livrer à lui. Alors, il nous emmenait chez nous, et là il nous frappait de plus belle; comme tu le penses bien, mon petit Pip, dit Joe en laissant le feu et le poker en repos pour réfléchir; tout cela n'avançait pas mon éducation.

— Certainement non, mon pauvre Joe !

— Cependant, prends garde, mon petit Pip, continua Joe, en reprenant le poker, et en donnant deux ou trois coups fort judicieux dans le foyer, il faut rendre justice à chacun: mon père avait cela de bon, vois-tu?»

Je ne voyais rien de bon dans tout cela; mais je ne le lui dis pas.

« Oui, continua Joe, il fallait que quelqu'un fît bouillir la marmite; sans cela, la marmite n'aurait pas bouilli du tout, sais-tu?... »

Je le savais et je te le dis.

« En conséquence, mon père ne m'empêchait pas d'aller travailler ; c'est ainsi que je me mis à apprendre mon métier actuel, qui était aussi le sien, et je travaillais dur, je t'en réponds, mon petit Pip. Je vins à bout de le soutenir jusqu'à sa mort et de le faire enterrer convenablement, et j'avais l'intention de faire écrire sur sa tombe : « *Souviens-toi, lecteur, que, malgré ses torts, il avait eu du bon dans sa dureté.* »

Joe récita cette épitaphe avec un certain orgueil, qui me fit lui demander si par hasard il ne l'aurait pas composée lui-même.

« Je l'ai composée moi-même, dit Joe, et d'un seul jet, comme qui dirait forger un fer à cheval d'un seul coup de marteau. Je n'ai jamais été aussi surpris de ma vie ; je ne pouvais en croire mes propres yeux ; à te dire vrai, je ne pouvais croire que c'était mon ouvrage. Comme je te le disais, mon petit Pip, j'avais eu l'intention de faire graver cela sur sa tombe ; mais la poésie ne se donne pas : qu'on la grave en creux ou en relief, en ronde ou en gothique, ça coûte de l'argent, et je n'en fis rien. Sans parler des croquemorts, tout l'argent que je pus épargner fut pour ma mère. Elle était d'une pauvre santé et bien cassée, la pauvre femme ! Elle ne tarda pas à suivre mon père et à goûter à son tour la paix éternelle. »

Les gros yeux bleus de Joe se mouillèrent de larmes ; il en frotta d'abord un, puis l'autre, avec le pommeau du poker, objet peu convenable pour cet usage, il faut l'avouer.

« J'étais bien isolé, alors, dit Joe, car je vivais seul ici. Je fis connaissance de ta sœur, tu sais, mon petit Pip.... »

Et il me regardait comme s'il n'ignorait pas que mon opinion différât de la sienne ;

« .... et ta sœur est un beau corps de femme. »

Je regardai le feu pour ne pas laisser voir à Joe le doute qui se peignait sur ma physionomie.

« Quelles que soient les opinions de la famille ou du monde à cet égard, mon petit Pip, ta sœur est, comme je te le dis.... un.... beau.... corps.... de.... femme...,» dit Joe en frappant avec le poker le charbon de terre à chaque mot qu'il disait.

Je ne trouvai rien de mieux à dire que ceci :

« Je suis bien aise de te voir penser ainsi, Joe.

— Et moi aussi, reprit-il en me pinçant amicalement, je suis bien aise de le penser, mon petit Pip.... Un peu rousse et un peu osseuse, par-ci par là ; mais qu'est-ce que cela me fait, à moi ? »

J'observai, avec beaucoup de justesse, que si cela ne lui faisait rien à lui, à plus forte raison, cela ne devait rien faire aux autres.

« Certainement ! fit Joe. Tu as raison, mon petit Pip ! Quand je fis la connaissance de ta sœur, elle me dit comment elle t'élevait « à la main ! » ce qui était très-bon de sa part, comme disaient les autres, et moi-même je finis par dire comme eux. Quant à toi, ajouta Joe qui avait l'air de considérer quelque chose de très-laid, si tu avais pu voir combien tu étais maigre et chétif, mon pauvre garçon, tu aurais conservé la plus triste opinion de toi-même !

— Ce que tu dis là n'est pas très-consolant, mais ça ne fait rien, Joe.

— Mais ça me faisait quelque chose à moi, reprit-il avec tendresse et simplicité. Aussi, quand j'offris à ta sœur de devenir ma compagne ; quand à l'église et d'autres fois, je la priai de m'accompagner à la forge, je lui dis : « Amenez le pauvre petit avec vous.... Que Dieu bénisse le pauvre cher petit, il y a place pour lui à la forge! »

J'éclatai en sanglots et saisis Joe par le cou, en lui demandant pardon. Il laissa tomber le poker pour m'embrasser, et me dit :

« Nous serons toujours les meilleurs amis du monde, mon petit Pip, n'est-ce pas?... Ne pleure pas, mon petit Pip.... »

Après cette petite interruption, Joe reprit :

« Eh bien! tu vois, mon petit Pip, où nous en sommes; maintenant, en te tenant dans mes bras et sur mon cœur, je dois te prévenir que je suis affreusement triste, oui, tout ce qu'il y a de plus triste; mais il ne faut pas que Mrs Joe s'en doute. Il faut que cela reste un secret, si je puis m'exprimer ainsi. Et pourquoi un secret? Le pourquoi, je vais te le dire, mon petit Pip. »

Il avait repris le poker, sans lequel il semblait ne pouvoir mener à bonne fin sa démonstration.

« Ta sœur s'est adonnée au gouvernement.

— Adonnée au gouvernement, Joe? repris-je étonné; car il m'était venu la drôle d'idée (je craignais et j'allais même jusqu'à espérer) que Joe s'était séparé de sa femme en faveur des Lords de l'Amirauté ou des Lords de la Trésorerie.

— Adonnée au gouvernement, répéta Joe; je veux dire par là qu'elle nous gouverne, toi et moi.

— Oh!

— Et elle ne tient pas à avoir chez elle des gens instruits, continua Joe, et moi moins qu'un autre, dans la crainte que je ne secoue le joug comme un rebelle, vois-tu. »

J'allais demander pourquoi il ne le faisait pas, quand Joe m'arrêta.

« Attends un peu, je sais ce que tu veux dire, mon petit Pip, attends un peu! Je ne nie pas que Mrs Joe ne nous traite quelquefois comme des nègres, et qu'à certaines époques elle ne nous tombe dessus avec une violence que nous ne méritons pas : à ces époques, quand ta sœur a la tête montée, mon petit Pip, je dois avouer que je la trouve un peu brusque. »

Joe n'avait dit ces paroles qu'après avoir regardé du côté de la porte, et en baissant la voix.

« Pourquoi je ne me révolte pas?... Voilà ce que tu allais me demander, quand je t'ai interrompu, Pip?

— Oui, Joe.

— Eh bien! dit Joe en passant son poker dans sa main gauche, afin de pouvoir caresser ses favoris de sa main droite, ta sœur est un esprit fort, un esprit fort, tu m'entends bien?

— Qu'est-ce que c'est que cela? » demandai-je, dans l'espoir de l'empêcher d'aller plus loin.

Mais Joe était mieux préparé pour sa définition que je ne m'y étais attendu; il m'arrêta par une argumentation évasive, et me répondit en me regardant en face :

« Elle !... mais moi, je ne suis pas un esprit fort, reprit Joe en cessant de me regarder en face, et ce que je vais te dire est parfaitement sérieux, mon petit Pip. Je vois toujours ma pauvre mère, mourant à petit feu et ne pouvant goûter un seul jour de tranquillité pendant sa vie; de sorte que je crains toujours d'être dans la mauvaise voie et de ne pas faire tout ce qu'il faut pour rendre une femme heureuse, et je préfère de beaucoup être un peu malmené moi-même; je voudrais même être le seul dans ce cas, mon petit Pip, et je voudrais qu'il n'existât pas de Tickler pour toi, mon petit Pip; je voudrais faire tout tomber sur moi, mais tu vois que je n'y puis absolument rien. »

Malgré mon jeune âge, je crois que de ce moment j'eus une nouvelle admiration pour Joe. Dès lors nous fûmes égaux comme nous l'avions été auparavant ; mais, à partir de ce jour, je crois que je considérai Joe avec un nouveau sentiment, et que ce sentiment partait du fond de mon cœur.

« Quoi qu'il en soit, dit Joe, en se levant pour alimenter le feu, huit heures vont sonner au coucou hollandais, et elle n'est pas encore rentrée.... J'espère bien que la jument de l'oncle Pumblechook ne l'a pas jetée à terre. »

Mrs Joe allait de temps à autre faire quelques petites tournées avec l'oncle Pumblechook. C'était surtout les jours de marché. Elle l'aidait en ces circonstances à acheter les objets de consommation ou de ménage, dont l'acquisition réclame les conseils d'une femme, car l'oncle Pumblechook était célibataire et n'avait aucune confiance dans sa domestique. Ce jour-là étant jour de marché, cela expliquait donc l'absence de Mrs Joe.

Joe arrangeait le feu, balayait le devant de la cheminée, puis nous allions à la porte pour écouter si l'on n'entendait pas venir la voiture de l'oncle Pumblechook. La nuit était froide et sèche, le vent pénétrant, il gelait ferme, un homme serait mort en passant cette nuit-là dans les marais. Je levais les yeux vers les étoiles, et je me figurais combien il devait être terrible pour un homme de les regarder en se sentant mourir de froid, sans trouver de secours ou de pitié dans cette multitude étincelante.

« Voilà la jument ! dit Joe ; elle sonne comme un carillon ! »

Effectivement, le bruit des fers de la jument se faisait entendre sur la route durcie par la gelée; l'animal trottait même plus gaiement qu'à son ordinaire. Nous plaçâmes dehors une chaise pour aider à descendre Mrs Joe, après avoir avivé le foyer de façon à ce qu'elle pût apercevoir la lumière par la fenêtre, et s'assurer que rien n'était en désordre dans la cuisine. Quand nous eûmes terminé tous ces préparatifs, les voyageurs étaient arrivés à la porte, enveloppés jusqu'aux yeux. Mrs Joe descendit sans trop de peine et l'oncle Pumblechook aussi. Ce dernier vint nous rejoindre à la cuisine, après avoir étendu une couverture sur le dos de son cheval. Ils avaient si froid tous les deux, qu'ils semblaient attirer toute la chaleur du foyer.

« Allons, dit Mrs Joe, en ôtant à la hâte son manteau et en rejetant vivement en arrière son chapeau, qui resta suspendu par les cordons derrière son épaule; si ce garçon-là ne montre pas de reconnaissance ce soir, il n'en montrera jamais! »

J'avais l'air aussi reconnaissant qu'on peut l'avoir, quand on ne sait pas pourquoi on doit exprimer sa gratitude.

« Il faut seulement espérer, dit ma sœur, qu'on ne le choyera pas trop; mais je crains bien le contraire.

— Soyez sans inquiétude, ma nièce, dit M. Pumblechook, il n'y a rien à craindre avec elle. »

Elle?... Je levai les yeux sur Joe, en lui faisant signe des lèvres et des sourcils : « Elle? » Joe me répondit par un mouvement tout à fait semblable : « Elle? » Ma sœur ayant surpris son mouvement, il passa le revers de sa main sur son nez, en la regardant avec l'air conciliant qui lui était habituel en ces occasions.

« Eh bien ! dit ma sœur de sa voix hargneuse, qu'est-ce que tu as à regarder ainsi ?... le feu est-il à la maison ?

— Quelqu'un, hasarda poliment Joe, a dit : Elle.

— Et c'est bien Elle qu'il faut dire, je suppose, dit ma sœur, à moins que tu ne prennes miss Havisham pour un homme ; mais j'espère que tu n'es pas encore assez bête pour cela.

— Miss Havisham de la ville ? dit Joe.

— Y a-t-il une miss Havisham à la campagne ? repartit ma sœur. Elle a besoin que ce garçon aille là-bas et il y va, et il tâchera d'être content, ajouta-t-elle en levant la tête, comme pour m'encourager à être gai et content, ou bien je m'en mêlerai. »

J'avais entendu parler de miss Havisham. Qui n'avait pas entendu parler de miss Havisham à plusieurs milles à la ronde comme d'une dame immensément riche et morose, habitant une vaste maison, à l'aspect terrible, fortifiée contre les voleurs, et qui vivait d'une manière fort retirée ?

« Assurément ! dit Joe étonné. Mais je me demande comment elle a connu mon petit Pip !

— Imbécile ! dit ma sœur, qui t'a dit qu'elle le connût ?

— Quelqu'un, reprit Joe avec beaucoup d'égards, a dit qu'elle le demandait et qu'elle avait besoin de lui.

— Et n'a-t-elle pas pu demander à l'oncle Pumblechook, s'il ne connaissait pas un garçon qui pût la distraire ? Ne se peut-il pas que l'oncle Pumblechook soit un de ses locataires et qu'il aille quelquefois, nous ne te dirons pas si c'est tous les trois mois, ou tous les six mois, ce qui serait t'en dire trop long, mais quelquefois, payer son loyer ? Et n'a-t-elle pas pu demander à l'oncle

Pumblechook s'il connaissait quelqu'un qui pût lui convenir, et l'oncle Pumblechook, qui pense à nous sans cesse, quoique tu croies peut-être tout le contraire, Joseph, ajouta-t-elle d'un ton de profond reproche, comme si Joe eût été le plus endurci des neveux, n'a-t-il pas bien pu parler de ce garçon, de cette mauvaise tête-là? Je déclare solennellement que moi, je ne l'aurais pas fait !

— Très-bien ! s'écria l'oncle Pumblechook, voilà qui est parfaitement clair et précis, très-bien ! très-bien ! Maintenant, Joseph, tu sais tout.

— Non, Joseph, reprit ma sœur, toujours d'un ton de reproche, tandis que Joe passait et repassait le revers de sa main sous son nez, tu ne sais pas encore tout, quoi que tu en puisses penser, et quoi que tu puisses croire que tu le sais ; mais il n'en est rien, car tu ne sais pas que l'oncle Pumblechook, prenant à cœur tout ce qui nous concerne, et voyant que l'entrée de ce garçon chez miss Havisham, était un premier pas vers la fortune, m'a offert de l'emmener ce soir même dans sa voiture ; de le garder la nuit chez lui ; et de le présenter lui-même à miss Havisham demain matin. Eh ! mon Dieu, qu'est-ce donc que je fais là ? s'écria ma sœur tout à coup, en rejetant son chapeau par un mouvement de désespoir, je reste là à causer avec des imbéciles, des bêtes brutes, pendant que l'oncle Pumblechook attend ; que la jument s'enrhume à la porte ; et que ce mauvais sujet-là est encore tout couvert de crotte et de saletés, depuis le bout des cheveux jusqu'à la semelle de ses souliers ! »

Sur ce, elle fondit sur moi comme un aigle sur un agneau ; elle me saisit la tête, me la plongea à plusieurs reprises dans un baquet plein d'eau, me savonna, m'essuya, me bourra m'égratigna, et me ratissa jusqu'à ce que je ne fusse plus moi-même. (Je puis remarquer ici que je m'imagine connaître mieux qu'aucune autorité vivante, les sillons et les cicatrices que produit une alliance, en repassant et repassant sans pitié sur un visage humain.)

Quand mes ablutions furent terminées, on me fit entrer dans du linge neuf, de l'espèce la plus rude, comme un jeune pénitent dans son cilice; on m'empaqueta dans mes habits les plus étroits, mes terribles habits! puis on me remit entre les mains de M. Pumblechook, qui me reçut officiellement comme s'il eût été le shériff, et qui débita le speech suivant: je savais qu'il avait manqué mourir en le composant:

« Mon garçon, sois toujours reconnaissant envers tes parents et tes amis, mais surtout envers ceux qui t'ont élevé, à la main!

— Adieu, Joe!

— Dieu te bénisse, mon petit Pip! »

Je ne l'avais jamais quitté jusqu'alors, et, grâce à mon émotion, mêlée à mon eau de savon, je ne pus tout d'abord voir les étoiles en montant dans la carriole; bientôt cependant, elles se détachèrent une à une sur le velours du ciel, mais sans jeter aucune lumière sur ce que j'allais faire chez miss Havisham.

CHAPITRE VIII.

La maison de M. Pumblechook, située dans la Grande-Rue, était poudreuse, comme doit l'être toute maison de blatier et de grainetier. Je pensais, à part moi, qu'il devait être un homme bienheureux, avec une telle quantité de petits tiroirs dans sa boutique; et je me demandais, en regardant dans l'un des tiroirs inférieurs, et en considérant les petits paquets de papier qui y étaient entassés, si les graines et les oignons qu'ils contenaient étaient essentiellement désireux de sortir un jour de leur prison pour aller germer en plein champ.

C'était le lendemain matin de mon arrivée que je me livrai à ces remarques. La veille au soir, on m'avait envoyé coucher dans un grenier si bas de plafond, dans le coin où était le lit, que je calculai qu'une fois dans ce lit les tuiles du toit n'étaient guère à plus d'un pied au-dessus de ma tête. Ce même matin, je découvris qu'il existait une grande affinité entre les graines et le velours à côtes. M. Pumblechook portait du velours à côtes, ainsi que son garçon de boutique; de sorte qu'il y avait une odeur générale répandue sur le velours à côtes qui ressemblait tellement à l'odeur des graines, et dans les graines une telle odeur de velours à côtes, qu'on n'aurait pu dire que très-difficilement laquelle des deux odeurs dominait. Je remarquai en même temps que M. Pumblechook paraissait réussir dans son commerce en regardant le sellier de l'autre côté de la rue, lequel sellier semblait n'avoir autre chose à faire dans l'existence qu'à mettre ses mains dans ses poches et à fixer le carrossier, qui, à son tour, gagnait sa vie en contemplant, les deux bras croisés, le boulanger qui, de son côté, ne quittait pas des yeux le mercier ; celui-ci se croisait aussi les bras et dévisageait l'épicier, qui, sur le pas de sa porte, bayait à l'apothicaire. L'horloger, toujours penché sur une petite table avec son verre grossissant dans l'œil, et toujours espionné par un groupe de commères à travers le vitrage de la devanture de sa boutique, semblait être la seule personne, dans la Grande-Rue, qui donnât vraiment quelque attention à son travail.

M. Pumblechook et moi nous déjeunâmes à huit heures dans l'arrière-boutique, tandis que le garçon de magasin, assis sur un sac de pois dans la boutique même, savourait une tasse de thé et un énorme morceau de pain et de beurre. Je considérais M. Pumblechook comme une pauvre société. Sans compter qu'ayant été prévenu par ma sœur que mes repas devaient avoir un certain caractère de diète mortifiante et pénitentielle, il me donna le plus de mie possible, combinée avec une parcelle inappréciable de beurre, et mit dans mon lait une telle quantité d'eau chaude, qu'il eût autant valu me retrancher le lait tout à fait ; de plus, sa conversation roulait toujours sur l'arithmétique. Le matin, quand je lui dis poliment bonjour, il me répondit :

« Sept fois neuf, mon garçon ? »

Comment aurais-je pu répondre, interrogé de cette

manière, dans un pareil lieu et l'estomac creux ! J'avais faim ; mais avant que j'eusse le temps d'avaler une seule bouchée, il commença une addition qui dura pendant tout le déjeuner.

« Sept?... et quatre?... et huit?... et six?... et deux?... et dix?... »

Et ainsi de suite. Après chaque nombre, j'avais à peine le temps de mordre une bouchée, ou de boire une gorgée, pendant qu'étalé dans son fauteuil et ne songeant à rien, il mangeait du jambon frit et un petit pain chaud, de la manière la plus gloutonne, si j'ose me servir de cette expression irrévérencieuse.

On comprendra que je vis arriver avec bonheur le moment de nous rendre chez miss Havisham; quoique je ne fusse pas parfaitement rassuré sur la manière dont j'allais être reçu sous le toit de cette dame. En moins d'un quart d'heure, nous arrivâmes à la maison de miss Havisham qui était construite en vieilles briques, d'un aspect lugubre, et avait une grande grille en fer. Quelques-unes des fenêtres avaient été murées; le bas de toutes celles qui restaient avait été grillé. Il y avait une cour devant la maison, elle était également grillée, de sorte qu'après avoir sonné, nous dûmes attendre qu'on vint nous ouvrir. En attendant, je jetai un coup d'œil à l'intérieur, bien que M. Pumblechook m'eût dit :

« Cinq et quatorze? »

Mais je fis semblant de ne pas l'entendre. Je vis que d'un côté de la maison il y avait une brasserie; on n'y travaillait pas et elle paraissait n'avoir pas servi depuis longtemps.

On ouvrit une fenêtre, et une voix claire demanda :
« Qui est là? »
A quoi mon compagnon répondit :

« Pumblechook.

— Très-bien ! » répondit la voix.

Puis la fenêtre se referma, et une jeune femme traversa la cour avec un trousseau de clefs à la main.

« Voici Pip, dit M. Pumblechook.

— Ah ! vraiment, répondit la jeune femme, qui était fort jolie et paraissait très-fière. Entre Pip. »

M. Pumblechook allait entrer aussi quand elle l'arrêta avec la porte :

« Oh ! dit-elle, est-ce que vous voulez voir miss Havisham ?

— Oui, si miss Havisham désire me voir, répondit M. Pumblechook désappointé.

— Ah ! dit la jeune femme, mais vous voyez bien qu'elle ne le désire pas. »

Elle dit ces paroles d'une façon qui admettait si peu d'insistance que, malgré sa dignité offensée, M. Pumblechook ne put protester, mais il me lança un coup d'œil sévère, comme si je lui avais fait quelque chose ! et il partit en m'adressant ces paroles de reproche :

« Mon garçon, que ta conduite ici fasse honneur à ceux qui t'ont élevé à la main ! »

Je craignais qu'il ne revînt pour me crier à travers la grille :

« Et seize ?... »

Mais il n'en fit rien.

Ma jeune introductrice ferma la grille, et nous traversâmes la cour. Elle était pavée et très-propre ; mais l'herbe poussait entre chaque pavé. Un petit passage conduisait à la brasserie, dont les portes étaient ouvertes. La brasserie était vide et hors de service. Le vent semblait plus froid que dans la rue, et il faisait entendre en s'engouffrant dans les ouvertures de la brasserie, un sifflement aigu, semblable au bruit de la tempête battant les agrès d'un navire.

Elle vit que je regardais du côté de la brasserie, et elle me dit :

« Tu pourrais boire tout ce qui se brasse de bière là dedans, aujourd'hui, sans te faire de mal, mon garçon.

— Je le crois bien, mademoiselle, répondis-je d'un air rusé.

— Il vaut mieux ne pas essayer de brasser de la bière dans ce lieu, elle aigrirait bientôt, n'est-ce pas, mon garçon ?

— Je le crois, mademoiselle.

— Ce n'est pas que personne soit tenté de l'essayer, ajouta-t-elle, et la brasserie ne servira plus guère. Quant à la bière, il y en a assez dans les caves pour noyer Manor House tout entier.

— Est-ce que c'est là le nom de la maison, mademoiselle ?

— C'est un de ses noms, mon garçon.

— Elle en a donc plusieurs, mademoiselle ?

— Elle en avait encore un autre, l'autre nom était Satis, qui, en grec, en latin ou en hébreu, je ne sais lequel des trois, et cela m'est égal, veut dire : Assez.

— Maison Assez ? dis-je. Quel drôle de nom, mademoiselle.

— Oui, répondit-elle. Cela signifie que celui qui la possédait n'avait besoin de rien autre chose. Je trouve que, dans ce temps-là, on était facile à contenter. Mais dépêchons, mon garçon. »

Bien qu'elle m'appelât à chaque instant : « Mon garçon, » avec un sans-gêne qui n'était pas très-flatteur, elle était de mon âge, à très-peu de chose près. Elle paraissait cependant plus âgée que moi, parce qu'elle était fille, belle et bien mise, et elle avait avec moi un petit air de protection, comme si elle eût eu vingt et un ans et qu'elle eût été reine.

Nous entrâmes dans la maison par une porte de côté; la grande porte d'entrée avait deux chaînes, et la première chose que je remarquai, c'est que les corridors étaient entièrement noirs, et que ma conductrice y avait laissé une chandelle allumée. Mon introductrice prit la chandelle; nous passâmes à travers de nombreux corridors, nous montâmes un escalier : tout cela était toujours tout noir, et nous n'avions que la chandelle pour nous éclairer.

Nous arrivâmes enfin à la porte d'une chambre; là, elle me dit :

« Entre....

— Après vous, mademoiselle, » lui répondis-je d'un ton plus moqueur que poli.

A cela elle me répliqua :

« Voyons, pas de niaiseries, mon garçon; c'est ridicule, je n'entre pas. »

Et elle s'éloigna avec un air de dédain; et ce qui était pire, elle emporta la chandelle.

Je n'étais pas fort rassuré; cependant je n'avais qu'une chose à faire, c'était de frapper à la porte. Je frappai. De l'intérieur, quelqu'un me cria d'entrer. J'entrai donc, et je me trouvai dans une chambre assez vaste, éclairée par des bougies, car pas le moindre rayon de soleil n'y pénétrait. C'était un cabinet de toilette, à en juger par les meubles, quoique la forme et l'usage de la plupart d'entre eux me fussent inconnus; mais je remarquai surtout une table drapée, surmontée d'un miroir doré, que je pensai, à première vue devoir être la toilette d'une grande dame.

Je n'aurais peut-être pas fait cette réflexion sitôt, si,

dès en entrant, je n'avais vu, en effet, une belle dame assise à cette toilette, mais je ne saurais le dire. Dans un fauteuil, le coude appuyé sur cette table et la tête penchée sur sa main, était assise la femme la plus singulière que j'eusse jamais vue et que je verrai jamais.

Elle portait de riches atours, dentelles, satins et soies, le tout blanc ; ses souliers mêmes étaient blancs. Un long voile blanc tombait de ses cheveux ; elle avait sur la tête une couronne de mariée ; mais ses cheveux étaient tout blancs. De beaux diamants étincelaient à ses mains et autour de son cou et quelques autres étaient restés sur la table. Des habits moins somptueux que ceux qu'elle portait étaient à demi sortis d'un coffre et éparpillés alentour. Elle n'avait pas entièrement terminé sa toilette, car elle n'avait chaussé qu'un soulier ; l'autre était sur la table près de sa main, son voile n'était posé qu'à demi ; elle n'avait encore ni sa montre ni sa chaîne, et quelques dentelles, qui devaient orner son sein, étaient avec ses bijoux, son mouchoir, ses gants, quelques fleurs et un livre de prières, confusément entassées autour du miroir.

Ce ne fut pas dans le premier moment que je vis toutes ces choses, quoique j'en visse plus au premier abord qu'on ne pourrait le supposer. Mais je vis bien vite que tout ce qui me paraissait d'une blancheur extrême, ne l'était plus depuis longtemps ; cela avait perdu tout son lustre, et était fané et jauni. Je vis que dans sa robe nuptiale, la fiancée était flétrie, comme ses vêtements, comme ses fleurs, et qu'elle n'avait conservé rien de brillant que ses yeux caves. On voyait que ces vêtements avaient autrefois recouvert les formes gracieuses d'une jeune femme, et que le corps sur lequel ils flottaient maintenant s'était réduit, et n'avait plus que la peau et les os. J'avais vu autrefois à la foire une figure de cire représentant je ne sais plus quel personnage impossible, exposé après sa mort. Dans une autre occasion, j'avais été voir, à la vieille église de nos marais, un squelette couvert de riches vêtements qu'on venait de découvrir sous le pavé de l'église. En ce moment, la figure de cire et le squelette me semblaient avoir des yeux noirs qu'ils remuaient en me regardant. J'aurais crié si j'avais pu.

« Qui est là ? demanda la dame assise à la table de toilette.

— Pip, madame.

— Pip ?

— Le jeune homme de M. Pumblechook, madame, qui vient.... pour jouer.

— Approche, que je te voie.... approche.... plus près.... plus près.... »

Ce fut lorsque je me trouvai devant elle et que je tâchai d'éviter son regard, que je pris une note détaillée des objets qui l'entouraient. Je remarquai que sa montre était arrêtée à neuf heures moins vingt minutes, et que la pendule de la chambre était aussi arrêtée à la même heure.

« Regarde-moi, dit miss Havisham, tu n'as pas peur d'une femme qui n'a pas vu la lumière du soleil depuis que tu es au monde ? »

Je regrette d'être obligé de constater que je ne reculai pas devant l'énorme mensonge, contenu dans ma réponse négative.

« Sais-tu ce que je touche là, dit-elle en appuyant ses deux mains sur son côté gauche.

— Oui, madame. »

Cela me fit penser au jeune homme qui avait dû me manger le cœur.

« Qu'est-ce ?

— Votre cœur.

— Oui, il est mort ! »

Elle murmura ces mots avec un regard étrange et un sourire de Parque, qui renfermait une espèce de vanité. Puis, ayant tenu ses mains sur son cœur pendant quelques moments, elle les ôta lentement, comme si elles eussent pressé trop fortement sa poitrine.

« Je suis fatiguée, dit miss Havisham ; j'ai besoin de distraction.... je suis lasse des hommes et des femmes.... Joue. »

Je pense que le lecteur le plus exigeant voudra bien convenir que, dans les circonstances présentes, il eût été difficile de me donner un ordre plus embarrassant à remplir.

« J'ai de singulières idées quelquefois, continua-t-elle, et j'ai aujourd'hui la fantaisie de voir quelqu'un jouer. Là ! là !... fit-elle en agitant avec impatience les doigts de sa main droite ; joue !... joue !... joue !... »

Un moment la crainte de voir venir ma sœur m'aider, comme elle l'avait promis, me donna l'idée de courir tout autour de la chambre, en galopant comme la jument de M. Pumblechook, mais je sentis mon incapacité de remplir convenablement ce rôle, et je n'en fis rien. Je continuai à regarder miss Havisham d'une façon qu'elle trouva sans doute peu aimable, car elle me dit :

« Es-tu donc maussade et obstiné ?

— Non madame, je suis bien fâché de ne pouvoir jouer en ce moment. Oui, très-fâché pour vous. Si vous vous plaignez de moi, j'aurai des désagréments avec ma sœur, et je jouerais, je vous l'assure, si je le pouvais, mais tout ici est si nouveau, si étrange, si beau.... si triste !... »

Je m'arrêtai, craignant d'en dire trop, si ce n'était

déjà fait, et nous nous regardâmes encore tous les deux.

Avant de me parler, elle jeta un coup d'œil sur les habits qu'elle portait, sur la table de toilette, et enfin sur elle-même dans la glace.

« Si nouveau pour lui, murmura-t-elle ; si vieux pour moi ; si étrange pour lui ; si familier pour moi ; si triste pour tous les deux ! Appelle Estelle. »

Comme elle continuait à se regarder dans la glace, je pensai qu'elle se parlait à elle-même et je me tins tranquille.

« Appelle Estelle, répéta-t-elle en lançant sur moi un éclair de ses yeux. Tu peux bien faire cela, j'espère ? Vas à la porte et appelle Estelle. »

Aller dans le sombre et mystérieux couloir d'une maison inconnue, crier : « Estelle ! » à une jeune et méprisante petite créature que je ne pouvais ni voir ni entendre, et avoir le sentiment de la terrible liberté que j'allais prendre, en lui criant son nom, était presque aussi effrayant que de jouer par ordre. Mais elle répondit enfin, une étoile brilla au fond du long et sombre corridor.... et Estelle s'avança, une chandelle à la main.

Miss Havisham la pria d'approcher, et prenant un bijou sur la table, elle l'essaya sur son joli cou et sur ses beaux cheveux bruns.

« Ce sera pour vous un jour, dit-elle, et vous en ferez bon usage. Jouez aux cartes avec ce garçon.

— Avec ce garçon ! Pourquoi ?... ce n'est qu'un simple ouvrier ! »

Il me sembla entendre miss Havisham répondre, mais cela me paraissait si peu vraisemblable :

« Eh bien ! vous pouvez lui briser le cœur !

— A quoi sais-tu jouer, mon garçon ? me demanda Estelle avec le plus grand dédain.

— Je ne joue qu'à la bataille, mademoiselle.

— Eh bien ! battez-le, » dit miss Havisham à Estelle.

Nous nous assîmes donc en face l'un de l'autre.

C'est alors que je commençai à comprendre que tout, dans cette chambre, s'était arrêté depuis longtemps, comme la montre et la pendule. Je remarquai que miss Havisham remit le bijou exactement à la place où elle l'avait pris. Pendant qu'Estelle battait les cartes, je regardai de nouveau sur la table de toilette et vis que le soulier, autrefois blanc, aujourd'hui jauni, n'avait jamais été porté. Je baissai les yeux sur le pied non chaussé, et je vis que le bas de soie, autrefois blanc et jaune à présent, était complétement usé. Sans cet arrêt dans toutes choses, sans la durée de tous ces pâles objets à moitié détruits, cette toilette nuptiale sur ce corps affaissé m'eût semblé un vêtement de mort, et ce long voile un suaire.

Miss Havisham se tenait immobile comme un cadavre pendant que nous jouions aux cartes; et les garnitures et les dentelles de ses habits de fiancée semblaient pétrifiées. Je n'avais encore jamais entendu parler des découvertes qu'on fait de temps à autre de corps enterrés dans l'antiquité, et qui tombent en poussière dès qu'on y touche, mais j'ai souvent pensé depuis que la lumière du soleil l'eût réduite en poudre.

« Il appelle les valets des Jeannots, ce garçon, dit Estelle avec dédain, avant que nous eussions terminé notre première partie. Et quelles mains il a !... et quels gros souliers ! »

Je n'avais jamais pensé à avoir honte de mes mains, mais je commençai à les trouver assez médiocres. Son mépris de ma personne fut si violent, qu'il devint contagieux et s'empara de moi.

Elle gagna la partie, et je donnai les cartes pour la

seconde. Je me trompai, justement parce que je ne voyais qu'elle, et que la jeune espiègle me surveillait pour me prendre en faute. Pendant que j'essayais de faire de mon mieux, elle me traita de maladroit, de stupide et de malotru.

« Tu ne me dis rien d'elle? me fit remarquer miss Havisham; elle te dit cependant des choses très-dures, et tu ne réponds rien. Que penses-tu d'elle?

— Je n'ai pas besoin de le dire.

— Dis-le-moi tout bas à l'oreille, continua miss Havisham, en se penchant vers moi.

— Je pense qu'elle est très-fière, lui dis-je tout bas.

— Après?

— Je pense qu'elle est très-jolie.

— Après?

— Je pense qu'elle a l'air très-insolent. »

Elle me regardait alors avec une aversion très-marquée.

« Après?

— Je pense que je voudrais retourner chez nous.

— Et ne plus jamais la voir, quoiqu'elle soit si jolie?

— Je ne sais pas si je voudrais ne plus jamais la voir, mais je voudrais bien m'en aller à la maison tout de suite.

— Tu iras bientôt, dit miss Havisham à haute voix. Continuez à jouer ensemble. »

Si je n'avais déjà vu une fois son sourire de Parque, je n'aurais jamais cru que le visage de miss Havisham pût sourire. Elle paraissait plongée dans une méditation active et incessante, comme si elle avait le pouvoir de transpercer toutes les choses qui l'entouraient, et il semblait que rien ne pourrait jamais l'en tirer. Sa poitrine était affaissée, de sorte qu'elle était toute courbée; sa voix était brisée, de sorte qu'elle parlait bas; un sommeil de mort s'appesantissait peu à peu sur elle. Enfin, elle paraissait avoir le corps et l'âme, le dehors et le dedans, également brisés, sous le poids d'un coup écrasant.

Je continuai la partie avec Estelle, et elle me battit; elle rejeta les cartes sur la table, après me les avoir gagnées, comme si elle les méprisait pour avoir été touchées par moi.

« Quand reviendras-tu ici? dit miss Havisham. Voyons.... »

J'allais lui faire observer que ce jour-là était un mercredi, quand elle m'interrompit avec son premier mouvement d'impatience, c'est-à-dire en agitant les doigts de sa main droite:

« Là!... là!... je ne sais rien des jours de la semaine.... ni des mois... ni des années.... Viens dans six jours. Tu entends?

— Oui, madame.

— Estelle, conduisez-le en bas. Donnez-lui quelque chose à manger, et laissez-le aller et venir pendant qu'il mangera. Allons, Pip, va! »

Je suivis la chandelle pour descendre, comme je l'avais suivie pour monter. Estelle la déposa à l'endroit où nous l'avions trouvée. Jusqu'au moment où elle ouvrit la porte d'entrée, je m'étais imaginé qu'il faisait tout à fait nuit, sans y avoir réfléchi; la clarté subite du jour me confondit. Il me sembla que j'étais resté pendant de longues heures dans cette étrange chambre, qui ne recevait jamais d'autre clarté que celle des chandelles.

« Tu vas attendre ici, entends-tu, mon garçon, » dit Estelle.

Et elle disparut en fermant la porte.

Je profitai de ce que j'étais seul dans la cour pour

jeter un coup d'œil sur mes mains et sur mes souliers. Mon opinion sur ces accessoires ne fut pas des plus favorables ; jamais, jusqu'ici, je ne m'en étais préoccupé, mais je commençais à ressentir tout le désagrément de ces vulgarités. Je résolus de demander à Joe pourquoi il m'avait appris à appeler Jeannots les valets des cartes. J'aurais désiré que Joé eût été élevé plus délicatement, au moins j'y aurais gagné quelque chose.

Estelle revint avec du pain, de la viande et un pot de bière ; elle déposa la bière sur une des pierres de la cour, et me donna le pain et la viande sans me regarder, aussi insolemment qu'on eût fait à un chien en pénitence. J'étais si humilié, si blessé, si piqué, si offensé, si fâché, si vexé, je ne puis trouver le vrai mot, pour exprimer cette douleur, Dieu seul sait ce que je souffris, que les larmes me remplirent les yeux. A leur vue, la jeune fille eut l'air d'éprouver un vif plaisir à en être la cause. Ceci me donna la force de les rentrer et de la regarder en face ; elle fit un signe de tête méprisant, ce qui signifiait qu'elle était bien certaine de m'avoir blessé ; puis elle se retira.

Quand elle fut partie, je cherchai un endroit pour cacher mon visage et pleurer à mon aise. En pleurant, je me donnais de grands coups contre les murs, et je m'arrachai une poignée de cheveux. Telle était l'amertume de mes émotions, et si cruelle était cette douleur sans nom, qu'elles avaient besoin d'être contrecarrées.

Ma sœur, en m'élevant comme elle l'avait fait, m'avait rendu excessivement sensible. Dans le petit monde où vivent les enfants, n'importe qui les élève, rien n'est plus délicatement perçu, rien n'est plus délicatement senti que l'injustice. L'enfant ne peut être exposé, il est vrai, qu'à une injustice minime, mais l'enfant est petit et son monde est petit ; son cheval à bascule ne s'élève qu'à quelques pouces de terre pour être en proportion avec lui, de même que les chevaux d'Irlande sont faits pour les Irlandais. Dès mon enfance, j'avais eu à soutenir une guerre perpétuelle contre l'injustice : je m'étais aperçu, depuis le jour où j'avais pu parler, que ma sœur, dans ses capricieuses et violentes corrections, était injuste pour moi; j'avais acquis la conviction profonde qu'il ne s'ensuivait pas, de ce qu'elle m'élevait à la main, qu'elle eût le droit de m'élever à coups de fouet. Dans toutes mes punitions, mes jeûnes, mes veilles et autres pénitences, j'avais nourri cette idée, et, à force d'y penser dans mon enfance solitaire et sans protection, j'avais fini par me persuader que j'étais moralement timide et très-sensible.

À force de me heurter contre le mur de la brasserie et de m'arracher les cheveux, je parvins à calmer mon émotion; je passai alors ma manche sur mon visage et je quittai le mur où je m'étais appuyé. Le pain et la viande étaient très-acceptables, la bière forte et pétillante, et je fus bientôt d'assez belle humeur pour regarder autour de moi.

Assurément c'était un lieu abandonné. Le pigeonnier de la cour de la brasserie était désert, la girouette avait été ébranlée et tordue par quelque grand vent, qui aurait fait songer les pigeons à la mer, s'il y avait eu quelques pigeons pour s'y balancer; mais il n'y avait plus de pigeons dans le pigeonnier, plus de chevaux dans les écuries, plus de cochons dans l'étable, plus de bière dans les tonneaux; les caves ne sentaient ni le grain ni la bière; toutes les odeurs avaient été évaporées par la dernière bouffée de vapeur. Dans une ancienne cour, on voyait un désert de fûts vides, répandant une certaine odeur âcre, qui rappelait de meilleurs jours;

mais la fermentation était un peu trop avancée pour qu'on pût accepter ces résidus comme échantillons de la bière qui n'y était plus, et, sous ce rapport, ces abandonnés n'étaient pas plus heureux que les autres.

A l'autre bout de la brasserie, il y avait un jardin protégé par un vieux mur qui, cependant, n'était pas assez élevé pour m'empêcher d'y grimper, de regarder par-dessus, et de voir que ce jardin était le jardin de la maison. Il était couvert de broussailles et d'herbes sauvages ; mais il y avait des traces de pas sur la pelouse et dans les allées jaunes, comme si quelqu'un s'y promenait quelquefois. J'aperçus Estelle qui s'éloignait de moi ; mais elle me semblait être partout ; car, lorsque je cédai à la tentation que m'offraient les fûts, et que je commençai à me promener sur la ligne qu'ils formaient à la suite les uns des autres, je la vis se livrant au même exercice à l'autre bout de la cour : elle me tournait le dos, et soutenait dans ses deux mains ses beaux cheveux bruns ; jamais elle ne se retourna et disparut au même instant. Il en fut de même dans la brasserie ; lorsque j'entrai dans une grande pièce pavée, haute de plafond, où l'on faisait autrefois la bière et où se trouvaient encore les ustensiles des brasseurs. Un peu oppressé par l'obscurité, je me tins à l'entrée, et je la vis passer au milieu des feux éteints, monter un petit escalier en fer, puis disparaître dans une galerie supérieure, comme dans les nuages.

Ce fut dans cet endroit et à ce moment, qu'une chose très-étrange se présenta à mon imagination. Si je la trouvai étrange alors, plus tard je l'ai considérée comme bien plus étrange encore. Je portai mes yeux un peu éblouis par la lumière du jour sur une grosse poutre placée à ma droite, dans un coin, et j'y vis un corps pendu par le cou ; ce corps était habillé tout en blanc jauni, et n'avait qu'un seul soulier aux pieds. Il me sembla que toutes les garnitures fanées de ses vêtements étaient en papier, et je crus reconnaître le visage de miss Havisham, se balançant, en faisant des efforts pour m'appeler. Dans ma terreur de voir cette figure que j'étais certain de ne pas avoir vue un moment auparavant, je m'en éloignai d'abord, puis je m'en rapprochai ensuite, et ma terreur s'accrut au plus haut degré, quand je vis qu'il n'y avait pas de figure du tout.

Il ne fallut rien moins, pour me rappeler à moi, que l'air frais et la lumière bienfaisante du jour, la vue des personnes passant derrière les barreaux de la grille et l'influence fortifiante du pain, de la viande et de la bière qui me restaient. Et encore, malgré cela, ne serais-je peut-être pas revenu à moi aussitôt que je le fis, sans l'approche d'Estelle, qui, ses clefs à la main, venait me faire sortir. Je pensai qu'elle serait enchantée, si elle s'apercevait que j'avais eu peur, et je résolus de ne pas lui procurer ce plaisir.

Elle me lança un regard triomphant en passant à côté de moi, comme si elle se fût réjouie de ce que mes mains étaient si rudes et mes chaussures si grossières, et elle m'ouvrit la porte et se tint de façon à ce que je devais passer devant elle. J'allais sortir sans lever les yeux sur elle, quand elle me toucha à l'épaule.

« Pourquoi ne pleures-tu pas ?

— Parce que je n'en ai pas envie.

— Mais si, dit-elle, tu as pleuré ; tu as les yeux bouffis, et tu es sur le point de pleurer encore. »

Elle se mit à rire d'une façon tout à fait méprisante, me poussa dehors et ferma la porte sur moi. Je me rendis tout droit chez M. Pumblechook. J'éprouvai un immense soulagement en ne le trouvant pas chez lui.

Après avoir dit au garçon de boutique quel jour je reviendrais chez miss Havisham, je me mis en route pour regagner notre forge, songeant en marchant à tout ce que j'avais vu, et repassant dans mon esprit : que je n'étais qu'un vulgaire ouvrier ; que mes mains étaient rudes et mes souliers épais ; que j'avais contracté la déplorable habitude d'appeler les valets des Jeannots ; que j'étais bien plus ignorant que je ne l'avais cru la veille, et qu'en général, je ne valais pas grand'chose.

CHAPITRE IX.

Quand j'arrivai à la maison, ma sœur se montra fort en peine de savoir ce qui se passait chez miss Havisham, et m'accabla de questions. Je me sentis bientôt lourdement secoué par derrière, et je reçus plus d'un coup dans la partie inférieure du dos; puis elle frotta ignominieusement mon visage contre le mur de la cuisine, parce que je ne répondais pas avec assez de prestesse aux questions qu'elle m'adressait.

Si la crainte de n'être pas compris existe chez les autres petits garçons au même degré qu'elle existait chez moi, chose que je considère comme vraisemblable, car je n'ai pas de raison pour me croire une monstruosité, c'est la clef de bien des réserves. J'étais convaincu que si je décrivais miss Havisham comme mes yeux l'avaient vue, je ne serais pas compris, et bien que je ne la comprisse moi-même qu'imparfaitement, j'avais l'idée qu'il y aurait de ma part quelque chose de méchant et de fourbe à la présenter aux yeux de Mrs Joe telle qu'elle était en réalité. La même suite d'idées m'amena à penser que je ne devais pas parler de miss Estelle. En conséquence, j'en dis le moins possible, et ma pauvre tête dut essuyer à plusieurs reprises les murs de la cuisine.

Le pire de tout, c'est que cette vieille brute de Pumblechook, attiré par une dévorante curiosité de savoir tout ce que j'avais vu et entendu, arriva au grand trot de sa jument, au moment de prendre le thé, pour tâcher de se faire donner toutes sortes de détails ; et la simple vue de cet imbécile, avec ses yeux de poisson, sa bouche ouverte, ses cheveux d'un blond ardent, dressés par une attente curieuse, et son gilet, soulevé par sa respiration mathématique, ne firent que renforcer mes réticences.

« Eh bien ! mon garçon, commença l'oncle Pumblechook, dès qu'il fut assis près du feu, dans le fauteuil d'honneur, comment t'en es-tu tiré là-bas.

— Assez bien, monsieur, » répondis-je.

Ma sœur me montra son poing crispé.

« Assez bien ? répéta Pumblechook ; assez bien n'est pas une réponse. Dis-nous ce que tu entends par assez bien, mon garçon. »

Peut-être le blanc de chaux endurcit-il le cerveau jusqu'à l'obstination : ce qu'il y a de certain, c'est qu'avec le blanc de chaux du mur qui était resté sur mon front, mon obstination s'était durcie à l'égal du diamant. Je réfléchis un instant, puis je répondis, comme frappé d'une nouvelle idée :

« Je veux dire assez bien.... »

Ma sœur eut une exclamation d'impatience et allait s'élancer sur moi. Je n'avais aucun moyen de défense, car Joe était occupé dans la forge, quand M. Pumblechook intervint.

« Non ! calmez-vous ... laissez-moi faire, ma nièce.... laissez-moi faire. »

Et M. Pumblechook se tourna vers moi, comme s'il eût voulu me couper les cheveux, et dit :

« D'abord, pour mettre de l'ordre dans nos idées, combien font quarante-trois pence ? »

Je calculai les conséquences qui pourraient résulter, si je répondais: « Quatre cents livres, » et les trouvant contre moi, j'en retranchai quelque chose comme huit pence. M. Pumblechook me fit alors suivre après lui la table de multiplication des pence et dit:

« Douze pence font un shilling, donc quarante pence font trois shillings et quatre pence. »

Puis il me demanda triomphalement:

« Eh bien! maintenant, combien font quarante-trois pence? »

Ce à quoi je répondis après une mûre réflexion:

« Je ne sais pas. »

M. Pumblechook me secoua alors la tête comme un marteau pour m'enfoncer de force le nombre dans la cervelle et dit:

« Quarante-trois pence font-ils sept shillings, six pence trois liards, par hasard?

— Oui, dis-je.

— Mon garçon, recommença M. Pumblechook en revenant à lui et se croisant les bras sur la poitrine, comment est miss Havisham?

— Elle est grande et noire, dis-je.

— Est-ce vrai, mon oncle? » demanda ma sœur.

M. Pumblechook fit un signe d'assentiment, duquel je conclus qu'il n'avait jamais vu miss Havisham, car elle n'était ni grande ni noire.

« Bien! fit M. Pumblechook, c'est le moyen de le prendre; nous allons savoir ce que nous désirons.

— Je voudrais bien, mon oncle, dit ma sœur, que vous le preniez avec vous; vous savez si bien en faire ce que vous voulez.

— Maintenant, mon garçon, que faisait-elle, quand tu es entré?

— Elle était assise dans une voiture de velours noir, » répondis-je.

M. Pumblechook et ma sœur se regardèrent tout étonnés, comme ils en avaient le droit, et répétant tous deux :

« Dans une voiture de velours noir ?

— Oui, répondis-je. Et miss Estelle, sa nièce, je pense, lui tendait des gâteaux et du vin par la portière, sur un plateau d'or, et nous eûmes tous du vin et des gâteaux sur des plats d'or, et je suis monté sur le siége de derrière pour manger ma part, parce qu'elle me l'avait dit.

— Y avait-il là d'autres personnes ? demanda mon oncle.

— Quatre chiens, dis-je.

— Gros ou petits ?

— Énormes ! m'écriai-je ; et ils se sont battus pour avoir quatre côtelettes de veau, renfermées dans un panier d'argent.

Mrs Joe et M. Pumblechook se regardèrent de nouveau avec étonnement. J'étais tout à fait monté, complétement indifférent à la torture, et je comptais leur en dire bien d'autres.

« Où était cette voiture, au nom du ciel ? demanda ma sœur.

— Dans la chambre de miss Havisham. »

Ils se regardèrent encore.

« Mais il n'y avait pas de chevaux, ajoutai-je, en repoussant avec force l'idée des quatre coursiers richement caparaçonnés, que j'avais eu d'abord la singulière pensée d'y atteler.

— Est-ce possible, mon oncle ? demanda Mrs Joe ; que veut dire cet enfant ?

— Je vais vous l'expliquer, ma nièce, dit M. Pumblechook. Mon avis est que ce doit être une chaise à porteurs ; elle est bizarre, vous le savez, très-bizarre et si extraordinaire, qu'il n'y aurait rien d'étonnant qu'elle passât ses jours dans une chaise à porteurs.

— L'avez-vous jamais vue dans cette chaise ? demanda Mrs Joe.

— Comment l'aurais-je pu ? reprit-il, forcé par cette question, quand jamais de ma vie je ne l'ai vue, même de loin.

— Bonté divine ! mon oncle, et pourtant vous lui avez parlé ?

— Vous savez bien, continua l'oncle, que lorsque j'y suis allé, la porte était entr'ouverte ; je me tenais d'un côté, elle de l'autre, et nous nous causions de cette manière. Ne dites pas, ma nièce, que vous ne saviez pas cela. Quoi qu'il en soit, ce garçon est allé chez elle pour jouer. A quoi as-tu joué, mon garçon ?

— Nous avons joué avec des drapeaux, » dis-je.

Je dois avouer que je suis très-étonné aujourd'hui, quand je me rappelle les mensonges que je fis en cette occasion.

« Des drapeaux ? répéta ma sœur.

— Oui, dis-je ; Estelle agitait un drapeau bleu et moi un rouge, et miss Havisham en agitait un tout parsemé d'étoiles d'or ; elle l'agitait par la portière de sa voiture, et puis nous brandissions nos sabres en criant : Hourra ! hourra !

— Des sabres ?... répéta ma sœur ; où les aviez-vous pris ?

— Dans une armoire, dis-je, où il y avait des pistolets et des confitures et des pilules. Le jour ne pénétrait pas dans la chambre, mais elle était éclairée par des chandelles.

— Cela est vrai, ma nièce, dit M. Pumblechook avec

un signe de tête plein de gravité, je puis vous garantir cet état de choses, car j'en ai moi-même été témoin. »

Tous deux me regardèrent, et moi-même, prenant un petit air candide, je les regardai aussi, en plissant avec ma main droite la jambe droite de mon pantalon.

S'ils m'eussent adressé d'autres questions, je me serais indubitablement trahi, car j'étais sur le point de déclarer qu'il y avait un ballon dans la cour, et j'aurais même hasardé cette absurde déclaration, si mon esprit n'eût pas balancé entre ce phénomène et un ours enfermé dans la brasserie. Cependant ils étaient tellement absorbés par les merveilles que j'avais déjà présentées à leur admiration, que j'échappai à cette dangereuse alternative. Ce sujet les occupait encore, quand Joe revint de son travail et demanda une tasse de thé. Ma sœur lui raconta ce qui m'était arrivé, plutôt pour soulager son esprit émerveillé que pour satisfaire la curiosité de mon bon ami Joe.

Quand je vis Joe ouvrir ses grands yeux bleus et les promener autour de lui, en signe d'étonnement, je fus pris de remords; mais seulement en ce qui le concernait lui, sans m'inquiéter en aucune manière des deux autres. Envers Joe, mais envers Joe seulement, je me considérais comme un jeune monstre, pendant qu'ils débattaient les avantages qui pourraient résulter de la connaissance et de la faveur de miss Havisham. Ils étaient certains que miss Havisham ferait quelque chose pour moi, mais ils se demandaient sous quelle forme. Ma sœur entrevoyait le don de quelque propriété rurale. M. Pumblechook s'attendait à une récompense magnifique, qui m'aiderait à apprendre quelque joli commerce, celui de grainetier, par exemple. Joe tomba dans la plus profonde disgrâce pour avoir osé suggérer que j'étais, aux yeux de miss Havisham, l'égal des chiens qui avaient combattu héroïquement pour les côtelettes de veau.

« Si ta tête folle ne peut exprimer d'idées plus raisonnables que celles-là, dit ma sœur, et que tu aies à travailler, tu ferais mieux de t'y mettre de suite. »

Et le pauvre homme sortit sans mot dire.

Quand M. Pumblechook fut parti, et que ma sœur eut gagné son lit, je me rendis à la dérobée dans la forge, où je restai auprès de Joe jusqu'à ce qu'il eût fini son travail, et je lui dis alors :

« Joe, avant que ton feu ne soit tout à fait éteint, je voudrais te dire quelque chose.

— Vraiment, mon petit Pip! dit Joe en tirant son escabeau près de la forge; dis-moi ce que c'est, mon petit Pip.

— Joe, dis-je en prenant la manche de sa chemise et la roulant entre le pouce et l'index, tu te souviens de tout ce que j'ai dit sur le compte de miss Havisham.

— Si je m'en souviens, dit Joe; je crois bien, c'est merveilleux!

— Oui, mais c'est une terrible chose, Joe; car tout cela n'est pas vrai.

— Que dis-tu, mon petit Pip? s'écria Joe frappé d'étonnement. Tu ne veux pas dire, j'espère, que c'est un....

— Oui, je dois te le dire, à toi, tout cela c'est un mensonge.

— Mais pas tout ce que tu as raconté, bien sûr; tu ne prétends pas dire qu'il n'y a pas de voiture en velours noir, hein? »

Je continuai à secouer la tête.

« Mais au moins, il y avait des chiens, mon petit Pip ; mon cher petit Pip, s'il n'y avait pas de côtelettes de veau, au moins il y avait des chiens ?

— Non, Joe.

— Un chien, dit Joe, rien qu'un tout petit chien ?

— Non, Joe, il n'y avait rien qui ressemblât à un chien. »

Joe me considérait avec le plus profond désappointement.

« Mon petit Pip, mon cher petit Pip, ça ne peut pas marcher comme ça, mon garçon, où donc veux-tu en venir ?

— C'est terrible, n'est-ce pas ?

— Terrible !... s'écria Joe ; terrible !... Quel démon t'a poussé ?

— Je ne sais, Joe, répliquai-je en lâchant sa manche de chemise et m'asseyant à ses pieds dans les cendres ; mais je voudrais bien que tu ne m'aies pas appris à appeler les valets des Jeannots, et je voudrais que mes mains fussent moins rudes et mes souliers moins épais. »

Alors je dis à Joe que je me trouvais bien malheureux, et que je n'avais pu m'expliquer devant Mrs Joe et M. Pumblechook, parce qu'ils étaient trop durs pour moi ; qu'il y avait chez miss Havisham une fort jolie demoiselle qui était très-fière ; qu'elle m'avait dit que j'étais commun ; que je savais bien que j'étais commun, mais que je voudrais bien ne plus l'être ; et que les mensonges m'étaient venus, je ne savais ni comment ni pourquoi....

C'était un cas de métaphysique aussi difficile à résoudre pour Joe que pour moi. Mais Joe voulut éloigner tout ce qu'il y avait de métaphysique dans l'espèce et en vint à bout.

« Il y a une chose dont tu peux être bien certain, mon petit Pip, dit Joe, après avoir longtemps ruminé. D'abord, un mensonge est un mensonge, de quelque manière qu'il vienne, et il ne doit pas venir ; n'en dis plus, mon petit Pip ; ça n'est pas le moyen de ne plus être commun, mon garçon, et quant à être commun, je ne vois pas cela très-clairement : tu es d'une petite taille peu commune, et ton savoir n'est pas commun non plus.

— Si ; je suis ignorant et emprunté, Joe.

— Mais vois donc cette lettre que tu m'as écrite hier soir, c'est comme imprimé ! J'ai vu des lettres, et des lettres écrites par des messieurs très-comme il faut, encore, et elles n'avaient pas l'air d'être imprimées.

— Je ne sais rien, Joe ; tu as une trop bonne opinion de moi, voilà tout.

— Eh bien, mon petit Pip, dit Joe, que cela soit ou que cela ne soit pas, il faut commencer par le commencement ; le roi sur son trône, avec sa couronne sur sa tête, avant d'écrire ses actes du Parlement, a commencé par apprendre l'alphabet, alors qu'il n'était que prince royal.... Ah ! ajouta Joe avec un signe de satisfaction personnelle, il a commencé par l'A et a été jusqu'au Z, je sais parfaitement ce que c'est, quoique je ne puisse pas dire que j'en aie fait autant. »

Il y avait de la sagesse dans ces paroles, et elles m'encouragèrent un peu.

« Ne faut-il pas mieux, continua Joe en réfléchissant, rester dans la société des gens communs plutôt que d'aller jouer avec ceux qui ne le sont pas ? Ceci me fait penser qu'il y avait peut-être un drapeau ?

— Non, Joe.

— Je suis vraiment fâché qu'il n'y ait pas eu au moins un drapeau, mon petit Pip. Cela finira par arriver aux oreilles de ta sœur. Écoute, mon petit Pip, ce que va te dire un véritable ami, si tu ne réussis pas à n'être plus commun, en allant tout droit devant toi, il ne faut pas songer que tu pourras le faire en allant de travers. Ainsi donc, mon petit Pip, ne dis plus de mensonges, vis bien et meurs en paix.

— Tu ne m'en veux pas, Joe?

— Non, mon petit Pip, non; mais je ne puis m'empêcher de penser qu'ils étaient joliment audacieux, ces chiens qui voulaient manger les côtelettes de veau, et un ami qui te veut du bien te conseille d'y penser quand tu monteras te coucher; voilà tout, mon petit Pip, et ne le fais plus. »

Quand je me trouvai dans ma petite chambre, disant mes prières, je n'oubliai pas la recommandation de Joe; et pourtant mon jeune esprit était dans un tel état de trouble, que longtemps après m'être couché, je pensais encore comment miss Estelle considérerait Joe, qui n'était qu'un simple forgeron : et combien ses mains étaient rudes, et ses souliers épais; je pensais aussi à Joe et à ma sœur, qui avaient l'habitude de s'asseoir dans la cuisine, et je réfléchissais que moi-même j'avais quitté la cuisine pour aller me coucher; que miss Havisham et Estelle ne restaient jamais à la cuisine; et qu'elles étaient bien au-dessus de ces habitudes communes. Je m'endormis en pensant à ce que j'avais fait chez miss Havisham, comme si j'y étais resté des semaines et des mois au lieu d'heures, et comme si c'eût été un vieux souvenir au lieu d'un événement arrivé le jour même.

Ce fut un jour mémorable pour moi, car il apporta de grands changements dans ma destinée; mais c'est la même chose pour chacun. Figurez-vous un certain jour retranché dans votre vie, et pensez combien elle aurait été différente. Arrêtez-vous, vous qui lisez ce récit, et figurez-vous une longue chaîne de fil ou d'or, d'épines ou de fleurs, qui ne vous eût jamais lié, si, à un certain et mémorable jour, le premier anneau ne se fût formé.

CHAPITRE X.

Un ou deux jours après, un matin en m'éveillant, il me vint l'heureuse idée que le meilleur moyen pour n'être plus commun était de tirer de Biddy tout ce qu'elle pouvait savoir sur ce point important. En conséquence, je déclarai à Biddy, un soir que j'étais allé chez la grand'tante de M. Wopsle, que j'avais des raisons particulières pour désirer faire mon chemin en ce monde, et que je lui serais très-obligé si elle voulait bien m'enseigner tout ce qu'elle savait. Biddy, qui était la fille la plus obligeante du monde, me répondit immédiatement qu'elle ne demandait pas mieux, et elle mit aussitôt sa promesse à exécution.

Le système d'éducation adopté par la grand'tante de M. Wopsle, pouvait se résoudre ainsi qu'il suit : Les élèves mangeaient des pommes et se mettaient des brins de paille sur le dos les uns des autres, jusqu'à ce que la grand'tante de M. Wopsle, rassemblant toute son énergie, se précipitât indistinctement sur eux, armée d'une baguette de bouleau, en faisant une course effrénée. Après avoir reçu le choc avec toutes les marques de dérision possibles, les élèves se formaient en ligne, et faisaient circuler rapidement, de main en main, un livre tout déchiré. Le livre contenait, ou plutôt avait contenu : un alphabet, quelques chiffres, une table de multiplication et un syllabaire. Dès que ce livre se mettait en mouvement, la grand'tante de M. Wopsle tombait dans une espèce de pâmoison, provenant de la fatigue ou d'un accès de rhumatisme. Les élèves se livraient alors entre eux à l'examen de leurs souliers, pour savoir celui qui pourrait frapper le plus fort avec son pied. Cet examen durait jusqu'au moment où Biddy arrivait avec trois Bibles, tout abîmées et toutes déchiquetées, comme si elles avaient été coupées avec le manche de quelque chose de rude et d'inégal, et plus illisibles et plus mal imprimées qu'aucune des curiosités littéraires que j'aie jamais rencontrées depuis, elles étaient mouchetées partout, avec des taches de rouille et avaient, écrasés entre leurs feuillets, des spécimens variés de tous les insectes du monde. Cette partie du cours était généralement égayée par quelques combats singuliers entre Biddy et les élèves récalcitrants. Lorsque la bataille était terminée, Biddy nous indiquait un certain nombre de pages, et alors nous lui lisions tous à haute voix ce que nous pouvions, ou plutôt ce que nous ne pouvions pas. C'était un bruit effroyable; Biddy conduisait cet orchestre infernal, en lisant elle-même d'une voix lente et monotone. Aucun de nous n'avait la moindre notion de ce qu'il lisait. Quand ce terrible charivari avait duré un certain temps, il finissait généralement par réveiller la grand'tante de M. Wopsle, et elle attrapait un des gens par les oreilles et les lui tirait d'importance. Ceci terminait la leçon du soir, et nous nous élancions en plein air en poussant des cris de triomphe. Je dois à la vérité de faire observer qu'il n'était pas défendu aux élèves de s'exercer à écrire sur l'ardoise, ou même sur du papier, quand il en avait; mais il n'était pas facile de se livrer à cette étude pendant l'hiver, car la petite boutique où l'on faisait la classe, et qui servait en même temps de chambre à coucher et de salon à la grand'tante de M. Wopsle, n'était que faiblement éclairée, au moyen d'une chandelle sans mouchettes.

Il me sembla qu'il me faudrait bien du temps pour me dégrossir dans de pareilles conditions. Néanmoins, je résolus d'essayer, et, ce soir-là, Biddy commença à remplir l'engagement qu'elle avait pris envers moi, en me faisant faire une lecture dans son petit catalogue, et en me prêtant, pour le copier à la main, un grand vieux D, qu'elle avait copié elle-même du titre de quelque journal, et que, jusqu'à présent, j'avais toujours pris pour une boucle.

Il va sans dire qu'il y avait un cabaret dans le village, et que Joe aimait à y aller, de temps en temps, fumer sa pipe. J'avais reçu l'ordre le plus formel de passer le prendre aux *Trois jolis bateliers*, en revenant de l'école, et de le ramener à la maison, à mes risques et périls. Ce fut donc vers les *Trois jolis bateliers* que je dirigeai mes pas.

A côté du comptoir, il y avait aux *Trois jolis bateliers* une suite de comptes d'une longueur alarmante, inscrits à la craie sur le mur près de la porte. Ces comptes semblaient n'avoir jamais été réglés ; je me souvenais de les avoir toujours vus là, ils avaient même toujours grandi en même temps que moi, mais il y avait une grande quantité de craie dans notre pays, et sans doute les habitants ne voulaient négliger aucune occasion d'en tirer parti.

Comme c'était un samedi soir, je trouvai le chef de l'établissement regardant ces comptes d'un air passablement renfrogné ; mais comme j'avais affaire à Joe et non à lui, je lui souhaitai tout simplement le bonsoir et passai dans la salle commune, au fond du couloir, où il y avait un bon feu, et où Joe fumait sa pipe en compagnie de M. Wopsle et d'un étranger. Joe me reçut comme de coutume, en s'écriant :

« Holà ! mon petit Pip, te voilà mon garçon ! »

Aussitôt l'étranger tourna la tête pour me regarder. C'était un homme que je n'avais jamais vu, et il avait l'air fort mystérieux. Sa tête était penchée d'un côté, et l'un de ses yeux était constamment à demi fermé, comme s'il visait quelque chose avec un fusil invisible. Il avait une pipe à la bouche, il l'ôta ; et après en avoir expulsé la fumée, sans cesser de me regarder fixement, il me fit un signe de tête. Je répondis par un signe semblable. Alors il continua le même jeu et me fit place à côté de lui.

Mais comme j'avais l'habitude de m'asseoir à côté de Joe toutes les fois que je venais dans cet endroit, je dis :

« Non, merci, monsieur. »

Et je me laissai tomber à la place que Joe m'avait faite sur l'autre banc. L'étranger, après avoir jeté un regard sur Joe et vu que son attention était occupée ailleurs, me fit de nouveaux signes ; puis il se frotta la jambe d'une façon vraiment singulière, du moins ça me fit cet effet-là.

« Vous disiez, dit l'étranger en s'adressant à Joe, que vous êtes forgeron.

— Oui, répondit Joe.

— Que voulez-vous boire, monsieur ?... A propos, vous ne m'avez pas dit votre nom. »

Joe le lui dit, et l'étranger l'appela alors par son nom.

« Que voulez-vous boire, monsieur Gargery, c'est moi qui paye pour trinquer avec vous ?

— A vous dire vrai, répondit Joe, je n'ai pas l'habitude de trinquer avec personne, et surtout de boire aux frais des autres, mais aux miens.

— L'habitude, non, reprit l'étranger; mais une fois par hasard n'est pas coutume, et un samedi soir encore! Allons! dites ce que vous voulez, monsieur Gargery.

— Je ne voudrais pas vous refuser plus longtemps, dit Joe; du rhum.

— Soit, du rhum, répéta l'étranger. Mais monsieur voudra-t-il bien, à son tour, témoigner son désir?

— Du rhum, dit M. Wopsle.

— Trois rhum! cria l'étranger au propriétaire du cabaret, et trois verres pleins!

— Monsieur, observa Joe, en manière de présentation, est un homme qui vous ferait plaisir à entendre, c'est le chantre de notre église.

— Ah! ah! dit l'étranger vivement, en me regardant de côté, l'église isolée, à droite des marais, tout entourée de tombeaux?

— C'est cela même, » dit Joe.

L'étranger, avec une sorte de murmure de satisfaction à travers sa pipe, mit sa jambe sur le banc qu'il occupait à lui seul. Il portait un chapeau de voyage à larges bords, et par-dessous un mouchoir roulé autour de sa tête, en manière de calotte, de sorte qu'on ne voyait pas ses cheveux. Il me sembla que sa figure prenait en ce moment une expression rusée, suivie d'un éclat de rire étouffé.

« Je ne connais pas très-bien ce pays, messieurs, mais il me semble bien désert du côté de la rivière.

— Les marais ne sont pas habités ordinairement, dit Joe.

— Sans doute!... sans doute!... mais ne pensez-vous pas qu'il peut y venir quelquefois des Bohémiens, des vagabonds, ou quelque voyageur égaré?

— Non, dit Joe; seulement par-ci, par-là, un forçat évadé, et ils ne sont pas faciles à prendre, n'est-ce pas, monsieur Wopsle? »

M. Wopsle, se souvenant de sa déconvenue, fit un signe d'assentiment dépourvu de tout enthousiasme.

« Il paraît que vous en avez poursuivi? demanda l'étranger.

— Une fois, répondit Joe, non pas que nous tenions beaucoup à les prendre, comme vous pensez bien; nous y allions comme curieux, n'est-ce pas, mon petit Pip?

— Oui, Joe. »

L'étranger continuait à me lancer des regards de côté, comme si c'eût été particulièrement moi qu'il visât avec son fusil invisible, et dit:

« C'est un gentil camarade que vous avez là; comment l'appelez-vous?

— Pip, dit Joe.

— Son nom de baptême est Pip?

— Non, pas son nom de baptême.

— Son surnom, alors?

— Non, dit Joe, c'est une espèce de nom de famille qu'il s'est donné à lui-même, quand il était tout enfant.

— C'est votre fils?

— Oh! non, dit Joe en méditant, non qu'il fût nécessaire de réfléchir là-dessus; mais parce que c'était l'habitude, aux *Trois jolis bateliers*, de réfléchir profondément sur tout ce qu'on disait, pendant que l'on fumait; oh!... non. Non, il n'est pas mon fils.

— Votre neveu? dit l'étranger.

— Pas davantage, dit Joe, avec la même apparence de réflexion profonde. Non.... je ne veux pas vous tromper.... il n'est pas mon neveu.

— Que diable vous est-il donc alors? » demanda l'étranger, qui me parut pousser bien vigoureusement ses investigations.

M. Wopsle prit alors la parole, comme quelqu'un qui connaissait tout ce qui a rapport aux parentés, sa profession lui faisant un devoir de savoir par cœur jusqu'à quel degré de parenté il était interdit à un homme d'épouser une femme, et il expliqua les liens qui existaient entre Joe et moi. M. Wopsle ne termina pas sans citer avec un air terrible un passage de *Richard III*, et il s'imagina avoir dit tout ce qu'il y avait à dire sur ce sujet, quand il eut ajouté :

« Comme dit le poëte ! »

Ici, je dois remarquer qu'en parlant de moi, M. Wopsle trouvait nécessaire de me caresser les cheveux et de me les ramener jusque dans les yeux. Je ne pouvais concevoir pourquoi tous ceux qui venaient à la maison me soumettaient toujours au même traitement désagréable, dans les mêmes circonstances. Cependant, je ne me souviens pas d'avoir jamais été, dans ma première enfance, le sujet des conversations de notre cercle de famille; mais quelques personnes à large main me favorisaient de temps en temps de cette caresse ophthalmique pour avoir l'air de me protéger.

Pendant tout ce temps, l'étranger n'avait regardé personne que moi ; et, cette fois, il me regardait comme s'il se déterminait à faire feu sur l'objet qu'il visait depuis si longtemps. Mais il ne dit plus rien, jusqu'au moment où l'on apporta les verres de rhum ; alors son coup partit, mais de la façon la plus singulière.

Il se fit comprendre par une pantomime muette, qui s'adressait spécialement à moi. Il mêlait son grog au rhum, et il le goûtait tout en me regardant, non pas avec la cuiller qu'on lui avait donnée, mais avec une lime.

Il me fit cela de manière à ce que personne autre que moi ne le vît, et quand il eut fini, il essuya la lime et la mit dans sa poche de côté. Dès que j'aperçus l'instrument, je reconnus mon forçat et la lime de Joe. Je le regardai sans pouvoir faire un mouvement; j'étais tout à fait fasciné; mais il s'appuyait alors sur son banc, sans s'inquiéter davantage de moi, et il se mit à parler de navets.

Il y avait en Joe un tel besoin de se purifier et de se reposer tranquillement avant de rentrer à la maison, qu'il osait rester une demi-heure de plus dans la vie active le samedi que les autres jours. C'était une délicieuse demi-heure qui venait de se passer à boire ensemble du grog au rhum. Alors Joe se leva pour partir et me prit par la main.

« Attendez un moment, monsieur Gargery, dit l'étranger, je crois avoir quelque part dans ma poche un beau shilling tout neuf, et, si je le trouve, ce sera pour ce petit. »

Il le dénicha au milieu d'une poignée d'autres pièces de peu de valeur, l'enveloppa dans du papier chiffonné et me le donna.

« C'est pour toi, dit-il, pour toi seul, tu entends? »

Je le remerciai, en écarquillant sur lui mes yeux plus qu'il ne convenait à un enfant bien élevé, et en me cramponnant à la main de Joe. Il dit bonsoir à celui-ci, ainsi qu'à M. Wopsle, qui sortit en même temps que nous, et il me fit un dernier signe de son bon œil, non pas en me regardant, car il le ferma; mais quelles merveilles ne peut-on pas opérer avec un clignement d'œil!

En rentrant à la maison, j'aurais pu parler tout à

mon aise, si j'en avais eu l'envie, car M. Wopsle nous quitta à la porte des *Trois jolis bateliers*, et Joe marcha tout le temps, la bouche toute grande ouverte, pour se la rincer et faire passer l'odeur du rhum, en absorbant le plus d'air possible. J'étais comme stupéfié par le changement qui s'était opéré chez mon ancienne et coupable connaissance, et je ne pouvais penser à autre chose.

Ma sœur n'était pas de trop mauvaise humeur quand nous entrâmes dans la cuisine, et Joe profita de cette circonstance extraordinaire pour lui parler de mon shilling tout neuf.

« C'est une pièce fausse, j'en mettrais ma main au feu, dit Mrs Joe d'un air de triomphe ; sans cela, il ne l'aurait pas donnée à cet enfant. Voyons cela. »

Je sortis le shilling du papier, et il se trouva qu'il était parfaitement bon.

« Mais qu'est-ce que cela ? dit Mrs Joe, en rejetant le shilling et en saisissant le papier, deux banknotes d'une livre chacune ! »

Ce n'était en effet rien moins que deux grasses banknotes d'une livre, qui semblaient avoir vécu dans la plus étroite intimité avec tous les marchands de bestiaux du comté. Joe reprit son chapeau et courut aux *Trois jolis bateliers*, pour les restituer à leur propriétaire. Pendant son absence, je m'assis sur mon banc ordinaire, et je regardai ma sœur d'une manière significative, car j'étais à peu près certain que l'homme n'y serait plus.

Bientôt Joe revint dire que l'homme était parti, mais que lui Joe avait laissé un mot à l'hôtelier des *Trois jolis bateliers*, relativement aux banknotes. Alors ma sœur les enveloppa avec soin dans un papier, et les mit dans une théière purement ornementale, qui était placée sur une cheminée du salon de gala. Elles restèrent là bien des nuits, bien des jours, et ce fut un cauchemar incessant pour mon jeune esprit.

Quand je fus couché, je revis l'étranger me visant toujours avec son arme invisible, et je pensais combien il était commun, grossier et criminel de conspirer secrètement avec des condamnés, chose à laquelle jusque-là je n'avais pas pensé. La lime aussi me tourmentait, je craignais à tout moment de la voir reparaître. J'essayai bien de m'endormir en pensant que je reverrais miss Havisham le mercredi suivant; j'y réussis, mais dans mon sommeil, je vis la lime sortir d'une porte et se diriger vers moi, sans pourtant voir celui qui la tenait, et je m'éveillai en criant.

CHAPITRE XI.

Le jour indiqué, je me rendis chez miss Havisham; je sonnai avec beaucoup d'hésitation, et Estelle parut. Elle ferma la porte après m'avoir fait entrer, et, comme la première fois, elle me précéda dans le sombre corridor où brûlait la chandelle. Elle ne parut faire attention à moi que lorsqu'elle eut la lumière dans la main, alors elle me dit avec hauteur :

« Tu vas passer par ici aujourd'hui. »

Et elle me conduisit dans une partie de la maison qui m'était complétement inconnue.

Le corridor était très-long, et semblait faire tout le tour de Manor House. Arrivée à une des extrémités, elle s'arrêta, déposa à terre sa chandelle et ouvrit une porte. Ici le jour reparut, et je me trouvai dans une petite cour pavée, dont la partie opposée était occupée par une maison séparée, qui avait dû appartenir au directeur ou au premier employé de la défunte brasserie. Il y avait une horloge au mur extérieur de cette maison. Comme la pendule de la chambre de miss Havisham et comme la montre de miss Havisham, cette horloge était arrêtée à neuf heures moins vingt minutes.

Nous entrâmes par une porte qui se trouvait ouverte dans une chambre sombre et très-basse de plafond. Il y avait quelques personnes dans cette chambre ; Estelle se joignit à elles en me disant :

« Tu vas rester là, mon garçon, jusqu'à ce qu'on ait besoin de toi. »

« Là, » était la fenêtre, je m'y accoudai, et je restai « là, » dans un état d'esprit très-désagréable, et regardant au dehors.

La fenêtre donnait sur un coin du jardin fort misérable et très-négligé, où il y avait une rangée de vieilles tiges de choux et un grand buis qui, autrefois, avait été taillé et arrondi comme un pudding ; il avait à son sommet de nouvelles pousses de couleur différente, qui avaient altéré un peu sa forme, comme si cette partie du jardin avait touché à la casserole et s'était roussie. Telle fut, du moins, ma première impression, en contemplant cet arbre. Il était tombé un peu de neige pendant la nuit ; partout ailleurs elle avait disparu, mais là elle n'était pas encore entièrement fondue, et, à l'ombre froide de ce bout de jardin, le vent la soufflait en petits flocons qui venaient fouetter contre la fenêtre, comme s'ils eussent voulu entrer pour me lapider.

Je m'aperçus que mon arrivée avait arrêté la conversation, et que les personnes qui se trouvaient réunies dans cette pièce avaient les yeux fixés sur moi. Je ne pouvais rien voir, excepté la réverbération du feu sur les vitres, mais je sentais dans les articulations une gêne et une roideur qui me disaient que j'étais examiné avec une scrupuleuse attention.

Il y avait dans cette chambre trois dames et un monsieur. Je n'avais pas été cinq minutes à la croisée, que, d'une manière ou d'une autre, ils m'avaient tous laissé voir qu'ils n'étaient que des flatteurs et des hâbleurs ; mais chacun prétendait ne pas s'apercevoir que les autres étaient des flatteurs et des hâbleurs, parce que celui ou celle qui aurait admis ce soupçon aurait pu être accusé d'avoir les mêmes défauts.

Tous avaient cet air inquiet et triste, de gens qui attendent le bon plaisir de quelqu'un, et la plus bavarde des dames avait bien de la peine à réprimer un bâillement, tout en parlant. Cette dame, qui avait nom Camille, me rappelait ma sœur, avec cette différence qu'elle était plus âgée, et que son visage, au premier coup d'œil, m'avait paru avoir des traits plus grossiers. Je commençais à penser que c'était une grâce du ciel si elle avait des traits quelconques, tant était haute et pâle la muraille inanimée que présentait sa face.

« Pauvre chère âme ! dit la dame avec une vivacité de manières tout à fait semblable à celle de ma sœur. Il n'a d'autre ennemi que lui-même.

— Il serait bien plus raisonnable d'être l'ennemi de quelqu'un, dit le monsieur ; bien plus naturel !

— Mon cousin John, observa une autre dame, nous devons aimer notre prochain.

— Sarah Pocket, repartit le cousin John, si un homme n'est pas son propre prochain, qui donc l'est ? »

Miss Pocket se mit à rire ; Camille rit aussi, et elle dit en réprimant un bâillement :

« Quelle idée ! »

Mais ils pensèrent, à ce que je crois, que cela était aussi une bien bonne idée. L'autre dame, qui n'avait pas encore parlé, dit avec emphase et gravité :

« C'est vrai !... c'est bien vrai !

— Pauvre âme ! continua bientôt Camille (je savais qu'en même temps tout ce monde-là me regardait). Il est si singulier ! croirait-on que quand la femme de Tom est morte, il ne pouvait pas comprendre l'importance du deuil que doivent porter les enfants ? « Bon Dieu ! » disait-il, « Camille, à quoi sert de mettre en noir les pauvres petits orphelins?... » Comme Matnew! Quelle idée !...

— Il y a du bon chez lui, dit le cousin John, il y a du bon chez lui; je ne nie pas qu'il n'y ait du bon chez lui, mais il n'a jamais eu, et n'aura jamais le moindre sentiment des convenances.

— Vous savez combien j'ai été obligée d'être ferme, dit Camille. Je lui ai dit : « Il faut que cela soit, pour « l'honneur de la famille ! » Et je lui ai répété que si l'on ne portait pas le deuil, la famille était déshonorée. Je discourai là-dessus, depuis le déjeuner jusqu'au dîner, au point d'en troubler ma digestion. Alors il se mit en colère et, en jurant, il me dit : « Eh bien! faites « comme vous voudrez! » Dieu merci, ce sera toujours une consolation pour moi de pouvoir me rappeler que je sortis aussitôt, malgré la pluie qui tombait à torrents, pour acheter les objets de deuil.

— C'est lui qui les a payés, n'est-ce pas? demanda Estelle.

— On ne demande pas, ma chère enfant, qui les a payés, reprit Camille; la vérité, c'est que je les ai achetés, et j'y penserai souvent avec joie quand je serai forcée de me lever la nuit. »

Le bruit d'une sonnette lointaine, mêlé à l'écho d'un bruit ou d'un appel venant du couloir par lequel j'étais arrivé, interrompit la conversation et fit dire à Estelle :

« Allons, mon garçon ! »

Quand je me retournai, ils me regardèrent tous avec le plus souverain mépris, et, en sortant, j'entendis Sarah Pocket qui disait :

« J'en suis certaine. Et puis après ? »

Et Camille ajouta avec indignation :

« A-t-on jamais vu pareille chose! Quelle i... dé.... e!... »

Comme nous avancions dans le passage obscur, Estelle s'arrêta tout à coup en me regardant en face, elle me dit d'un ton railleur en mettant son visage tout près du mien :

« Eh bien ?

— Eh bien, mademoiselle ? » fis-je en me reculant.

Elle me regardait et moi je la regardais aussi, bien entendu.

« Suis-je jolie ?

— Oui, je vous trouve très-jolie.

— Suis-je fière ?

— Pas autant que la dernière fois, dis-je.

— Pas autant?

— Non. »

Elle s'animait en me faisant cette dernière question, et elle me frappa au visage de toutes ses forces.

« Maintenant, dit-elle, vilain petit monstre, que penses-tu de moi ?

— Je ne vous le dirai pas.

— Parce que tu vas le dire là-haut.... Est-ce cela ?

— Non ! répondis-je, ce n'est pas cela.

— Pourquoi ne pleures-tu plus, petit misérable ?

— Parce que je ne pleurerai plus jamais pour vous, » dis-je.

Ce qui était la déclaration la plus fausse qui ait jamais été faite, car je pleurais intérieurement, et Dieu sait la peine qu'elle me fit plus tard.

Nous continuâmes notre chemin, et, en montant, nous rencontrâmes un monsieur qui descendait à tâtons.

« Qui est-là ? demanda le monsieur, en s'arrêtant et en me regardant.

— Un enfant, » dit Estelle.

C'était un gros homme, au teint excessivement brun, avec une très-grosse tête et avec de très-grosses mains. Il me prit le menton et me souleva la tête pour me voir à la lumière. Il était prématurément chauve, et possédait une paire de sourcils noirs qui se tenaient tout droits; ses yeux étaient enfoncés dans sa tête, et leur expression était perçante et désagréablement soupçonneuse; il avait une grande chaîne de montre, et sur la figure de gros points noirs où sa barbe et ses favoris eussent été, s'il les eût laissé pousser. Il n'était rien pour moi, mais par hasard j'eus l'occasion de le bien observer.

« Tu es des environs? dit-il.

— Oui monsieur, répondis-je.

— Pourquoi viens-tu ici?

— C'est miss Havisham qui m'a envoyé chercher, monsieur.

— Bien. Conduis-toi convenablement. J'ai quelque expérience des jeunes gens, ils ne valent pas grand'chose à eux tous. Fais attention, ajouta-t-il, en mordant son gros index et en fronçant ses gros sourcils, fais attention à te bien conduire. »

Là-dessus, il me lâcha, ce dont je fus bien aise, car sa main avait une forte odeur de savon, et il continua à monter l'escalier. Je me demandais à moi-même si ce n'était pas un docteur; mais non, pensai-je, ce ne peut être un docteur, il aurait des manières plus douces et plus avenantes. Du reste, je n'eus pas grand temps pour réfléchir à ce sujet, car nous nous trouvâmes bientôt dans la chambre de miss Havisham, où elle et tous les objets qui l'entouraient étaient exactement dans le même état où je les avais laissés. Estelle me laissa debout près de la porte, et j'y restai jusqu'à ce que miss Havisham jetât les yeux sur moi.

« Ainsi donc, dit-elle sans la moindre surprise, les jours convenus sont écoulés?

— Oui, madame, c'est aujourd'hui....

— Là!... là!... là!... fit-elle avec son impatient

mouvement de doigts, je n'ai pas besoin de le savoir. Es-tu prêt à jouer? »

Je fus obligé de répondre avec un peu de confusion.

« Je ne pense pas, madame.

— Pas même aux cartes? demanda-t-elle avec un regard pénétrant.

— Si, madame, je puis faire cela, si c'est nécessaire.

— Puisque cette maison te semble vieille et triste, dit miss Havisham avec impatience, et puisque tu ne veux pas jouer, veux-tu travailler? »

Je répondis à cette demande de meilleur cœur qu'à la première, et je dis que je ne demandais pas mieux.

« Alors, entre dans cette chambre, dit-elle en me montrant avec sa main ridée une porte qui était derrière moi, et attends-moi là jusqu'à ce que je vienne. »

Je traversai le palier, et j'entrai dans la chambre qu'elle m'avait indiquée. Le jour ne pénétrait pas plus dans cette chambre que dans l'antre, et il y régnait une odeur de renfermé qui oppressait. On venait tout récemment d'allumer du feu dans la vieille cheminée, mais il était plus disposé à s'éteindre qu'à brûler, et la fumée qui persistait à séjourner dans cette chambre, semblait encore plus froide que l'air, et ressemblait au brouillard de nos marais. Quelques bouts de chandelles placés sur la tablette de la grande cheminée éclairaient faiblement la chambre : ou, pour mieux dire, elles n'en troublaient que faiblement l'obscurité. Elle était vaste, et j'ose affirmer qu'elle avait été belle; mais tous les objets qu'on pouvait apercevoir étaient couverts de poussière, dans un état complet de vétusté, et tombaient en ruine. Ce qui attirait d'abord l'attention, c'était une longue table couverte d'une nappe, comme si la fête qu'on était en train de préparer dans la maison s'était arrêtée en même temps que les pendules. Un surtout, un plat du milieu, de je ne sais quelle espèce, occupait le centre de la table ; mais il était tellement couvert de toiles d'araignées, qu'on n'en pouvait distinguer la forme. En regardant cette grande étendue jaunâtre, il me sembla y voir pousser un immense champignon noir, duquel je voyais entrer et sortir d'énormes araignées aux corps mouchetés et aux pattes cagneuses. On eût dit que quelque événement de la plus grande importance venait de se passer dans la communauté arachnéenne.

J'entendais aussi les souris qui couraient derrière les panneaux des boiseries, comme si elles eussent été sous le coup de quelque grand événement ; mais les perce-oreilles n'y faisaient aucune attention, et s'avançaient en tâtonnant sur le plancher et en cherchant leur chemin, comme des personnes âgées et réfléchies, à la vue courte et à l'oreille dure, qui ne sont pas en bons termes les unes avec les autres.

Ces créatures rampantes avaient captivé toute mon attention, et je les examinais à distance, quand miss Havisham posa une de ses mains sur mon épaule ; de l'autre main, elle tenait une canne à bec de corbin sur laquelle elle s'appuyait, et elle me faisait l'effet de la sorcière du logis.

« C'est ici, dit-elle en indiquant la table du bout de sa canne ; c'est ici que je serai exposée après ma mort.... C'est ici qu'on viendra me voir. »

J'éprouvais une crainte vague de la voir s'étendre sur la table et y mourir de suite, c'eût été la complète réalisation du cadavre en cire de la foire. Je tremblai à son contact.

« Que penses-tu de l'objet qui est au milieu de cette table.... me demanda-t-elle en l'indiquant encore avec sa canne ; là, où tu vois des toiles d'araignées ?

— Je ne devine pas, madame.

— C'est un grand gâteau.... un gâteau de noces.... le mien ! »

Elle regarda autour de la chambre, puis se penchant sur moi, sans ôter sa main de mon épaule :

« Viens !... viens !... viens ! Promène-moi.... promène-moi. »

Je jugeai d'après cela que l'ouvrage que j'avais à faire était de promener miss Havisham tout autour de la chambre. En conséquence, nous nous mîmes en mouvement d'un pas qui, certes, aurait pu passer pour une imitation de celui de la voiture de mon oncle Pumblechook.

Elle n'était pas physiquement très-forte ; et après un moment elle me dit :

« Plus doucement ! »

Cependant nous continuions à marcher d'un pas fort raisonnable ; elle avait toujours sa main appuyée sur mon épaule, et elle ouvrit la bouche pour me dire que nous n'irions pas plus loin, parce qu'elle ne le pourrait pas. Après un moment, elle me dit :

« Appelle Estelle ! »

J'allai sur le palier et je criai ce nom comme j'avais fait la première fois. Quand sa lumière parut, je revins auprès de miss Havisham, et nous nous remîmes en marche.

Si Estelle eût été la seule spectatrice de notre manière d'agir, je me serais senti déjà suffisamment humilié ; mais comme elle amena avec elle les trois dames et le monsieur que j'avais vus en bas, je ne savais que faire. La politesse me faisait un devoir de m'arrêter ; mais miss Havisham persistait à me tenir l'épaule, et nous continuions avec la même ardeur notre promenade insensée. Pour ma part, j'étais navré à l'idée qu'ils allaient croire que c'était moi qui faisais tout cela.

« Chère miss Havisham, dit miss Sarah Pocket, comme vous avez bonne mine !

— Ça n'est pas vrai ! dit miss Havisham, je suis jaune et n'ai que la peau sur les os. »

Camille rayonna en voyant miss Pocket recevoir cette rebuffade, et elle murmura en contemplant miss Havisham d'une manière tout à fait triste et compatissante :

« Pauvre chère âme ! certainement, elle ne doit pas s'attendre à ce qu'on lui trouve bonne mine.... la pauvre créature. Quelle idée !...

— Et vous, comment vous portez-vous, vous ? » demanda miss Havisham à Camille.

Nous étions alors tout près de cette dernière, et j'allais en profiter pour m'arrêter ; mais miss Havisham ne le voulait pas ; nous poursuivîmes donc, et je sentis que je déplaisais considérablement à Camille.

« Merci, miss Havisham, continua-t-elle, je vais aussi bien que je puis l'espérer.

— Comment cela ?... qu'avez-vous ?... demanda miss Havisham, avec une vivacité surprenante.

— Rien qui vaille la peine d'être dit, répliqua Camille ; je ne veux pas faire parade de mes sentiments. mais j'ai pensé à vous toute la nuit, et cela plus que je n'aurais voulu

— Alors, ne pensez pas à moi.

— C'est plus facile à dire qu'à faire, répondit tendrement Camille, en réprimant un soupir, tandis que sa lèvre supérieure tremblait et que ses larmes coulaient en abondance. Raymond sait de combien de gingembre et de sels j'ai été obligée de faire usage toute la nuit, et combien de mouvements nerveux j'ai éprouvés dans ma jambe. Mais tout cela n'est rien quand je pense à ceux que j'aime.... Si je pouvais être moins affectueuse et moins sensible, j'aurais une digestion plus facile et des nerfs de fer. Je voudrais bien qu'il en fût ainsi ; mais, quant à ne plus penser à vous pendant la nuit.... ô quelle idée! »

Ici, elle éclata en sanglots.

Je compris que le Raymond en question n'était autre que le monsieur présent, et qu'il était en même temps M. Camille. Il vint au secours de sa femme, et lui dit en manière de consolation:

« Camille.... ma chère.... c'est un fait avéré que vos sentiments de famille vous minent, au point de rendre une de vos jambes plus courte que l'autre.

— Je ne savais pas, dit la digne dame, dont je n'avais encore entendu la voix qu'une seule fois, que penser à une personne vous donnât des droits sur cette même personne, ma chère. »

Miss Sarah Pocket, que je contemplais alors, était une petite femme, vieille, sèche, à la peau brune et ridée ; elle avait une petite tête qui semblait faite en coquille de noix et une grande bouche, comme celle d'un chat sans les moustaches. Elle répétait sans cesse :

« Non, en vérité, ma chère.... Hem!... hem!...

— Penser, ou ne pas penser, est chose assez facile, dit la grave dame.

— Quoi de plus facile? appuya miss Sarah Pocket.

— Oh! oui! oui! s'écria Camille, dont les sentiments en fermentation semblaient monter de ses jambes jusqu'à son cœur. Tout cela est bien vrai. L'affection poussée à ce point est une faiblesse, mais je n'y puis rien.... Sans doute, ma santé serait bien meilleure s'il en était autrement; et cependant, si je le pouvais, je ne voudrais pas changer cette disposition de mon caractère. Elle est la cause de bien des peines, il est vrai ; mais c'est aussi une consolation de sentir qu'on la possède. »

Ici, nouvel éclat de sentiments.

Miss Havisham et moi ne nous étions pas arrêtés une seule minute pendant tout ce temps : tantôt faisant le tour de la chambre, tantôt frôlant les vêtements des visiteurs, et tantôt encore mettant entre eux et nous toute la longueur de la lugubre pièce.

« Voyez, Mathew ! dit Camille. Il ne fraye jamais avec mes parents et s'inquiète fort peu de mes liens naturels ; il ne vient jamais ici savoir des nouvelles de miss Havisham ! J'en ai été si choquée, que je me suis accrochée au sofa avec le lacet de mon corset, et que je suis restée étendue pendant des heures, insensible, la tête renversée, les cheveux épars et les jambes je ne sais pas comment....

— Bien plus hautes que votre tête, mon amour, dit M. Camille.

— Je suis restée dans cet état des heures entières, à cause de la conduite étrange et inexplicable de Mathew, et personne ne m'a remerciée.

— En vérité ! je dois dire que cela ne m'étonne pas, interposa la grave dame.

— Vous voyez, ma chère, ajouta miss Sarah Pocket, une doucereuse et charmante personne, on serait tenté de vous demander de qui vous attendiez des remercîments, mon amour.

— Sans attendre ni remercîments ni autre chose, reprit Camille, je suis restée dans cet état, pendant des heures, et Raymond est témoin de la manière dont je suffoquais, et de l'inefficacité du gingembre, à tel point qu'on m'entendait de chez l'accordeur d'en face, et que ses pauvres enfants, trompés, croyaient entendre roucouler des pigeons à distance.... et, après tout cela, s'entendre dire.... »

Ici Camille porta la main à sa gorge comme si les nouvelles combinaisons chimiques qui s'y formaient l'eussent suffoquée.

Au moment où le nom de Mathew fut prononcé, miss Havisham m'arrêta et s'arrêta aussi en levant les yeux sur l'interlocutrice. Ce changement eut quelque influence sur les mouvements nerveux de Camille et les fit cesser.

« Mathew viendra me voir à la fin, dit miss Havisham avec tristesse, quand je serai étendue sur cette table. Ici.... dit-elle en frappant la table avec sa béquille, ici sera sa place! là, à ma tête! La vôtre et celle de votre mari, là! et celle de Sarah Pocket, là! et celle de Georgiana, là! A présent, vous savez tous où vous vous mettrez quand vous viendrez me voir pour la dernière fois. Et maintenant, allez! »

A chaque nom, elle avait frappé la table à un nouvel endroit avec sa canne, après quoi elle me dit:

« Promène-moi!... promène-moi!... »

Et nous recommençâmes notre course.

« Je suppose, dit Camille, qu'il ne nous reste plus qu'à nous retirer. C'est quelque chose d'avoir vu, même pendant si peu de temps, l'objet de son affection. J'y penserai, en m'éveillant la nuit, avec tendresse et satisfaction. Je voudrais voir à Mathew cette consolation. Je suis résolue à ne plus faire parade de mes sensations; mais il est très-dur de s'entendre dire qu'on souhaite la mort d'une de ses parentes, qu'on s'en réjouit, comme si elle était un phénix et de se voir congédiée.... Quelle étrange idée! »

M. Camille allait intervenir au moment où Mrs Camille mettait sa main sur son cœur oppressé et affectait une force de caractère qui n'était pas naturelle et devait renfermer, je le prévoyais, l'intention de tomber en pâmoison, quand elle serait dehors. Elle envoya de la main un baiser à miss Havisham et disparut.

Sarah Pocket et Georgiana se disputaient à qui sortirait la dernière ; mais Sarah était trop polie pour ne pas céder le pas ; elle se glissa avec tant d'adresse derrière Georgiana, que celle-ci fut obligée de sortir la première. Sarah Pocket fit donc son effet séparé en disant ces mots :

« Soyez bénie, chère miss Havisham ! »

Et en ayant, sur sa petite figure de coquille de noix, un sourire de pitié pour la faiblesse des autres.

Pendant qu'Estelle les éclairait pour descendre, miss Havisham continuait de marcher, en tenant toujours sa main sur mon épaule ; mais elle se ralentissait de plus en plus. A la fin, elle s'arrêta devant le feu, et dit, après l'avoir regardé pendant quelques secondes :

« C'est aujourd'hui l'anniversaire de ma naissance, Pip. »

J'allais lui en souhaiter encore un grand nombre, quand elle leva sa canne.

« Je ne souffre pas qu'on en parle jamais, pas plus ceux qui étaient ici tout à l'heure que les autres. Ils viennent me voir ce jour-là, mais ils n'osent pas y faire allusion. »

Bien entendu, je n'essayai pas, moi non plus, d'y faire allusion davantage.

« A pareil jour, bien longtemps avant ta naissance, ce monceau de ruines, qui était alors un gâteau, dit-elle en montrant du bout de sa canne, mais sans y toucher, l'amas de toiles d'araignées qui était sur la table, fut apporté ici. Lui et moi, nous nous sommes usés ensemble ; les souris l'ont rongé, et moi-même j'ai été rongée par des dents plus aiguës que celles des souris. »

Elle porta la tête de sa canne à son cœur, en s'arrêtant pour regarder la table, et contempla ses habits autrefois blancs, aujourd'hui flétris et jaunis comme elle, la nappe autrefois blanche et aujourd'hui jaunie et flétrie comme elle, et tous les objets qui l'entouraient et qui semblaient devoir tomber en poussière au moindre contact.

« Quand la ruine sera complète, dit-elle, avec un regard de spectre, et lorsqu'on me déposera morte dans ma parure nuptiale, sur cette table de repas de noces, tout sera fini.... et la malédiction tombera sur lui.... et le plus tôt sera le mieux : pourquoi n'est-ce pas aujourd'hui ! »

Elle continuait à regarder la table comme si son propre cadavre y eût été étendu. Je gardai le silence. Estelle revint, et elle aussi se tint tranquille. Il me sembla que cette situation dura longtemps, et je m'imaginais qu'au milieu de cette profonde obscurité, de cette lourde atmosphère, Estelle et moi allions aussi commencer à nous flétrir.

A la fin, sortant tout à coup et sans aucune transition de sa contemplation, miss Havisham dit :

« Allons ! jouez tous deux aux cartes devant moi ; pourquoi n'avez-vous pas encore commencé ? »

Là-dessus nous rentrâmes dans la chambre et nous nous assîmes en face l'un de l'autre, comme la première fois : comme la première fois je fus battu, et comme la première fois encore, miss Havisham ne nous quitta pas des yeux ; elle appelait mon attention sur la beauté d'Estelle, et me forçait de la remarquer en lui essayant des bijoux sur la poitrine et dans les cheveux.

Estelle, de son côté, me traita comme la première

fois, à l'exception qu'elle ne daigna pas me parler. Quand nous eûmes joué une demi-douzaine de parties, on m'indiqua le jour où je devais revenir, et l'on me fit descendre dans la cour, comme précédemment, pour me jeter ma nourriture comme à un chien. Puis on me laissa seul, aller et venir, comme je le voudrais.

Il n'est pas très-utile de rechercher s'il y avait une porte dans le mur du jardin la première fois que j'y avais grimpé pour regarder dans ce même jardin, et si elle était ouverte ou fermée. C'est assez de dire que je n'en avais pas vu alors, et que j'en voyais une maintenant. Elle était ouverte, et je savais qu'Estelle avait reconduit les visiteurs, car je l'avais vue s'en revenir la clef dans la main; j'entrai dans le jardin et je le parcourus dans tous les sens. C'était un lieu solitaire et tranquille; il y avait des tranches de melons et de concombres, qui, mêlés à des restes de vieux chapeaux et de vieux souliers, avaient produit, en se décomposant, une végétation spontanée, et par-ci, par-là, un fouillis de mauvaises herbes ressemblant à un poêlon cassé.

Quand j'eus fini d'examiner le jardin et une serre, dans laquelle il n'y avait rien qu'une vigne détachée et quelques tessons de bouteilles, je me retrouvai dans le coin que j'avais vu par la fenêtre. Ne doutant pas un seul instant que la maison ne fût vide, j'y jetai un coup d'œil par une autre fenêtre, et je me trouvai, à ma grande surprise, devant un grand jeune homme pâle, avec des cils roux et des cheveux clairs.

Ce jeune homme pâle disparut pour reparaître presque aussitôt à côté de moi. Il était occupé devant des livres au moment où je l'avais aperçu, et alors je vis qu'il était tout taché d'encre.

« Holà! dit-il, mon garçon! »

Holà! est une interpellation à laquelle, je l'ai remarqué souvent, on ne peut mieux répondre que par elle-même. Donc, je lui dis:

« Holà! en omettant, avec politesse, d'ajouter : mon garçon!

— Qui t'a dit de venir ici?

— Miss Estelle.

— Qui t'a permis de t'y promener?

— Miss Estelle.

— Viens et battons-nous, » dit le jeune homme pâle.

Pouvais-je faire autrement que de le suivre? Je me suis souvent fait cette question depuis : mais pouvais-je faire autrement? Ses manières étaient si décidées, et j'étais si surpris que je le suivis comme sous l'influence d'un charme.

« Attends une minute, dit-il, avant d'aller plus loin, il est bon que je te donne un motif pour combattre; le voici! »

Prenant aussitôt un air fort irrité, il se frotta les mains l'une contre l'autre, jeta délicatement un coup de pied derrière lui, me tira par les cheveux, se frotta les mains encore une fois, courba sa tête et s'élança dans cette position sur mon estomac.

Ce procédé de taureau, outre qu'il n'était pas soutenable, au point de vue de la liberté individuelle, était manifestement désagréable pour quelqu'un qui venait de manger. En conséquence, je me jetai sur lui une première fois, puis j'allais me précipiter une seconde, quand il dit:

« Ah!... ah!... vraiment! »

Et il commença à sauter en avant et en arrière, d'une façon tout à fait extraordinaire et sans exemple pour ma faible expérience.

« Ce sont les règles du jeu, dit-il en sautant de sa

jambe gauche sur sa jambe droite ; ce sont les règles reçues ! »

Il retomba alors sur sa jambe gauche.

« Viens sur le terrain, et commençons les préliminaires ! »

Il sautait à droite, à gauche, en avant, en arrière, et se livrait à toutes sortes de gambades, pendant que je le regardais dans le plus grand étonnement.

J'étais secrètement effrayé, en le voyant si adroit et si alerte ; mais je sentais, moralement et physiquement, qu'il n'avait aucun droit à enfoncer sa tête dans mon estomac, aussi irrévérencieusement qu'il venait de le faire. Je le suivis donc, sans mot dire, dans un enfoncement retiré du jardin, formé par la jonction de deux murs, et protégé par quelques broussailles. Après m'avoir demandé si le terrain me convenait, et avoir obtenu un : Oui ! fort crânement articulé par moi, il me demanda la permission de s'absenter un moment, et revint promptement avec une bouteille d'eau et une éponge imbibée de vinaigre.

« C'est pour nous deux, » dit-il en plaçant ces objets contre le mur.

Alors, il retira non-seulement sa veste et son gilet, mais aussi sa chemise, d'une façon qui prouvait tout à la fois sa légèreté de conscience, son empressement et une certaine soif sanguinaire.

Bien qu'il ne parût pas fort bien portant, et qu'il eût le visage couvert de boutons et une échancrure à la bouche, ces effrayants préparatifs ne laissèrent pas que de m'épouvanter. Je jugeai qu'il devait avoir à peu près mon âge, mais il était bien plus grand et il avait une manière de se redresser qui m'en imposait beaucoup. Du reste, c'était un jeune homme ; il était habillé tout en gris, quand il n'était pas déshabillé pour se battre, bien entendu, et il avait des coudes, et des genoux, et des poings, et des pieds considérablement développés, comparativement au reste de sa personne.

Je sentis mon cœur faiblir en le voyant me toiser avec une certaine affectation de plaisir, et examiner ma charpente anatomique comme pour choisir un os à sa convenance. Jamais je n'ai été aussi surpris de ma vie, que lorsqu'après lui avoir assené mon premier coup, je le vis couché sur le dos, me regardant avec son nez tout sanglant et me présentant son visage en raccourci.

Il se releva immédiatement, et après s'être épongé avec une dextérité vraiment remarquable, il recommença à me toiser. La seconde surprise manifeste que j'éprouvai dans ma vie, ce fut de le voir sur le dos une deuxième fois, me regardant avec un œil tout noir.

Son courage m'inspirait un grand respect : il n'avait pas de force, ne tapait pas bien dur, et de plus, je le renversais à chaque coup ; mais il se relevait en un moment, s'épongeait ou buvait à même la bouteille, en se soignant lui-même avec une satisfaction apparente et un air triomphant qui me faisaient croire qu'il allait enfin me donner quelque bon coup. Il fut bientôt tout meurtri ; car, j'ai regret à le dire, plus je frappais, et plus je frappais fort ; mais il se releva, et revint sans cesse à la charge, jusqu'au moment où il reçut un mauvais coup qui l'envoya rouler la tête contre le mur : encore après cela, se releva-t-il en tournant rapidement sur lui-même, sans savoir où j'étais ; puis enfin, il alla chercher à genoux son éponge et la jeta en l'air en poussant un grand soupir et en disant :

« Cela signifie que tu as gagné ! »

Il paraissait si brave et si loyal que, bien que je n'eusse pas cherché la querelle, ma victoire ne me donnait qu'une médiocre satisfaction. Je crois même me rappeler que je me regardais moi-même comme une espèce d'ours ou quelque autre bête sauvage. Cependant, je m'habillai en essuyant par intervalle mon visage sanglant, et je lui dis:

« Puis-je vous aider? »

Et il me répondit:

« Non, merci! »

Ensuite je lui dis:

« Je vous souhaite une bonne après-midi. »

Et il me répondit:

« Moi de même. »

En arrivant dans la cour, je trouvai Estelle, attendant avec ses clefs; mais elle ne me demanda ni où j'avais été, ni pourquoi je l'avais fait attendre. Son visage rayonnait comme s'il lui était arrivé quelque chose d'heureux. Au lieu d'aller droit à la porte, elle s'arrêta dans le passage pour m'attendre.

« Viens ici!... tu peux m'embrasser si tu veux. »

Je l'embrassai sur la joue qu'elle me tendait. Je crois que je serais passé dans le feu pour l'embrasser; mais je sentais que ce baiser n'était accordé à un pauvre diable tel que moi que comme une menue pièce de monnaie, et qu'il ne valait pas grand'chose.

Les visiteurs, les cartes et le combat m'avaient retenu si longtemps que, lorsque j'approchai de la maison, les dernières lueurs du soleil disparaissaient derrière les marais, et le fourneau de Joe faisait flamboyer une longue trace de feu au travers de la route.

CHAPITRE XII.

Je n'étais pas fort rassuré sur le compte du jeune homme pâle. Plus je pensais au combat, plus je me rappelais les traits ensanglantés de ce jeune homme, plus je sentais qu'il devait m'être fait quelque chose pour l'avoir mis en cet état. Le sang de ce jeune homme retomberait sur ma tête, et la loi le vengerait. Sans avoir une idée bien positive de la peine que j'encourais, il était évident pour moi que les jeunes gars du village ne devaient pas aller dans les environs ravager les maisons des gens bien posés et rosser les jeunes gens studieux de l'Angleterre sans attirer sur eux quelque punition sévère. Pendant plusieurs jours, je restai enfermé à la maison, et je ne sortis de la cuisine qu'après m'être assuré que les policemen du comté n'étaient pas à mes trousses, tout prêts à s'élancer sur moi. Le nez du jeune homme pâle avait taché mon pantalon, et je profitai du silence de la nuit pour laver cette preuve de mon crime. Je m'étais écorché les doigts contre les dents du jeune homme, et je torturais mon imagination de mille manières pour trouver un moyen d'expliquer cette circonstance accablante quand je serais appelé devant les juges.

Quand vint le jour de retourner au lieu témoin

de mes actes de violence, mes terreurs ne connurent plus de bornes. Les envoyés de la justice venus de Londres tout exprès ne seraient-ils pas en embuscade derrière la porte? Miss Havisham ne voudrait-elle pas elle-même tirer vengeance d'un crime commis dans sa maison, et n'allait-elle pas se lever sur moi, armée d'un pistolet et m'étendre mort à ses pieds? N'aurait-on pas soudoyé une bande de mercenaires pour tomber sur moi dans la brasserie et me frapper jusqu'à la mort? J'avais, je dois le dire, une assez haute opinion du jeune homme pâle pour le croire étranger à toutes ces machinations; elles se présentaient à mon esprit, ourdies par ses parents, indignés de l'état de son visage et excités par leur grand amour pour ses traits de famille.

Quoi qu'il en soit, je devais aller chez miss Havisham, et j'y allai. Chose étrange! rien de notre lutte n'avait transpiré, on n'y fit pas la moindre allusion, et je n'aperçus pas le plus petit homme, jeune ou pâle! Je retrouvai la même porte ouverte, j'explorai le même jardin, je regardai par la même fenêtre, mais mon regard se trouva arrêté par des volets fermés intérieurement. Tout était calme et inanimé. Ce fut seulement dans le coin où avait eu lieu le combat que je pus découvrir quelques preuves de l'existence du jeune homme; il y avait là des traces de sang figé, et je les couvris de terre pour les dérober aux yeux des hommes.

Sur le vaste palier qui séparait la chambre de miss Havisham de l'autre chambre où était dressée la longue table, je vis une chaise de jardin, une de ces chaises légères montées sur des roues et qu'on pousse par derrière. On l'avait apportée là depuis ma dernière visite, et dès ce moment je fus chargé de pousser régulièrement miss Havisham, dans cette chaise, autour de sa chambre et autour de l'autre, quand elle se trouvait fatiguée de me pousser par l'épaule. Nous faisions ces voyages d'une chambre à l'autre sans interruption, quelquefois pendant trois heures de suite. Ces voyages ont dû être extrêmement nombreux, car il fut décidé que je viendrais tous les deux jours à midi pour remplir ces fonctions, et je me rappelle très-bien que cela dura au moins huit ou dix mois.

A mesure que nous nous familiarisions l'un avec l'autre, miss Havisham me parlait davantage et me faisait quelquefois des questions sur ce que je savais et sur ce que je comptais faire. Je lui dis que j'allais être l'apprenti de Joe; que je ne savais rien, et que j'avais besoin d'apprendre toute chose, avec l'espoir qu'elle m'aiderait à atteindre ce but tant désiré. Mais elle n'en fit rien ; au contraire, elle semblait préférer me voir rester ignorant. Elle ne me donnait jamais d'argent, mais seulement mon dîner, et elle ne parla même jamais de me payer mes services.

Estelle était toujours avec nous; c'était toujours elle qui me faisait entrer et sortir, mais elle ne m'invita plus jamais à l'embrasser. Quelquefois elle me tolérait, d'autres fois elle me montrait une certaine condescendance; tantôt elle était très-familière avec moi, tantôt elle me disait énergiquement qu'elle me haïssait. Miss Havisham me demandait quelquefois tout bas et quand nous étions seuls : « Pip, n'est-elle pas de plus en plus jolie? » Et quand je lui répondais : « Oui, » ce qui était vrai, elle semblait s'en réjouir secrètement. Aussi, tandis que nous jouions aux cartes, miss Havisham nous regardait avec un bonheur d'avare, quels que pussent être les caprices d'Estelle. Et quand ces caprices devenaient si nombreux et si contradictoires que je ne savais plus que dire ni que faire, miss Havisham l'embrassait avec amour et lui murmurait dans l'oreille quelque chose qui sonnait comme ceci : « Désespérez-les tous, mon orgueil et mon espoir!... désespérez-les tous sans remords! »

Il y avait une chanson dont Joe se plaisait à fredonner des fragments pendant son travail, elle avait pour refrain : *le vieux Clem*. C'était, à vrai dire, une singulière manière de rendre hommage à un saint patron; mais, je crois bien que le vieux Clem lui-même ne se gênait pas beaucoup avec ses forgerons. C'était une chanson qui imitait le bruit du marteau sur l'enclume; ce qui excusait jusqu'à un certain point l'introduction du nom vénéré du vieux Clem. A la fin, on devait frapper son voisin d'un coup de poing en criant : « Battez, battez vieux Clem!... Soufflez, soufflez le feu, vieux Clem!... Grondez plus fort, élancez-vous plus haut! » Un jour, miss Havisham me dit, peu après avoir pris place dans sa chaise roulante, et en agitant ses doigts avec impatience :

« Là!... là!... là!... chante.... »

Je me mis à chanter tout en poussant la machine. Il arriva qu'elle y prit un certain goût, et qu'elle répéta tout en roulant autour de la grande table et de l'autre chambre. Souvent même Estelle se joignait à nous; mais nos accords étaient si réservés, qu'à nous trois nous faisions moins de bruit dans la vieille maison que le plus léger souffle du vent.

Qu'allais-je devenir avec un pareil entourage? Comment empêcher son influence sur mon caractère? Faut-il s'étonner si, de même que mes yeux, mes pensées étaient éblouies quand je sortais de ces chambres obscures pour me retrouver dehors à la clarté du jour?

Peut-être me serais-je décidé à parler à Joe du jeune

homme pâle, si je ne m'étais pas lancé d'abord dans ce dédale d'exagérations monstrueuses que j'ai déjà avouées. Je sentais parfaitement que Joe ne manquerait pas de voir dans ce jeune homme pâle un voyageur digne de monter dans le carrosse en velours noir. En conséquence je gardai sur lui le silence le plus profond. D'ailleurs, la frayeur qui m'avait saisi tout d'abord en voyant miss Havisham et Estelle se concerter, ne faisait qu'augmenter avec le temps. Je ne mis donc toute ma confiance qu'en Biddy, et c'est à elle seule que j'ouvris mon cœur. Pourquoi me parut-il naturel d'agir ainsi, et pourquoi Biddy prenait-elle un intérêt si grand à tout ce que je lui disais? Je l'ignorais alors, bien que je pense le savoir aujourd'hui.

Pendant ce temps, les conciliabules allaient leur train dans la cuisine du logis, et mon pauvre esprit était agité et aigri des ennuis et des désagréments qui en résultaient toujours. Cet âne de Pumblechook avait coutume de venir le soir pour causer de moi et de mon avenir avec ma sœur, et je crois réellement (avec moins de repentir que je n'en devrais éprouver) que si alors j'avais pu ôter la clavette de l'essieu de sa voiture, je l'eusse fait avec plaisir. Ce misérable homme était si borné et d'une faiblesse d'esprit telle qu'il ne pouvait parler de moi et de ce que je deviendrais sans m'avoir devant lui, comme si cela eût pu y faire quelque chose, et il m'arrachait ordinairement de mon escabeau (en me tirant par le collet de ma veste) et me faisait quitter le coin où j'étais si tranquille, pour me placer devant le feu comme pour me faire rôtir. Il commençait ainsi en s'adressant à ma sœur :

« Voici un garçon, ma nièce, un garçon que vous avez élevé à la main. Tiens-toi droit, mon garçon, relève la tête et ne sois pas ingrat pour eux, comme tu l'es toujours. Voyons, ma nièce, qu'y a-t-il à faire pour ce garçon ? »

Et alors il me rebroussait les cheveux, ce dont, je l'ai déjà dit, je n'ai jamais témoigné la moindre reconnaissance à personne, et me tenait devant lui en me tirant par la manche : spectacle bête et stupide qui ne pouvait être égalé en bêtise et en stupidité que par M. Pumblechook lui-même.

Ma sœur et lui se livraient alors aux supputations les plus absurdes sur miss Havisham, et sur ce qu'elle ferait de moi et pour moi. Je finissais toujours par pleurer de dépit, et j'avais toutes les peines du monde à ne pas me jeter sur lui pour le battre. Pendant ces conversations, chaque fois que ma sœur m'interpellait, cela me causait une douleur aussi forte que si l'on m'eût arraché une dent, et Pumblechook, qui se voyait déjà mon patron, promenait sur moi le regard dépréciateur d'un entrepreneur qui se voit engagé dans une affaire peu lucrative.

Joe ne prenait aucune part à ces discussions ; mais Mrs Joe lui adressait assez souvent la parole, car elle voyait clairement qu'elle n'était pas d'accord avec lui relativement à ce qu'on ferait de moi. J'étais en âge d'être l'apprenti de Joe, et toutes les fois que ce dernier, assis pensif auprès du feu, tenait le poker entre ses genoux, et dégageait la cendre qui obstruait les barres inférieures du foyer, ma sœur devinait facilement dans cette innocente action une protestation contre ses idées. Elle ne manquait jamais alors de se jeter sur lui, de le secouer vigoureusement, et de lui arracher le poker des mains, de sorte que ces débats avaient toujours une fin orageuse. Tout à coup et sans le moindre prétexte, ma sœur se retournait sur moi, me secouait rudement et me jetait ces mots à la figure :

« Allons! En voilà assez!... Va te coucher, tu nous as donné assez de peine pour une soirée, j'espère! »

Comme si c'eût été moi qui les eusse priés en grâce de tourmenter ma pauvre existence.

Cet état de choses dura longtemps, et il eût pu durer plus longtemps encore, mais un jour que miss Havisham se promenait, comme à l'ordinaire, en s'appuyant sur mon épaule, elle s'arrêta subitement et, se penchant sur moi, elle me dit, avec un peu d'humeur :

« Tu deviens grand garçon, Pip! »

Je pensai que je devais lui faire entendre, par un regard méditatif, que c'était sans doute le résultat de circonstances sur lesquelles je n'avais aucun pouvoir.

Elle n'en dit pas davantage pour cette fois, mais elle s'arrêta bientôt pour me considérer encore, et un moment après elle recommença de nouveau en fronçant les sourcils et en faisant la mine. Le jour suivant, quand notre exercice quotidien fut fini, et que je l'eus reconduite à sa table de toilette, elle appela mon attention au moyen du mouvement impatient de ses doigts.

« Redis-moi donc le nom de ton forgeron?

— Joe Gargery, madame.

— C'est chez lui que tu devais entrer en apprentissage?

— Oui, miss Havisham.

— Tu aurais mieux fait d'y entrer tout de suite. Crois-tu que Gargery consente à venir ici avec toi, et à apporter ton acte de naissance? »

Je répondis que Joe ne manquerait pas de se trouver très-honoré de venir.

« Alors, qu'il vienne.

— A quelle heure voulez-vous qu'il vienne, miss Havisham?

— Là!... là!... Je ne connais plus rien aux heures.... mais qu'il vienne bientôt et seul avec toi. »

Lorsque le soir je rentrai à la maison et que je fis part à Joe du message dont j'étais chargé pour lui, ma sœur monta sur ses grands chevaux et s'exalta plus que je ne l'avais encore vue. Elle nous demanda si nous la prenions pour un paillasson, tout au plus bon pour essuyer nos souliers, et comment nous osions en user ainsi avec elle et pour quelle société nous avions l'amabilité de la croire faite? Quand elle eut épuisé ce torrent de questions et d'injures, elle éclata en sanglots et jeta un chandelier à la tête de Joe, mit son tablier de cuisine, ce qui était toujours un très-mauvais signe, et commença à tout nettoyer avec une ardeur sans pareille. Non contente d'un nettoyage à sec, elle prit un seau et une brosse, et fit tant de gâchis, qu'elle nous força à nous réfugier dans la cour de derrière. Il était dix heures du soir quand nous nous risquâmes à rentrer. Alors, ma sœur demanda à brûle-pourpoint à Joe pourquoi il n'avait pas épousé une négresse? Joe ne répondit rien, le pauvre homme, mais il se mit à caresser ses favoris de l'air le plus piteux du monde, et il me regardait, comme s'il pensait réellement qu'il eût tout aussi bien fait.

CHAPITRE XIII.

J'éprouvai une vive contrariété, le lendemain matin, en voyant Joe revêtir ses habits du dimanche, pour m'accompagner chez miss Havisham. Cependant, je ne pouvais pas lui dire qu'il était beaucoup mieux dans ses habits de travail, puisqu'il avait cru nécessaire de faire toilette, car je savais que c'était uniquement pour moi qu'il avait pris toute cette peine, et qu'il se gênait horriblement en portant un faux-col tellement haut par derrière, qu'il lui relevait les cheveux sur le sommet de la tête comme un plumet.

Pendant le déjeuner, ma sœur annonça son intention de nous accompagner à la ville, en disant que nous la laisserions chez l'oncle Pumblechook, et que nous irions la reprendre « quand nous en aurions fini avec nos belles dames. » Manière de s'exprimer, qui, soit dit en passant, était d'un mauvais présage pour Joe. La forge fut donc fermée pour toute la journée, et Joe écrivit à la craie sur sa porte (ainsi qu'il avait coutume de le faire dans les rares occasions où il quittait son travail) le mot « SORTI, » accompagné d'une flèche tracée dans la direction qu'il avait prise.

Nous partîmes pour la ville. Ma sœur ouvrait la marche avec son grand chapeau de castor, elle portait un panier tressé en paille avec la même solennité que si c'eût été le grand sceau d'Angleterre. De plus elle avait une paire de socques, un châle râpé et un parapluie, bien que le temps fût clair et beau. Je ne sais pas bien si tous ces objets étaient emportés par pénitence ou par ostentation; mais je crois plutôt qu'ils étaient exhibés pour faire voir qu'on les possédait. Beaucoup de dames, imitant Cléopatre et d'autres souveraines, aiment, lorsqu'elles voyagent, à traîner après elles leurs richesses et à s'en faire un cortége d'apparat.

En arrivant chez M. Pumblechook, ma sœur nous quitta et entra avec fracas. Il était alors près de midi; Joe et moi nous nous rendîmes donc directement à la maison de miss Havisham. Comme à l'ordinaire, Estelle vint ouvrir la porte, et dès qu'elle parut, Joe ôta son chapeau et, en le tenant par le bord, il se mit à le balancer d'une main dans l'autre, comme s'il eût eu d'importantes raisons d'en connaître exactement le poids.

Estelle ne fit attention ni à l'un ni à l'autre, mais elle nous conduisit par un chemin que je connaissais très-bien. Je la suivais et Joe venait le dernier. Quand je tournai la tête pour regarder Joe, je le vis qui continuait à peser son chapeau avec le plus grand soin. Je remarquai en même temps qu'il marchait sur la pointe des pieds.

Estelle nous invita à entrer. Je pris donc Joe par le pan de son habit, et je l'introduisis en présence de miss Havisham. Miss Havisham était assise devant sa table de toilette, et leva aussitôt les yeux sur nous.

« Oh! dit-elle à Joe. Vous êtes le mari de la sœur de ce garçon? »

Je n'aurais jamais imaginé mon cher et vieux Joe

si changé. Il restait là, immobile, sans pouvoir parler, avec sa touffe de cheveux en l'air et la bouche toute grande ouverte, comme un oiseau extraordinaire attendant une mouche au passage.

« Vous êtes le mari de la sœur de cet enfant-là? répéta miss Havisham.

— C'est-à-dire, mon petit Pip, me dit Joe d'un ton excessivement poli et confiant, que lorsque j'ai courtisé et épousé ta sœur, j'étais, comme on dit, si tu veux bien me permettre de le dire, un garçon.... »

La situation devenait fort embarrassante, car Joe persistait à s'adresser à moi, au lieu de répondre à miss Havisham.

« Bien, dit miss Havisham, vous avez élevé ce garçon avec l'intention d'en faire votre apprenti, n'est-ce pas, monsieur Gargery?

— Tu sais, mon petit Pip, répliqua Joe, que nous avons toujours été bons amis, et que nous avons projeté de partager peines et plaisirs ensemble, à moins que tu n'aies quelque objection contre la profession; que tu ne craignes le noir et la suie, par exemple, ou à moins que d'autres ne t'en aient dégoûté, vois-tu, mon petit Pip....

— Cet enfant-là a-t-il jamais fait la moindre objection?.... A-t-il du goût pour cet état?

— Tu dois le savoir, mon petit Pip, mieux que personne, repartit Joe; c'était jusqu'à présent le plus grand désir de ton cœur. »

Et il répéta avec plus de force, de raisonnement, de confiance et de politesse que la première fois :

« N'est-ce pas, mon petit Pip, que tu ne fais aucune objection, et que c'est bien le plus grand désir de ton cœur? »

C'est en vain que je m'efforçais de lui faire comprendre que c'était à miss Havisham qu'il devait s'adresser; plus je lui faisais des signes et des gestes, plus il devenait expansif et poli à mon égard.

« Avez-vous apporté ses papiers? demanda miss Havisham.

— Tu le sais, mon petit Pip, répliqua Joe avec une petite moue de reproche. Tu me les as vu mettre dans mon chapeau, donc tu sais bien où ils sont.... »

Sur ce, il les retira du chapeau et les tendit, non pas à miss Havisham, mais à moi. Je commençais à être un peu honteux de mon compagnon, quand je vis Estelle, qui était debout derrière le fauteuil de miss Havisham, rire avec malice. Je pris les papiers des mains de Joe et les tendis à miss Havisham.

« Espériez-vous quelque dédommagement pour les services que m'a rendus cet enfant? dit-elle en le fixant.

— Joe, dis-je, car il gardait le silence, pourquoi ne réponds-tu pas?...

— Mon petit Pip, repartit Joe, en m'arrêtant court, comme si on l'avait blessé, je trouve cette question inutile de toi à moi, et tu sais bien qu'il n'y a qu'une seule réponse à faire, et que c'est : Non! Tu sais aussi bien que moi que c'est : Non, mon petit Pip; pourquoi alors me le fais-tu dire?... »

Miss Havisham regarda Joe d'un air qui signifiait qu'elle avait compris ce qu'il était réellement, et elle prit un petit sac placé sur la table à côté d'elle.

« Pip a mérité une récompense en venant ici, et la voici. Ce sac contient vingt-cinq guinées. Donne-le à ton maître, Pip. »

Comme s'il eût été tout à fait dérouté par l'étonnement que faisaient naître en lui cette étrange personne et cette chambre non moins étrange, Joe, même en ce moment, persista à s'adresser à moi :

« Ceci est fort généreux de ta part, mon petit Pip, dit-il, et c'est avec reconnaissance que je reçois ton cadeau, bien que je ne l'aie pas plus cherché ici qu'ailleurs. Et maintenant, mon petit Pip, continua Joe en me faisant passer du chaud au froid instantanément, car il me semblait que cette expression familière s'adressait à miss Havisham; et maintenant, mon petit Pip, pouvons-nous faire notre devoir? Peut-il être fait par tous deux, ou bien par l'un ou par l'autre, ou bien par ceux qui nous ont offert ce généreux présent.... pour être.... une satisfaction pour le cœur de ceux.... qui.... jamais.... »

Ici Joe sentit qu'il s'enfonçait dans un dédale de difficultés inextricables, mais il reprit triomphalement par ces mots :

« Et moi-même bien plus encore! »

Cette dernière phrase lui parut d'un si bon effet, qu'il la répéta deux fois.

« Adieu, Pip, dit miss Havisham. Reconduisez-les, Estelle.

— Dois-je revenir, miss Havisham? demandai-je.

— Non, Gargery est désormais ton maître. Gargery, un mot. »

En sortant, je l'entendis dire à Joe d'une voix distincte :

« Ce petit s'est conduit ici en brave garçon, et c'est sa récompense. Il va sans dire que vous ne compterez sur rien de plus. »

Je ne sais comment Joe sortit de la chambre; je n'ai jamais bien pu m'en rendre compte, mais je sais qu'au lieu de descendre, il monta tranquillement à l'étage supérieur, qu'il resta sourd à toutes mes observations et que je fus forcé de courir après lui pour le remettre dans le bon chemin. Une minute après, nous étions sortis, la porte était refermée, et Estelle était partie!

Dès que nous fûmes en plein air, Joe s'appuya contre un mur et me dit :

« C'est étonnant ! »

Et il resta longtemps sans parler, puis il répéta à plusieurs reprises :

« Étonnant !... très-étonnant !... »

Je commençais à croire qu'il avait perdu la raison. A la fin, il allongea sa phrase et dit :

« Je t'assure, mon petit Pip, que c'est on ne peut plus étonnant ! »

J'ai des raisons de penser que l'intelligence de Joe s'était éclairée par ce qu'il avait vu, et que, pendant notre trajet jusqu'à la maison de Pumblechook, il avait ruminé et adopté un projet subtil et profond. Mes raisons s'appuient sur ce qui se passa dans le salon de Pumblechook, où nous trouvâmes ma sœur en grande conversation avec le grainetier détesté.

« Eh bien ! s'écria ma sœur; que vous est-il arrivé ? Je m'étonne vraiment que vous daigniez revenir dans une aussi pauvre société que la nôtre. Oui, je m'en étonne vraiment !

— Miss Havisham, dit Joe en me regardant, comme s'il cherchait à faire un effort de mémoire, nous a bien recommandé de présenter ses.... Était-ce ses compliments ou ses respects, mon petit Pip?

— Ses compliments, dis-je.

— C'est ce que je croyais, répondit Joe : ses compliments à Mrs Gargery.

— Grand bien me fasse ! observa ma sœur, quoique cependant elle fût visiblement satisfaite.

— Elle voudrait, continua Joe en me regardant de nouveau, et en faisant un effort de mémoire, que l'état de sa santé lui eût.... permis.... n'est-ce pas, mon petit Pip?

— D'avoir le plaisir.... ajoutai-je.

— .... De recevoir des dames, ajouta Joe avec un grand soupir.

— C'est bien, dit ma sœur, en jetant un regard adouci à M. Pumblechoock. Elle aurait pu envoyer ses excuses un peu plus tôt, mais il vaut mieux tard que jamais. Et qu'a-t-elle donné à ce jeune gredin-là?

— Rien! dit Joe, rien!... »

Mrs Joe allait éclater, mais Joe continua :

« Ce qu'elle donne, elle le donne à ses parents, c'est-à-dire elle le remet entre les mains de sa sœur mistress J. Gargery.... Telles sont ses paroles : J. Gargery. Elle ne pouvait pas savoir, ajouta Joe avec un air de réflexion, si J. veut dire Joe ou Jorge. »

Ma sœur se tourna du côté de Pumblechook, qui polissait avec le creux de la main, les bras de son fauteuil, et lui faisait des signes de tête, en regardant alternativement le feu et elle, comme un homme qui savait tout et avait tout prévu.

« Et combien avez-vous reçu ? demanda ma sœur en riant.

— Que penserait l'honorable compagnie, de dix livres? demanda Joe.

— On dirait, repartit vivement ma sœur, que c'est assez bien.... ce n'est pas trop.... mais enfin, c'est assez....

— Eh bien! il y a plus que cela, » dit Joe.

Cet épouvantable imposteur de Pumblechook s'empressa de dire, sans cesser toutefois de polir le bras de son fauteuil :

« Plus que cela, ma nièce....

— Vous plaisantez? fit ma sœur.

— Non pas, ma nièce, dit Pumblechook; mais attendez un peu. Continuez, Joseph, continuez.

— Que dirait-on de vingt livres? continua Joe.

— Mais on dirait que c'est très-beau, continua ma sœur.

— Eh! bien, dit Joe, c'est plus de vingt livres. »

Cet hypocrite de Pumblechook continuait ses signes de tête, et dit en riant.

« Plus que cela, ma nièce.... Très-bien! Continuez, Joseph, continuez.

— Eh bien! pour en finir, dit Joe en tendant le sac à ma sœur, c'est vingt-cinq livres que miss Havisham a données.

— Vingt-cinq livres, ma nièce, répéta cette vile canaille de Pumblechook, en prenant les mains de ma sœur. Et ce n'est pas plus que vous méritez. Ne vous l'avais-je pas dit, lorsque vous m'avez demandé mon opinion? et je souhaite que cet argent vous profite. »

Si le misérable s'en était tenu là, son rôle eût été assez abject; mais non, il parla de sa protection d'un ton qui surpassa toutes ces hypocrisies antérieures.

« Voyez-vous, Joseph, et vous, ma nièce, dit-il, en me tiraillant par le bras, je suis de ces gens qui vont jusqu'au bout et surmontent tous les obstacles quand une fois ils ont commencé quelque chose. Ce garçon doit être engagé comme apprenti, voilà mon système; engagez-le donc sans plus tarder.

— Nous savons, mon oncle Pumblechook, dit ma sœur en serrant le sac dans ses mains, que nous vous devons beaucoup.

— Ne vous occupez pas de moi, ma nièce, repartit le diabolique marchand de graines, un plaisir est un plaisir; mais ce garçon doit être engagé par tous les moyens possibles, et je m'en charge. »

Il y avait un tribunal à la maison de ville, tout près de là, et nous nous rendîmes auprès des juges pour m'engager, par contrat, à être l'apprenti de Joe. Mais ce qui ne me sembla pas drôle du tout, c'est que Pumblechook me poussait devant lui, comme si j'avais fouillé dans une poche, ou incendié un meuble. Tout le monde croyait que j'avais commis quelque mauvaise action et que j'avais été pris en flagrant délit, car j'entendais des gens autour de moi qui disaient : « Qu'a-t-il fait? » Et d'autres : « Il est encore tout jeune; mais il a l'air d'un mauvais drôle, n'est-ce pas? » Un personnage, à l'aspect bienveillant, alla même jusqu'à me donner un petit livre, orné d'une vignette sur bois, représentant un jeune mauvais sujet, portant un attirail de chaînes, aussi complet que celui de l'étalage d'un marchand de saucisses et intitulé : « POUR LIRE DANS MA CELLULE. »

C'était un endroit singulier, que la grande salle où nous entrâmes. Les bancs me parurent encore plus hauts que ceux de l'église. Il y avait beaucoup de spectateurs pressés sur ces bancs, et des juges formidables, dont l'un avait la tête poudrée. Les uns se couchaient dans leur fauteuil, croisaient leurs bras, prenaient une prise de tabac, et s'endormaient. Les autres écrivaient ou lisaient le journal. Il y avait aussi plusieurs sombres portraits appendus aux murs et qui parurent à mes yeux peu connaisseurs un composé de sucre d'orge et de taffetas gommé. C'est là que, dans un coin, mon identité fut dûment reconnue et attestée, le contrat passé, et que je fus engagé. M. Pumblechook me soutint pendant tous ces petits préliminaires, comme si l'on m'eût conduit à l'échafaud.

En sortant, et après nous être débarrassés des enfants, que l'espoir de me voir torturer publiquement avait excités au plus haut point, et qui furent très-désappointés en voyant que mes amis m'entouraient, nous rentrâmes chez Pumblechook. Les vingt-cinq livres avaient mis ma sœur dans une telle joie, qu'elle voulut absolument dîner au *Cochon bleu*, pour fêter cette bonne aubaine, et Pumblechook partit avec sa voiture pour ramener au plus vite les Hubbles et M. Wopsle.

Je passai une bien triste journée, car il semblait admis d'un commun accord que j'étais de trop dans cette fête, et, ce qu'il y a de pire, c'est qu'ils me demandaient tous, de temps en temps, quand ils n'avaient rien de mieux à faire, pourquoi je ne m'amusais pas.

Et que pouvais-je répondre, si ce n'est que je m'amusais beaucoup, quand, hélas! je m'ennuyais à mourir?

Quoi qu'il en soit, ils étaient tous grands, sensés, raisonnables et pouvaient faire ce qu'ils voulaient et ils en profitaient. Le vil Pumblechook, à qui revenait l'honneur de tout cela, occupait le haut de la table, et quand il entama son speech sur mon engagement, il eut soin d'insinuer hypocritement que je serais passible d'emprisonnement si je jouais aux cartes, si je buvais des liqueurs fortes, ou si je rentrais tard, ou bien encore si je fréquentais de mauvaises compagnies; ce qu'il considérait, d'après mes précédents, comme inévitable. Il me mit debout sur une chaise, à côté de lui, pour illustrer ses suppositions et rendre ses remarques plus palpables.

Les seuls autres souvenirs qui me restent de cette grande fête de famille, c'est qu'on ne voulut pas me laisser dormir, et que toutes les fois que je fermais les yeux, on me réveillait pour me dire de m'amuser; puis, que très-tard dans la soirée, M. Wopsle nous récita l'ode de Collins et il jeta à terre son sabre taché de sang avec un tel fracas, que le garçon accourut nous dire : « Que les gens du dessous nous présentaient leurs compliments, et nous faisaient dire que nous n'étions pas *Aux armes des Bateleurs;* » puis que tous les convives étaient de belle humeur, et qu'en rentrant au logis ils chantaient : *Viens belle dame.* M. Wopsle faisait la basse avec sa voix terriblement sonore, se vantait de connaître les affaires particulières de chacun, et affirmait qu'il était l'homme qui, malgré ses gros yeux dont on ne voyait que le blanc, et sa faiblesse, l'emportait encore sur tout le reste de la société.

Enfin, je me souviens qu'en rentrant dans ma petite chambre, je me trouvai très-misérable, et que j'avais la conviction profonde que je ne prendrais jamais goût au métier de Joe. Je l'avais aimé d'abord ce métier; mais d'abord, ce n'était plus maintenant!

CHAPITRE XIV.

C'est une chose bien misérable que d'avoir honte de sa famille, et sans doute cette noire ingratitude est-elle punie comme elle le mérite ; mais ce que je puis certifier, c'est que rien n'est plus misérable.

La maison n'avait jamais eu de grands charmes pour moi, à cause du caractère de ma sœur, mais Joe l'avait sanctifiée à mes yeux, et j'avais cru qu'on pouvait y être heureux. J'avais considéré notre parloir comme un des plus élégants salons; j'avais vu dans la porte d'entrée le portail d'un temple, dont on attendait l'ouverture solennelle pour faire un sacrifice de volailles rôties; la cuisine m'avait semblé un lieu fort convenable, si ce n'est magnifique, et j'avais regardé la forge comme le seul chemin brillant qui devait me conduire à la virilité et à l'indépendance. En moins d'une année, tout cela avait changé. Tout me paraissait maintenant commun et vulgaire, et pour un empire je n'aurais pas voulu que miss Havisham et Estelle vissent rien qui en dépendît.

Était-ce la faute du malheureux état de mon esprit? Était-ce la faute de miss Havisham? Était-ce la faute de ma sœur? A quoi bon chercher à m'en rendre compte? Le changement s'était opéré en moi, c'en était fait; bon ou mauvais, avec ou sans excuse, c'était un fait!

Dans le temps, il m'avait semblé qu'une fois dans la forge, en qualité d'apprenti de Joe, avec mes manches de chemise retroussées, je serais distingué et heureux. J'avais enfin alors atteint ce but tant désiré, et tout ce que je sentais, c'est que j'étais noirci par la poussière du charbon, et que j'avais la mémoire chargée d'un poids tellement pesant qu'auprès de lui, l'enclume n'était qu'une plume. Il m'est arrivé plus tard dans ma vie (comme dans la plupart des existences) des moments où j'ai cru sentir un épais rideau tomber sur tout ce qui faisait l'intérêt et le charme de la mienne, pour ne me laisser que la vue de mes ennuis et de mes tracas : mais jamais ce rideau n'est tombé si lourd ni si épais que lorsque j'entrevis mon existence toute tracée devant moi dans la nouvelle voie où j'entrais comme apprenti de Joe.

Je me souviens qu'à une époque plus reculée j'avais coutume d'aller le dimanche soir m'asseoir dans le cimetière quand la nuit était close. Là, je comparais ma propre perspective à celle des marais que j'avais sous les yeux et je trouvais de l'analogie entre elles en pensant combien elles étaient plates et basses toutes les deux et combien était sombre le brouillard qui s'étendait sur le chemin qui menait à la mer. J'étais du reste aussi découragé le premier jour de mon apprentissage que je le fus par la suite; mais je suis heureux de penser que jamais je n'ai murmuré une plainte à l'oreille de Joe pendant tout le temps que dura mon engagement. C'est même à peu près la seule chose dont je puisse m'enorgueillir et dont je sois aise de me souvenir.

Car, quoiqu'on puisse m'attribuer le mérite d'avoir persévéré, ce n'est pas à moi qu'il appartient, mais bien à Joe. Ce n'est pas parce que j'étais fidèle à ma parole, mais bien parce que Joe l'était, que je ne me suis pas sauvé de chez lui pour me faire soldat ou matelot. Ce n'est pas parce que j'avais un grand amour de la vertu et du travail, mais parce que Joe avait ces deux amours que je travaillais avec une bonne volonté et un zèle très-suffisants. Il est impossible de savoir jusqu'à quel point peut s'étendre dans le monde l'heureuse influence d'un cœur honnête et bienfaisant, mais il est très-facile de reconnaître combien on a été soi-même influencé par son contact, et je sais parfaitement que toute la joie que j'ai goûtée pendant mon apprentissage venait du simple contentement de Joe et non pas de mes aspirations inquiètes et mécontentes. Qui peut dire ce que je voulais? Puis-je le dire moi-même, puisque je ne l'ai jamais bien su? Ce que je redoutais, c'était d'apercevoir, à une heure fatale, en levant les yeux, Estelle me regarder par la fenêtre de la forge au moment où j'étais le plus noir et où je paraissais le plus commun. J'étais poursuivi par la crainte qu'un jour ou l'autre elle me découvrît, les mains et le visage noircis, en train de faire ma besogne la plus grossière, et qu'elle me mépriserait. Souvent, le soir, quand je tirais le soufflet de la forge pour Joe et que nous entonnions la chanson du *Vieux Clem*, le souvenir de la manière dont je la chantais avec miss Havisham me montait l'imagination, et je croyais voir dans le feu la belle figure d'Estelle, ses jolis cheveux flottants au gré du vent, et ses yeux me regarder avec dédain. Souvent, dans de tels instants, je me détournais et je portais mes regards sur les vitres de la croisée, que la nuit détachait en noir sur la muraille, il me semblait voir Estelle retirer vivement sa tête, et je croyais qu'elle avait fini par me découvrir, et qu'elle était là.

Quand notre journée était terminée et que nous allions souper, la cuisine et le repas me semblaient prendre un air plus vulgaire encore que de coutume, et mon mauvais cœur me rendait plus honteux que jamais de la pauvreté du logis.

CHAPITRE XV.

Je devenais trop grand pour occuper plus longtemps la chambre de la grand'tante de M. Wopsle. Mon éducation, sous la direction de cette absurde femme, se termina, non pas cependant avant que Biddy ne m'eût fait part de tout ce qu'elle avait appris au moyen du petit catalogue des prix, voire même une chanson comique qu'elle avait achetée autrefois pour un sou, et qui commençait ainsi :

> Quand à Londres nous irons
> Ron, ron, ron,
> Ron, ron, ron,
> Faut voir quelle figure nous ferons
> Ron, ron, ron,
> Ron, ron, ron.

Mais mon désir de bien faire était si grand, que j'appris par cœur cette œuvre remarquable, et cela de meilleure foi du monde. Je ne me souviens pas, du reste, d'avoir jamais mis en doute le mérite de l'œuvre, si ce n'est que je pensais, comme je le fais encore aujourd'hui, qu'il y avait dans les *ron, ron,* tant de fois répétés, un excès de poésie. Dans mon avidité de science, je priai M. Wopsle de vouloir bien laisser tomber sur moi quelques miettes intellectuelles, ce à quoi il consentit avec bonté. Cependant, comme il ne m'employait que comme une espèce de figurant qui devait lui donner la réplique, et dans le sein duquel il pouvait pleurer, et qui tour à tour devait être embrassé, malmené, empoigné, frappé, tué, selon les besoins de l'action, je déclinai bientôt ce genre d'instruction, mais pas assez tôt cependant pour que M. Wopsle, dans un accès de fureur dramatique, ne m'eût aux trois quarts assommé.

Quoi qu'il en soit, j'essayais d'inculquer à Joe tout ce que j'apprenais. Cela semblera si beau de ma part, que ma conscience me fait un devoir de l'expliquer. Je voulais rendre Joe moins ignorant et moins commun, pour qu'il fût plus digne de ma société et qu'il méritât moins les reproches d'Estelle.

La vieille Batterie des marais était le lieu choisi pour nos études; nos accessoires consistaient en une ardoise cassée et un petit bout de crayon. Joe y ajoutait toujours une pipe et du tabac. Je n'ai jamais vu Joe se souvenir de quoi que ce soit d'un dimanche à l'autre, ni acquérir sous ma direction la moindre connaissance quelconque. Cependant il fumait sa pipe à la Batterie d'un air plus intelligent, plus savant même, que partout ailleurs. Il était persuadé qu'il faisait d'immenses progrès, le pauvre homme! Pour moi, j'espère toujours qu'il en faisait.

J'éprouvais un grand calme et un grand plaisir à voir passer les voiles sur la rivière et à les regarder s'enfoncer au delà de la jetée, et quand quelquefois la marée était très-basse, elles me paraissaient appartenir à des bateaux submergés qui continuaient leur course au fond de l'eau. Lorsque je regardais les vaisseaux au loin en mer, avec leurs voiles blanches déployées je finissais toujours, d'une manière ou d'une autre, par penser à miss Havisham et à Estelle, et, lorsqu'un rayon de lumière venait au loin tomber obliquement sur un nuage, sur une voile, sur une montagne, ou former une ligne brillante sur l'eau, cela me produisait le même effet. Miss Havisham et Estelle, l'étrange maison et l'étrange vie qu'on y menait, me semblaient avoir je ne sais quel rapport direct ou indirect avec tout ce qui était pittoresque.

Un dimanche que j'avais donné congé à Joe, parce qu'il semblait avoir pris le parti d'être plus stupide encore que d'habitude, pendant qu'il savourait sa pipe avec délices, et que moi, j'étais couché sur le tertre d'une des batteries, le menton appuyé sur ma main, voyant partout en perspective l'image de miss Havisham et celle d'Estelle, aussi bien dans le ciel que dans l'eau, je résolus enfin d'émettre à leur propos une pensée qui, depuis longtemps, me trottait dans la tête :

« Joe, dis-je, ne penses-tu pas que je doive une visite à miss Havisham ?

— Et pourquoi, mon petit Pip ? dit Joe après réflexion.

— Pourquoi, Joe ?... Pourquoi rend-on des visites ?

— Certainement, mon petit Pip, il y a des visites peut-être qui.... dit Joe sans terminer sa phrase. Mais pour ce qui est de rendre visite à miss Havisham, elle pourrait croire que tu as besoin de quelque chose, ou que tu attends quelque chose d'elle.

— Mais, ne pourrais-je lui dire que je n'ai besoin de rien.... que je n'attends rien d'elle.

— Tu le pourrais, mon petit Pip, dit Joe; mais elle pourrait te croire, ou croire tout le contraire. »

Joe sentit comme moi qu'il avait dit quelque chose de fin, et il se mit à aspirer avec ardeur la fumée de sa pipe, pour n'en pas gâter les effets par une répétition.

« Tu vois, mon petit Pip, continua Joe aussitôt que ce danger fut passé, miss Havisham t'a fait un joli présent ; eh bien ! après t'avoir fait ce joli présent, elle m'a pris à part pour me dire que c'était tout.

— Oui, Joe, j'ai entendu ce qu'elle t'a dit.

— Tout ! répéta Joe avec emphase.

— Oui, Joe, je t'assure que j'ai entendu.

— Ce qui voulait dire, sans doute, mon petit Pip : tout est terminé entre nous.... restons chacun chez nous.... vous au nord, moi au midi.... Rompons tout à fait. »

J'avais pensé tout cela, et j'étais très-désappointé de voir que Joe avait la même opinion, car cela rendait la chose plus vraisemblable.

« Mais, Joe....

— Oui, mon pauvre petit Pip.

— .... Voilà près d'un an que je suis ton apprenti, et je n'ai pas encore remercié miss Havisham de ce qu'elle a fait pour moi. Je n'ai pas même été prendre de ses nouvelles, ou seulement témoigné que je me souvenais d'elle.

— C'est vrai, mon petit Pip, et à moins que tu ne lui offres une garniture complète de fers, ce qui, je le crains bien, ne serait pas un présent très-bien choisi, vu l'absence totale de chevaux....

— Je ne veux pas parler de souvenir de ce genre-là ; je ne veux pas lui faire de présents. »

Mais Joe avait dans la tête l'idée d'un présent, et il ne voulait pas en démordre.

« Voyons, dit-il, si l'on te donnait un coup de main pour lui forger une chaîne toute neuve pour mettre à la porte de la rue ? Ou bien encore une grosse ou deux de pitons à vis, dont on a toujours besoin dans un ménage? Ou quelque joli article de fantaisie, tel qu'une fourchette à rôties pour faire griller ses muffins, ou bien un gril, si elle veut manger un hareng saur ou quelque autre chose semblable.

— Mais Joe, je ne parle pas du tout de présent, interrompis-je.

— Eh bien! continua Joe, en tenant bon comme si j'eusse insisté, à ta place, mon petit Pip, je ne ferais rien de tout cela, non en vérité, rien de tout cela! Car, qu'est-ce qu'elle ferait d'une chaîne de porte, quand elle en a une qui ne lui sert pas? Et les pitons sont sujets à s'abîmer.... Quant à la fourchette à rôties, elle se fait en laiton et ne nous ferait aucun honneur, et l'ouvrier le plus ordinaire se fait un gril, car un gril n'est qu'un gril, dit Joe en appuyant sur ces mots, comme s'il eût voulu m'arracher une illusion invétérée. Tu auras beau faire, mais un gril ne sera jamais qu'un gril, je te le répète, et tu ne pourras rien y changer.

— Mon cher Joe, dis-je en l'attrapant par son habit dans un mouvement de désespoir; je t'en prie, ne continue pas sur ce ton: je n'ai jamais pensé à faire à miss Havisham le moindre cadeau.

— Non, mon petit Pip, fit Joe, de l'air d'un homme qui a enfin réussi à en persuader un autre. Tout ce que je puis te dire, c'est que tu as raison, mon petit Pip.

— Oui, Joe; mais ce que j'ai à te dire, moi, c'est que nous n'avons pas trop d'ouvrage en ce moment, et que, si tu pouvais me donner une demi-journée de congé, demain, j'irais jusqu'à la ville pour faire une visite à miss Est.... Havisham.

— Quel nom as-tu dit là? dit gravement Joe; Esthavisham, mon petit Pip, ce n'est pas ainsi qu'elle s'appelle, à moins qu'elle ne se soit fait rebaptiser.

— Je le sais.... Joe.... je le sais..., c'est une erreur; mais que penses-tu de tout cela? »

En réalité, Joe pensait que c'était très-bien, si je le trouvais moi-même ainsi; mais il stipula positivement que si je n'étais pas reçu avec cordialité ou si je n'étais pas encouragé à renouveler une visite qui n'avait d'autre objet que de prouver ma gratitude pour la faveur que j'avais reçue, cet essai serait le premier et le dernier. Je promis de me conformer à ces conditions.

Joe avait pris un ouvrier à la semaine, qu'on appelait Orlick. Cet Orlick prétendait que son nom de baptême était Dolge, chose tout à fait impossible; mais cet individu était d'un caractère tellement obstiné, que je crois bien qu'il savait parfaitement que ce n'était pas vrai, et qu'il avait voulu imposer ce nom dans le village pour faire affront à notre intelligence. C'était un gaillard aux larges épaules, doué d'une grande force; jamais pressé, et toujours lambinant. Il semblait même ne jamais venir travailler à dessein, mais comme par hasard; et quand il se rendait aux *Trois jolis Bateliers* pour prendre ses repas, ou quand il s'en allait le soir, il se traînait comme Caïn ou le Juif errant, sans savoir le lieu où il allait, ni si il reviendrait jamais. Il demeurait chez l'éclusier, dans les marais, et tous les jours de la semaine, il arrivait de son ermitage, les mains dans les poches et son dîner soigneusement renfermé dans un paquet suspendu à son cou, ou ballottant sur son dos. Les dimanches, il se tenait toute la journée sur la barrière de l'écluse, et se balançait continuellement, les yeux fixés à terre; et quand on lui parlait, il les levait, à demi fâché et à demi embarrassé, comme si c'eût été le fait le plus injurieux et le plus bizarre qui eût pu lui arriver.

Cet ouvrier morose ne m'aimait pas. Quand j'étais tout petit et encore timide, il me disait que le diable habitait le coin le plus noir de la forge, et qu'il connaissait bien l'esprit malin. Il disait encore qu'il fallait tous les sept ans allumer le feu avec un jeune garçon, et que je pouvais m'attendre à servir incessamment de fagot. Mon entrée chez Joe comme apprenti confirma sans doute le soupçon qu'il avait conçu qu'un jour ou l'autre je le remplacerais, de sorte qu'il m'aime encore moins, non qu'il ait jamais rien dit ou rien fait qui témoignât la moindre hostilité; je remarquai seulement qu'il avait toujours soin d'envoyer ses étincelles de mon côté, et que toutes les fois que j'entonnais le *Vieux Clem*, il partait une mesure trop tard.

Le lendemain, Dolge Orlick était à son travail, quand je rappelai à Joe le congé qu'il m'avait promis. Orlick ne dit rien sur le moment, car Joe et lui avaient justement entre eux un morceau de fer rouge qu'ils battaient pendant que je faisais aller la forge; mais bientôt il s'appuya sur son marteau et dit:

« Bien sûr, notre maître !... vous n'allez pas accorder des faveurs rien qu'à l'un de nous deux.... Si vous donnez au petit Pip un demi-jour de congé, faites-en autant pour le vieil Orlick. »

Il avait environ vingt-quatre ans, mais il parlait toujours de lui comme d'un vieillard.

« Et que ferez-vous d'un demi-jour de congé si je vous l'accorde? dit Joe.

— Ce que j'en ferai?... Et lui, qu'est-ce qu'il en fera?... J'en ferai toujours bien autant que lui, dit Orlick.

— Quant à Pip, il va en ville, dit Joe.

— Eh bien! le vieil Orlick ira aussi en ville, repartit le digne homme. On peut y aller deux. Il n'y a peut-être pas que lui qui puisse aller en ville.

— Ne vous fâchez pas, dit Joe.

— Je me fâcherai si c'est mon plaisir, grommela

Orlick. Allons, notre maître, pas de préférences dans cette boutique ; soyez homme ! »

Le maître refusa de continuer à discuter sur ce sujet jusqu'à ce que l'ouvrier se fût un peu calmé. Orlick s'élança alors sur la fournaise, en tira une barre de fer rouge, la dirigea sur moi comme s'il allait me la passer au travers du corps, lui fit décrire un cercle autour de ma tête et la posa sur l'enclume, où il se mit à jouer du marteau, il fallait voir, comme si c'eût été sur moi qu'il frappait, et que les étincelles qui jaillissaient de tous côtés eussent été des gouttes de mon sang. Finalement, quand il eut tant frappé qu'il se fut échauffé et que le fer se fut refroidi, il se reposa sur son marteau et dit :

« Eh bien ! notre maître ?

— Êtes-vous raisonnable maintenant ? demanda Joe.

— Ah ! oui, parfaitement, répondit brusquement le vieil Orlick.

— Alors, comme en général vous travaillez aussi bien qu'un autre, dit Joe, ce sera congé pour tout le monde. »

Ma sœur était restée silencieuse dans la cour, d'où elle entendait tout ce qui se disait. Par habitude, elle écoutait et espionnait sans le moindre scrupule. Elle parut inopinément à l'une des fenêtres.

« Comment ! fou que tu es, tu donnes des congés à de grands chiens de paresseux comme ça ! Il faut que tu sois bien riche, par ma foi, pour gaspiller ton argent de cette façon ! Je voudrais être leur maître....

— Vous seriez le maître de tout le monde si vous l'osiez, riposta Orlick avec une grimace de mauvais présage.

— Laissez-la dire, fit Joe.

— Je pourrais être le maître de tous les imbéciles et

de tous les coquins, repartit ma sœur, et je ne pourrais pas être le maître de tous les imbéciles sans être celui de votre patron, qui est le roi des buses et des imbéciles.... et je ne pourrais pas être le maître des coquins sans être votre maître, à vous, qui êtes le plus lâche et le plus fieffé coquin de tous les coquins d'Angleterre et de France. Et puis!...

— Vous êtes une vieille folle, mère Gargery, dit l'ouvrier de Joe, et si cela suffit pour faire un bon juge de coquins, vous en êtes un fameux!

— Laissez-la tranquille, je vous en prie, dit Joe.

— Qu'avez-vous dit? s'écria ma sœur en commençant à pousser des cris; qu'avez-vous dit? Que m'a-t-il dit, Pip?... Comment a-t-il osé m'appeler en présence de mon mari?... Oh!... oh!... oh!... »

Chacune de ces exclamations était un cri perçant. Ici, je dois dire, pour rendre hommage à la vérité, que chez ma sœur, comme chez presque toutes les femmes violentes que j'ai connues, la passion n'était pas une excuse, puisque je ne puis nier qu'au lieu d'être emportée malgré elle par la colère, elle ne s'efforçât consciencieusement et de propos délibéré de s'exciter elle-même et n'atteignît ainsi par degrés une fureur aveugle.

« Comment, reprit-elle, comment m'a-t-il appelée devant ce lâche qui a juré de me défendre?... Oh! tenez-moi!... tenez-moi!...

— Ah! murmura l'ouvrier entre ses dents, si tu étais ma femme, je te mettrais sous la pompe et je t'arroserais convenablement.

— Je vous dis de la laisser tranquille, répéta Joe.

— Oh! s'entendre traiter ainsi! s'écria ma sœur arrivée à la seconde période de sa colère, oh! s'entendre donner de tels noms par cet Orlick! dans ma propre maison!... Moi! une femme mariée!... en présence de mon mari!... Oh!... oh!... oh!... »

Ici, ma sœur, après avoir crié et frappé du pied pendant quelques minutes, commença à se frapper la poitrine et les genoux, puis elle jeta son bonnet en l'air et se tira les cheveux. C'était sa dernière étape avant d'arriver à la rage. Ma sœur était alors une véritable furie; elle eut un succès complet. Elle se précipita sur la porte qu'heureusement j'avais eu le soin de fermer.

Que pouvait faire Joe après avoir vu ses interruptions méconnues, si ce n'est de s'avancer vers son ouvrier et de lui demander pourquoi il s'interposait entre lui et Mrs Joe, et ensuite s'il était homme à venir sur le terrain. Le vieil Orlick vit bien que la situation exigeait qu'on en vînt aux mains, et il se mit aussitôt sur la défensive. Sans prendre seulement le temps d'ôter leurs tabliers de cuir, ils s'élancèrent l'un sur l'autre comme deux géants, mais personne, à ma connaissance du moins, n'aurait pu tenir longtemps contre Joe. Orlick roula bientôt dans la poussière de charbon, ni plus ni moins que s'il eût été le jeune homme pâle, et ne montra pas beaucoup d'empressement à sortir de cette situation piteuse. Alors Joe alla ouvrir la porte et ramassa ma sœur, qui était tombée sans connaissance près de la fenêtre (pas avant toutefois d'avoir assisté au combat). On la transporta dans la maison, on la coucha, et on fit tout ce qu'on put pour la ranimer, mais elle ne fit que se débattre et se cramponner aux cheveux de Joe. Alors suivit ce calme singulier et ce silence étrange qui succèdent à tous les orages, et je montai m'habiller avec une vague sensation que j'avais déjà assisté à une pareille scène, que c'était dimanche et que quelqu'un était mort.

Quand je descendis, je trouvai Joe et Orlick qui balayaient, sans autres traces de leur querelle qu'une fente à l'une des narines d'Orlick, ce qui était loin de l'embellir, et ce dont il aurait parfaitement pu se passer. Un pot de bière avait été apporté des *Trois jolis Bateliers*, et les deux géants se le partageaient de la manière la plus paisible du monde. Ce calme eut sur Joe une influence sédative et philosophique. Il me suivit sur la route pour me faire, en signe d'adieu, une réflexion qui pouvait m'être utile :

« Du bruit, mon petit Pip, et de la tranquillité, mon petit Pip, voilà la vie ! »

Avec quelles émotions ridicules (car nous trouvons comiques chez l'enfant les sentiments qui sont sérieux chez l'homme fait), avec quelles émotions, dis-je, me retrouvais-je sur le chemin qui conduisait chez miss Havisham ! Cela importe peu. Il en est de même du nombre de fois que je passai et repassai devant la porte avant de pouvoir prendre sur moi de sonner. Il importe également fort peu que je raconte comment j'hésitai si je m'en retournerais sans sonner, ce que je n'aurais pas manqué de faire si j'en avais eu le temps.

Miss Sarah Pocket, et non Estelle, vint m'ouvrir.

« Comment ! c'est encore toi ? dit miss Pocket. Que veux-tu ? »

Quand je lui eus dit que j'étais seulement venu pour savoir comment se portait miss Havisham, Sarah délibéra si elle me renverrait ou non à mon ouvrage. Mais ne voulant pas prendre sur elle une pareille responsabilité, elle me laissa entrer, et revint bientôt me dire sèchement que je pouvais monter.

Rien n'était changé, et miss Havisham était seule.

« Eh bien ! dit-elle en fixant ses yeux sur moi, j'espère que tu n'as besoin de rien, car tu n'auras rien.

— Non, miss Havisham ; je voulais seulement vous apprendre que j'étais très-content de mon état, et que je vous suis on ne peut plus reconnaissant.

— Là!... là!... fit-elle en agitant avec rapidité ses vieux doigts. Viens de temps en temps, le jour de ta naissance. Ah! s'écria-t-elle tout à coup en se tournant vers moi avec sa chaise, tu cherches Estelle, n'est-ce pas? »

J'avais en effet cherché si j'apercevais Estelle, et je balbutiai que j'espérais qu'elle allait bien.

« Elle est loin, dit miss Havisham, bien loin. Elle apprend à devenir une dame. Elle est plus jolie que jamais, et elle est fort admirée de tous ceux qui la voient. Sens-tu que tu l'as perdue? »

Il y avait dans la manière dont elle prononça ces derniers mots tant de malin plaisir, et elle partit d'un éclat de rire si désagréable que j'en perdis le fil de mon discours. Miss Havisham m'évita la peine de le reprendre en me renvoyant. Quand Sarah, la femme à la tête en coquille de noix, eut refermé la porte sur moi, je me sentis plus mécontent que jamais de notre intérieur, de mon état et de toutes choses. Ce fut tout ce qui résulta de ce voyage.

Comme je flânais le long de la Grande-Rue, regardant d'un air désolé les étalages des boutiques en me demandant ce que j'achèterais si j'étais un monsieur, qui pouvait sortir de chez le libraire, sinon M. Wopsle? M. Wopsle avait entre les mains la tragédie de *George Barnwell*[1], pour laquelle il venait de débourser six pence, afin de pouvoir la lire d'un bout à l'autre sans

---

1. *George Barnwell*, tragédie bourgeoise de George Lillo, joaillier et auteur dramatique anglais, né à Londres en 1693 et mort en 1739. Fielding était un de ses amis intimes. Lillo est le créateur de la tragédie bourgeoise, genre dans lequel il a pré-

en passer un mot en présence de Pumblechook, chez qui il allait prendre le thé. Aussitôt qu'il me vit, il parut persuadé qu'un hasard providentiel avait placé tout exprès sur son chemin un apprenti pour l'écouter, sinon pour le comprendre. Il mit la main sur moi et insista pour que je l'accompagnasse chez M. Pumblechook. Sachant que l'on ne serait pas très-gai chez nous, que les soirées étaient très-noires et les chemins mauvais ; de plus, qu'un compagnon de route, quel qu'il fût, valait mieux que de n'avoir pas de compagnon du tout, je ne fis pas grande résistance. En conséquence, nous entrions chez M. Pumblechook au moment où les boutiques et les rues s'allumaient.

N'ayant jamais assisté à aucune autre représentation de *George Barnwell*, je ne sais pas combien de temps cela dure ordinairement, mais je sais bien que ce soir-là nous n'en fûmes pas quittes avant neuf heures et demie, et que, quand M. Wopsle entra à Newgate, je pensais qu'il n'en sortirait jamais pour aller à la potence, et qu'il était devenu beaucoup plus lent que dans un autre moment de sa déplorable carrière. Je pensai aussi qu'il se plaignait un peu trop, après tout, d'être coupé dans sa fleur, comme s'il n'avait pas perdu toutes ses feuilles les unes après les autres en s'agitant depuis le commencement de sa vie. Ce qui me frappait surtout c'étaient les rapports qui existaient dans toute cette affaire avec mon innocente personne. Quand Barnwell commença à mal tourner, je déclare que je me sentis positivement identifié avec lui. Pumblechook s'en aperçut, et il me foudroya de son regard indigné, et Wopsle

cédé Diderot. *George Barnwell* ou *L'Apprenti de Londres*, qui fut représenté pour la première fois en 1731, est un drame remarquable ; il a été traduit en français par Clément de Genève, en 1748, et imité par Saurin, membre de l'Académie française.

aussi prit la peine de me présenter son héros sous le plus mauvais jour. Tour à tour féroce et insensé, on me fait assassiner mon oncle sans aucune circonstance atténuante; Millwood avait toujours été rempli de bontés pour moi, et c'était pure monomanie chez la fille de mon maître d'avoir l'œil à ce qu'il ne me manquât pas un bouton. Tout ce que je puis dire pour expliquer ma conduite dans cette fatale journée, c'est qu'elle était le résultat inévitable de ma faiblesse de caractère. Même après qu'on m'eut pendu et que Wopsle eut fermé le livre, Pumblechook continua à me fixer en secouant la tête et disant :

« Profite de l'exemple, mon garçon, profite de l'exemple. »

Comme si c'eût été un fait bien avéré que je n'attendais, au fond de mon cœur, que l'occasion de trouver un de mes parents qui voulût bien avoir la faiblesse d'être mon bienfaiteur pour préméditer de l'assassiner.

Il faisait nuit noire quand je me mis en route avec M. Wopsle. Une fois hors de la ville, nous nous trouvâmes enveloppés dans un brouillard épais, et, je le sentis en même temps, d'une humidité pénétrante. La lampe de la barrière de péage nous parut une grosse tache, elle ne semblait pas être à sa place habituelle, et ses rayons avaient l'air d'une substance solide dans la brume. Nous en faisions la remarque, en nous étonnant que ce brouillard se fût élevé avec le changement de vent qui s'était opéré, quand nous nous trouvâmes en face d'un homme qui se dandinait du côté opposé à la maison du gardien de la barrière.

« Tiens! nous écriâmes-nous en nous arrêtant, Orlick ici!

— Ah! répondit-il en se balançant toujours, je

m'étais arrêté un instant dans l'espoir qu'il passerait de la compagnie.

— Vous êtes en retard? » dis-je.

Orlick répondit naturellement :

« Et vous, vous n'êtes pas en avance.

— Nous avons, dit M. Wopsle, exalté par sa récente représentation, nous avons passé une soirée littéraire très-agréable, M. Orlick. »

Orlick grogna comme un homme qui n'a rien à dire à cela, et nous continuâmes la route tous ensemble. Je lui demandai s'il avait passé tout son congé en ville.

« Oui, répondit-il, tout entier. Je suis arrivé un peu après vous, je ne vous ai pas vu, mais vous ne deviez pas être loin. Tiens! voilà qu'on tire encore le canon.

— Aux pontons? dis-je.

— Il y a des oiseaux qui ont quitté leur cage, les canons tirent depuis la brune; vous allez les entendre tout à l'heure. »

En effet, nous n'avions fait que quelques pas quand le *boum!* bien connu se fit entendre, affaibli par le brouillard, et il roula pesamment le long des bas côtés de la rivière, comme s'il eût poursuivi et atteint les fugitifs.

« Une fameuse nuit pour se donner de l'air! dit Orlick. Il faudrait être bien malin pour attraper ces oiseaux-là cette nuit. »

Cette réflexion me donnait à penser, je le fis en silence. M. Wopsle, comme l'oncle infortuné de la tragédie, se mit à penser tout haut dans son jardin de Camberwell. Orlick, les deux mains dans ses poches, se dandinait lourdement à mes côtés. Il faisait très-sombre, très-mouillé et très-crotté, de sorte que nous nous éclaboussions en marchant. De temps en temps le bruit du canon nous arrivait et retentissait sourdement le long de la rivière. Je restais plongé dans mes pensées. Orlick murmurait de temps en temps :

« Battez!... battez!... vieux Clem ! »

Je pensais qu'il avait bu; mais il n'était pas ivre.

Nous atteignîmes ainsi le village. Le chemin que nous suivions nous faisait passer devant les *Trois jolis Bateliers*; l'auberge, à notre grande surprise (il était onze heures), était en grande agitation et la porte toute grande ouverte. M. Wopsle entra pour demander ce qu'il y avait, soupçonnant qu'un forçat avait été arrêté; mais il en revint tout effaré en courant :

« Il y a quelque chose qui va mal, dit-il sans s'arrêter. Courons chez vous, Pip.... vite.... courons !

— Qu'y a-t-il? demandai-je en courant avec lui, tandis qu'Orlick suivait à côté de moi.

— Je n'ai pas bien compris; il paraît qu'on est entré de force dans la maison pendant que Joe était sorti; on suppose que ce sont des forçats; ils ont attaqué et blessé quelqu'un. »

Nous courions trop vite pour demander une plus longue explication, et nous ne nous arrêtâmes que dans notre cuisine. Elle était encombrée de monde, tout le village était là et dans la cour. Il y avait un médecin, Joe et un groupe de femmes rassemblés au milieu de la cuisine. Ceux qui étaient inoccupés me firent place en m'apercevant, et je vis ma sœur étendue sans connaissance et sans mouvement sur le plancher, où elle avait été renversée par un coup furieux asséné sur le derrière de la tête, pendant qu'elle était tournée du côté du feu. Décidément, il était écrit qu'elle ne se mettrait plus jamais en colère tant qu'elle serait la femme de Joe.

CHAPITRE XVI.

La tête remplie de *George Barnwell*, je ne fus d'abord pas éloigné de croire qu'à mon insu j'étais pour quelque chose dans l'attentat commis sur ma sœur, ou que, dans tous les cas, étant son plus proche parent et passant généralement pour lui avoir quelques obligations, j'étais plus que tout autre exposé à devenir l'objet de légitimes soupçons. Mais quand le lendemain, à la brillante clarté du jour, je raisonnai de l'affaire en l'entendant discuter autour de moi, je la considérai sous un jour tout à fait différent et en même temps plus raisonnable.

Joe avait été fumer sa pipe aux *Trois jolis Bateliers*, depuis huit heures un quart jusqu'à dix heures moins un quart. Pendant son absence, ma sœur s'était mise à la porte et avait échangé le bonsoir avec un garçon de ferme, qui rentrait chez lui. Cet homme ne put dire positivement à quelle heure il avait quitté ma sœur, il dit seulement que ce devait être avant neuf heures. Quand Joe rentra à dix heures moins cinq minutes, il la trouva étendue à terre et s'empressa d'appeler à son secours. Le feu paraissait avoir peu brûlé et n'était pas éteint; la mèche de la chandelle pas trop longue; il est vrai que cette dernière avait été soufflée.

Rien dans la maison n'avait disparu; rien n'avait été

touché, si ce n'est la chandelle éteinte qui était sur la table, entre la porte et ma sœur, et qui était derrière elle, quand elle faisait face au feu et avait été frappée. Il n'y avait aucun dérangement dans le logis, si ce n'est celui que ma sœur avait fait elle-même en tombant et en saignant. Il s'y trouvait en revanche une pièce de conviction qui ne manquait pas d'une certaine importance. Ma sœur avait été frappée avec quelque chose de dur et de lourd; puis, une fois renversée, on lui avait lancé à la tête ce quelque chose avec beaucoup de violence. En la relevant, Joe retrouva derrière elle un fer de forçat qui avait été limé en deux.

Après avoir examiné ce fer de son œil de forgeron, Joe déclara qu'il y avait déjà quelque temps qu'il avait été limé. Les cris et la rumeur parvinrent bientôt aux pontons, et les personnes qui en arrivèrent pour examiner le fer confirmèrent l'opinion de Joe; elles n'essayèrent pas de déterminer à quelle époque ce fer avait quitté les pontons, mais elles affirmèrent qu'il n'avait été porté par aucun des deux forçats échappés la veille; de plus, l'un des deux forçats avait déjà été repris et il ne s'était pas débarrassé de ses fers.

Sachant ce que je savais, je ne doutai pas que ce fer ne fût celui de mon forçat, ce même fer que je l'avais vu et entendu limer dans les marais. Cependant, je ne l'accusais pas d'en avoir fait usage contre ma sœur, mais je soupçonnais qu'il était tombé entre les mains d'Orlick ou de l'étranger, celui qui m'avait montré la lime, et que l'un de ces deux individus avait pu seul s'en servir d'une manière aussi cruelle.

Quant à Orlick, exactement comme il nous l'avait dit au moment où nous l'avions rencontré à la barrière, on l'avait vu en ville pendant toute la soirée; il était entré dans plusieurs tavernes avec diverses personnes, et il était revenu avec M. Wopsle et moi. Il n'y avait donc rien contre lui, si ce n'est la querelle, et ma sœur s'était querellée plus de mille fois avec lui, comme avec tout le monde. Quant à l'étranger, aucune dispute ne pouvait s'être élevée entre ma sœur et lui, s'il était venu réclamer ses deux banknotes, car elle était parfaitement disposée à les lui restituer. Il était d'ailleurs évident qu'il n'y avait pas eu d'altercation entre ma sœur et l'assaillant, qui était entré avec si peu de bruit et si inopinément, qu'elle avait été renversée avant d'avoir eu le temps de se retourner.

N'était-il pas horrible de penser que, sans le vouloir, j'avais procuré l'instrument du crime. Je souffrais l'impossible, en me demandant sans cesse si je ne ferais pas disparaître tout le charme de mon enfance en racontant à Joe tout ce qui s'était passé. Pendant les mois qui suivirent, chaque jour je répondais négativement à cette question, et, le lendemain, je recommençais à y réfléchir. Cette lutte venait, après tout, de ce que ce secret était maintenant un vieux secret pour moi; je l'avais nourri si longtemps, qu'il était devenu une partie de moi-même, et que je ne pouvais plus m'en séparer. En outre, j'avais la crainte qu'après avoir été la cause de tant de malheurs, je finirais probablement par m'aliéner Joe s'il me croyait. Mais me croirait-il? Ces réflexions me décidèrent à temporiser : je résolus de faire une confession pleine et entière si j'entrevoyais une nouvelle occasion d'aider à découvrir le coupable.

Les constables et les hommes de Bow Street, de Londres, séjournèrent à la maison pendant une semaine ou deux. Ils ne firent pas mieux en cette circonstance que ne font d'ordinaire les agents de l'autorité en pareil cas, du moins d'après ce que j'ai lu ou entendu dire. Ils arrêtèrent des gens à tort et à travers, et se buttèrent la tête contre toutes sortes d'idées fausses en persistant, comme toujours, à vouloir arranger les circonstances d'après les probabilités, au lieu de chercher les probabilités dans les circonstances. Aussi les voyait-on à la porte des *Trois jolis Rateliers* avec l'air réservé de gens qui en savent beaucoup plus qu'ils ne veulent en dire, et cela remplissait tout le village d'admiration. Ils avaient des façons aussi mystérieuses en saisissant leurs verres que s'ils eussent saisi le coupable lui-même; pas tout à fait, cependant, puisqu'ils n'en firent jamais rien.

Longtemps après le départ de ces dignes représentants de la loi, ma sœur était encore au lit très-malade. Elle avait la vue toute troublée, de sorte qu'elle voyait les objets doubles, et souvent elle saisissait un verre ou une tasse à thé imaginaire au lieu d'une réalité. L'ouïe était chez elle gravement affectée, la mémoire aussi, et ses paroles étaient inintelligibles. Quand, plus tard, elle put descendre de sa chambre, il me fallut tenir mon ardoise constamment à sa portée pour qu'elle pût écrire ce qu'elle ne pouvait articuler; mais, comme elle écrivait fort mal, qu'elle était médiocrement forte sur l'orthographe, et que Joe n'était pas non plus un habile lecteur, il s'élevait entre eux des complications extraordinaires, que j'étais toujours appelé à résoudre.

Cependant son caractère s'était considérablement amélioré, elle était devenue même assez patiente. Un tremblement nerveux s'empara de tous ses membres, et ils prirent une incertitude de mouvement qui fit partie de son état habituel; puis, après un intervalle d trois mois, à peine pouvait-elle porter sa main à sa tête, et elle tombait souvent pendant plusieurs semaines dans une tristesse voisine de l'aberration d'esprit. Nous étions très-embarrassés pour lui trouver une garde convenable, lorsqu'une circonstance fortuite nous vint en aide. La grand'tante de M. Wopsle mourut, et celui-ci, voyant l'état dans lequel ma sœur était tombée, laissa Biddy venir la soigner.

Ce fut environ un mois après la réapparition de ma sœur dans la cuisine, que Biddy arriva chez nous avec une petite boîte contenant tous les effets qu'elle possédait au monde. Ce fut une bénédiction pour nous tous et surtout pour Joe, car le cher homme était bien abattu, en contemplant continuellement la lente destruction de sa femme, et il avait coutume, le soir, en veillant à ses côtés, de tourner sur moi de temps à autre ses yeux bleus humides de larmes, en me disant :

« C'était un si beau corps de femme ! mon petit Pip. »

Biddy entra de suite en fonctions et prodigua à ma sœur les soins les plus intelligents, comme si elle n'eût fait que cela depuis son enfance. Joe put alors jouir en quelque sorte de la plus grande tranquillité qu'il eût jamais goûtée durant tout le cours de sa vie, et il eut le loisir de pousser de temps en temps jusqu'aux *Trois jolis Bateliers*, ce qui lui fit un bien extrême. Une chose étonnante, c'est que les gens de la police avaient tous plus ou moins soupçonné le pauvre Joe d'être le coupable sans qu'il s'en doutât, et que, d'un commun accord, ils le regardaient comme un des esprits les plus profonds qu'ils eussent jamais rencontrés.

Le premier triomphe de Biddy, dans sa nouvelle charge, fut de résoudre une difficulté que je n'avais jamais pu surmonter, malgré tous mes efforts. Voici ce que c'était :

Toujours et sans cesse ma sœur avait tracé sur l'ardoise un chiffre qui ressemblait à un *T*; puis elle avait appelé notre attention sur ce chiffre, comme une chose dont elle avait particulièrement besoin. J'avais donc passé en revue tous les mots qui commençaient par un T, depuis Tabac jusqu'à Tyran. A la fin, il m'était venu dans l'idée que cette lettre avait assez la forme d'un marteau, et, ayant prononcé ce mot à l'oreille de ma sœur, elle avait commencé à frapper sur la table en signe d'assentiment. Là-dessus, j'avais apporté tous nos marteaux les uns après les autres, mais sans succès. Puis j'avais pensé à une béquille. J'en empruntai une dans le village, et, plein de confiance, je vins la mettre sous les yeux de ma sœur, mais elle se mit à secouer la tête avec une telle rapidité, que nous eûmes une grande frayeur : faible et brisée comme elle était, nous craignîmes qu'elle ne se disloquât le cou.

Quand ma sœur eut remarqué que Biddy la comprenait très-vite, le signe mystérieux reparut sur l'ardoise. Biddy l'examina avec attention, entendit mes explications, regarda ma sœur, me regarda, regarda Joe, puis elle courut à la forge, suivie par Joe et par moi.

« Mais oui, c'est bien cela ! s'écria Biddy, ne voyez-vous pas que c'est lui ! »

C'était Orlick ! Il n'y avait pas de doute, elle avait oublié son nom et ne pouvait l'indiquer que par son marteau. Biddy le pria de venir dans la cuisine. Orlick déposa tranquillement son marteau, essuya son front avec son bras, puis avec son tablier, et vint en se dandinant avec cette singulière démarche hésitante et sans-souci qui le caractérisait.

Je m'attendais, je le confesse, à entendre ma sœur le dénoncer ; mais les choses tournèrent tout autrement. Elle manifesta le plus grand désir d'être en bons termes avec lui ; elle montra qu'elle était contente qu'on le lui eût amené, et parla de lui offrir quelque chose à boire. Elle examinait sa contenance, comme si elle eût particulièrement souhaité de s'assurer qu'il prenait sa réception en bonne part. Elle manifestait le plus grand désir de se le concilier, et elle avait vis-à-vis de lui cet air d'humble soumission que j'ai souvent remarqué chez les enfants en présence d'un maître sévère. Dans la suite, elle ne passa pas un jour sans dessiner le marteau sur son ardoise, et sans qu'Orlick vînt en se dandinant se placer devant elle, avec sa mine hargneuse, comme s'il ne savait pas plus que moi ce qu'il voulait faire.

CHAPITRE XVII.

Je suivis le cours de mon apprentissage, qui ne fut varié, en dehors des limites du village et des marais, par une autre circonstance remarquable, que par le retour de l'anniversaire de ma naissance, qui me fit rendre ma seconde visite à miss Havisham. Je trouvai Sarah Pocket remplissant toujours sa charge à la porte, et miss Havisham dans l'état où je l'avais laissée. Miss Havisham me parla d'Estelle de la même manière et dans les mêmes termes. L'entrevue ne dura que quelques minutes. En partant, miss Havisham me donna une guinée et me dit de revenir à mon prochain anniversaire. Disons une fois pour toutes que cela devint une habitude annuelle. J'essayai, la première fois, de refuser poliment la guinée, mais ce refus n'eut d'autre effet que de me faire demander avec colère si j'avais compté sur davantage. Après cela, je la pris sans rien dire.

Tout était si peu changé, dans la vieille et triste maison, dans la lumière jaune de cette chambre obscure, et dans ce spectre flétri, assis devant la table de toilette, qu'il me semblait que le temps s'était arrêté comme les pendules, dans ce mystérieux endroit où, pendant que tout vieillissait au dehors, tout restait dans le même état. La lumière du jour n'entrait pas plus dans la maison que mes souvenirs et mes pensées ne pouvaient m'éclairer sur le fait actuel; et cela m'étonnait sans que je pusse m'en rendre compte, et sous cette influence je continuai à haïr de plus en plus mon état et à avoir honte de notre foyer.

Imperceptiblement, je commençai à m'apercevoir qu'un grand changement s'était opéré chez Biddy. Les quartiers de ses souliers étaient relevés maintenant jusqu'à sa cheville, ses cheveux avaient poussé, ils étaient même brillants et lisses, et ses mains étaient toujours propres. Elle n'était pas jolie; étant commune, elle ne pouvait ressembler à Estelle; mais elle était agréable, pleine de santé, et d'un caractère charmant. Il n'y avait pas plus d'un an qu'elle demeurait avec nous; je me souviens même qu'elle venait de quitter le deuil, quand je remarquai un soir qu'elle avait des yeux expressifs, de bons et beaux yeux.

Je fis cette découverte au moment où je levais le nez d'une tâche que j'étais en train de faire : je copiais quelques pages d'un livre que je voulais apprendre par cœur, et je m'exerçais, par cet innocent stratagème, à faire deux choses à la fois. En voyant Biddy qui me regardait et m'observait, je posai ma plume sur la table, et Biddy arrêta son aiguille, mais sans la quitter.

« Biddy, dis-je, comment fais-tu donc? Ou je suis très-bête, ou tu es très-intelligente.

— Qu'est-ce donc que je fais?... je ne sais pas, » répondit Biddy en souriant.

C'était elle qui conduisait tout notre ménage, et étonnamment bien encore, mais ce n'est pas de cette habileté que je voulais parler, quoiqu'elle m'eût étonné bien souvent.

« Comment peux-tu faire, Biddy, dis-je, pour apprendre tout ce que j'apprends? »

Je commençais à tirer quelque vanité de mes connaissances, car pour les acquérir, je dépensais mes guinées d'anniversaire et tout mon argent de poche, bien que je comprenne aujourd'hui qu'à ce prix-là le peu que je savais me revenait extrêmement cher.

« Je pourrais te faire la même question, dit Biddy; comment fais-tu?

— Le soir, quand je quitte la forge, chacun peut me voir me mettre à l'ouvrage, moi; mais toi, Biddy, on ne t'y voit jamais.

— Je suppose que j'attrape la science comme un rhume, » dit tranquillement Biddy.

Et elle reprit son ouvrage.

Poursuivant mon idée, renversé dans mon fauteuil en bois, je regardais Biddy coudre, avec sa tête penchée de côté. Je commençais à voir en elle une fille vraiment extraordinaire, car je me souvins qu'elle était très-savante en tout ce qui concernait notre état, qu'elle connaissait les noms de nos outils et les termes de notre ouvrage. En un mot, Biddy savait théoriquement tout ce que je savais, et elle aurait fait un forgeron tout aussi accompli que moi, si ce n'est davantage.

« Biddy, dis-je, tu es une de ces personnes qui savent tirer parti de toutes les occasions; tu n'en avais jamais eu avant de venir ici, vois maintenant ce que tu as appris. »

Biddy leva les yeux sur moi, puis se remit à coudre.

« C'est moi qui ai été ton premier maître, n'est-ce pas, Pip? dit-elle.

— Biddy! m'écriai-je frappé d'étonnement. Comment, tu pleures?...

— Non, dit Biddy en riant, pourquoi t'imagines-tu cela? »

Ce n'était pas une illusion que je me faisais, j'avais vu une larme brillante tomber sur son ouvrage. Je me rappelais quel pauvre souffre-douleur elle avait été jusqu'au jour où la grand'tante de M. Wopsle avait perdu la mauvaise habitude de vivre, habitude si difficile à perdre pour certaines personnes. Je me rappelais les misérables circonstances au milieu desquelles elle s'était trouvée dans la pauvre boutique et dans la bruyante école du soir. Je réfléchissais que, même dans ces temps malheureux, il devait y avoir eu en Biddy quelque talent caché, qui se développait maintenant, car dans mon premier mécontentement de moi-même, c'est à elle que j'avais demandé aide et assistance. Biddy causait tranquillement, elle ne pleurait plus, et il me semblait, en songeant à tout cela et en la regardant, que je n'avais peut-être pas été suffisamment reconnaissant envers elle ; que j'avais été trop réservé, et surtout que je ne l'avais pas assez honorée, ce n'est peut-être pas précisément le mot dont je me servais dans mes méditations, de ma confiance.

« Oui, Biddy, dis-je, après avoir mûrement réfléchi, tu as été mon premier maître, et cela à une époque où nous ne pensions guère nous trouver un jour réunis dans cette cuisine.

— Ah! la pauvre créature! s'écria Biddy, comme si cette remarque lui eût rappelé qu'elle avait oublié pendant quelques instants d'aller voir si ma sœur avait besoin de quelque chose, c'est malheureusement vrai!

— Eh bien! dis-je, il faut causer ensemble un peu plus souvent, et pour moi, je te consulterai aussi comme autrefois. Dimanche prochain, allons faire une tranquille promenade dans les marais, Biddy, et nous causerons tout à notre aise. »

Ma sœur ne restait jamais seule; mais Joe voulut bien prendre soin d'elle toute l'après-midi du dimanche, et Biddy et moi nous sortîmes ensemble. C'était par un beau jour d'été. Quand nous eûmes traversé le village, passé l'église et puis le cimetière, et que nous fûmes sortis des marais, j'aperçus les voiles des vaisseaux gonflées par le vent; et je commençai alors, comme toujours, à mêler miss Havisham et Estelle aux objets que j'avais sous les yeux. Nous nous assîmes au bord de la rivière, où l'eau en bouillonnant venait se briser sous nos pieds; et ce doux murmure rendait encore le paysage plus silencieux qu'il ne l'eût été sans lui. Je trouvai que l'heure et le lieu étaient admirablement choisis pour faire mes plus intimes confidences à Biddy.

« Biddy, dis-je, après lui avoir recommandé le secret, je veux devenir un monsieur..

— Oh! moi, à ta place, je n'y tiendrais pas! répondit-elle; ça n'est pas la peine.

— Biddy, repris-je d'un ton un peu sévère, j'ai des raisons toutes particulières pour vouloir devenir un monsieur.

— Tu dois les savoir mieux que personne, Pip; mais ne penses-tu pas être plus heureux tel que tu es?

— Biddy! m'écriai-je avec impatience, je ne suis pas heureux du tout comme je suis. Je suis dégoûté de mon état et de la vie que je mène. Je n'ai jamais pu y prendre goût depuis le commencement de mon apprentissage. Voyons, Biddy, ne sois donc pas bête.

— Ai-je dit quelque bêtise? dit Biddy en levant tranquillement les yeux et les sourcils. J'en suis fâchée, je ne l'ai pas fait exprès. Tout ce que je désire, c'est de te voir heureux et en bonne position.

— Eh bien! alors, sache une fois pour toutes que jamais je ne serai heureux ; qu'au contraire, Biddy, je serai toujours misérable, tant que je ne mènerai pas une vie autre que celle que je mène aujourd'hui.

— C'est dommage! » dit Biddy en secouant la tête avec tristesse.

Dans ce singulier combat que je soutenais avec moi-même, j'avais si souvent pensé que c'était dommage de penser ainsi, qu'au moment où Biddy avait traduit en paroles ses sensations et les miennes, je fus presque sur le point de verser des larmes de dépit et de chagrin. Je lui répondis qu'elle avait raison ; que je sentais que cela était très-regrettable, mais que je n'y pouvais rien.

« Si j'avais pu m'y habituer, dis-je en arrachant quelques brins d'herbe pour donner le change à mes sentiments, comme le jour où, dans la brasserie de miss Havisham, j'avais arraché mes cheveux et les avais foulés aux pieds; si j'avais pu m'y faire, ou si seulement j'avais pu conserver la moitié du goût que j'avais pour la forge, quand j'étais tout petit, je sais que cela eût beaucoup mieux valu pour moi. Toi, Joe et moi, nous n'eussions manqué de rien. Joe et moi, nous eussions été associés après mon apprentissage, et j'aurais pu t'épouser et nous serions venus nous asseoir ici par un beau dimanche, bien différents l'un pour l'autre de ce que nous sommes aujourd'hui. J'aurais toujours été assez bon pour toi, n'est-ce pas Biddy? »

Biddy soupira en regardant les vaisseaux passer au loin et répondit :

« Oui, je ne suis pas très-difficile. »

Je ne pouvais prendre cela pour une flatterie; mais

je savais qu'elle n'y mettait pas de mauvaise intention.

« Au lieu de cela, dis-je en continuant à arracher quelques brins d'herbe et à en mâcher un ou deux; vois comme je vis, mécontent et malheureux.... Et que m'importerait d'être grossier et commun, si personne ne me l'avait dit! »

Biddy se retourna tout à coup de mon côté et me regarda avec plus d'attention qu'elle n'avait regardé les vaisseaux.

« Ce n'était pas une chose très-vraie ni très-polie à dire, fit-elle en détournant les yeux aussitôt. Qui t'a dit cela? »

Je fus déconcerté, car je m'étais lancé dans mes confidences sans savoir où j'allais; il n'y avait pas à reculer maintenant, et je répondis :

« La charmante jeune demoiselle qui est chez miss Havisham. Elle est plus belle que personne ne l'a jamais été; je l'admire et je l'adore, et c'est à cause d'elle que je veux devenir un monsieur. »

Après cette folle confession, je jetai toute l'herbe que j'avais arrachée dans la rivière, comme si j'avais eu envie de la suivre et de me jeter après elle.

« Est-ce pour lui faire éprouver du dépit, ou pour lui plaire, que tu veux devenir un monsieur? demanda Biddy, après un moment de silence.

— Je n'en sais rien, répondis-je de mauvaise humeur.

— Parce que, si c'est pour lui donner du dépit, continua Biddy, je crois que tu y parviendras plus facilement en ne tenant aucun compte de ses paroles; et si c'est pour lui plaire, je pense qu'elle n'en vaut pas la peine. Du reste, tu dois le savoir mieux que personne. »

C'était exactement ce que j'avais pensé bien des fois, et ce qui, dans ce moment, me paraissait de la plus parfaite évidence ; mais comment moi, pauvre garçon de village, aurais-je pu éviter cette inconséquence étonnante, dans laquelle les hommes les plus sages et les meilleurs tombent chaque jour ?

« Tout cela peut être vrai, dis-je à Biddy, mais je la trouve si belle ! »

En disant ces mots, je détournai brusquement ma figure, je saisis une bonne poignée de cheveux de chaque côté de ma tête, et je les arrachai violemment, tout en ayant bien conscience, pendant tout ce temps, que la folie de mon cœur était si absurde et si déplacée que j'aurais bien mieux fait, au lieu de détourner ma face et de me tirer les cheveux, de cogner ma tête contre une muraille pour la punir d'appartenir à un idiot tel que moi.

Biddy était la plus raisonnable des filles, et elle n'essaya plus de me convaincre. Elle mit sa main, main fort agréable, quoique un peu durcie par le travail, sur les miennes ; elle les détacha gentiment de mes cheveux, puis elle me frappa doucement sur l'épaule pour tâcher de m'apaiser, tandis que, la tête dans ma manche, je versai quelques larmes, exactement comme j'avais fait dans la brasserie, et je sentis vaguement au fond de mon cœur qu'il me semblait que j'étais fort maltraité par quelqu'un ou par tout le monde, je ne sais lequel des deux.

« Je me réjouis d'une chose, dit Biddy, c'est que tu aies senti que tu pouvais m'accorder ta confiance, Pip, et d'une autre encore, c'est que tu sais que je la mériterai toujours, et que je ferai tout pour la conserver. Quant à ta première institutrice, pauvre institutrice qui a tant elle-même à apprendre ! si elle était ton institutrice en ce moment-ci, elle sait bien quelle leçon elle te donnerait, mais ce serait une rude leçon à apprendre; et, comme maintenant tu en sais plus qu'elle, ça ne servirait à rien. »

En disant cela, Biddy soupira et eut l'air de me plaindre; puis elle se leva, et me dit avec un changement agréable dans la voix :

« Allons-nous un peu plus loin ou rentrons-nous à la maison?

— Biddy! m'écriai-je en me levant, en jetant mes bras à son cou et en l'embrassant, je te dirai toujours tout.

— Jusqu'au jour où tu seras devenu un monsieur, dit Biddy.

— Tu sais bien que je ne serai jamais un vrai monsieur, ce sera donc toujours ainsi, non pas que j'aie quelque chose à te dire, car tu sais maintenant tout ce que je pense et tout ce que je sais.

— Ah! murmura Biddy, en portant ses yeux sur l'horizon; puis elle reprit sa plus douce voix pour me dire de nouveau: allons-nous un peu plus loin ou rentrons-nous à la maison? »

Je dis à Biddy que nous irions un peu plus loin. C'est ce que nous fîmes; et cette charmante après-midi d'été se changea en un soir d'été magnifique. Je commençais à me demander si je n'étais pas infiniment mieux sous tous les rapports, et plus naturellement placé dans les conditions où je me trouvais depuis mon enfance, que de jouer à la bataille dans une chambre éclairée par une chandelle, où les pendules étaient arrêtées et où j'étais méprisé par Estelle. Je pensais que ce serait un grand bonheur si je pouvais m'ôter Estelle de la tête, ainsi que toutes mes folles imaginations et tous mes souvenirs, et si je pouvais prendre goût au travail, m'y attacher et réussir. Je me demandais si Estelle étant à côté de moi à la place de Biddy, elle ne m'eût pas rendu très-malheureux. J'étais obligé de convenir que cela était très-certain, et je me dis à moi-même :

« Pip, quel imbécile tu fais, mon pauvre garçon ! »

Nous parlions beaucoup tout en marchant, et tout ce que disait Biddy me semblait juste. Biddy n'était jamais impolie ni capricieuse ; elle n'était pas Biddy un jour et une autre personne le lendemain. Elle eût éprouvé de la peine et non du plaisir à me faire du chagrin, et elle eût de beaucoup préféré blesser son propre cœur que de blesser le mien. Comment se faisait-il donc que je ne l'aimais pas mieux que l'autre ?

« Biddy, disais-je, tout en retournant au logis, je voudrais que tu puisses me ramener au sens commun.

— Je le voudrais aussi, répondit Biddy.

— Si seulement je pouvais devenir amoureux de toi.... Ne te fâche pas si je parle aussi franchement à une vieille connaissance....

— Oh ! pas du tout, mon cher Pip, dit Biddy ; ne t'inquiète pas de moi.

— Si je pouvais seulement le faire, c'est tout ce qu'il me faudrait.

— Mais tu le vois, mon pauvre Pip, tu ne pourras jamais, » dit Biddy.

A ce moment de la soirée, la chose ne me paraissait pas aussi invraisemblable qu'elle m'eût paru si nous avions discuté cette question quelques heures auparavant. Je dis donc que je n'en étais pas tout à fait sûr. Biddy dit qu'elle en était bien certaine, et elle le dit d'une manière décisive. Au fond de mon cœur, je sentais qu'elle avait raison, et cependant j'étais peu satisfait de la voir si affirmative sur ce point.

En approchant du cimetière, nous eûmes à traverser un remblai et à franchir une barrière près de l'écluse. Nous vîmes apparaître tout à coup le vieil Orlick; il sortait de l'écluse, des joncs ou de la vase.

« Hola! fit-il, où allez-vous donc, vous deux?
— Où irions-nous, si ce n'est à la maison?
— Eh bien! je veux que le diable m'emporte si je ne vais pas avec vous pour vous voir rentrer! »

C'était sa manie, à cet homme, de vouloir que le diable l'emportât. Peut-être n'attachait-il pas d'importance à ce mot, mais il s'en servait comme de son nom de baptême pour en imposer au pauvre monde et faire naître l'idée de quelque chose d'épouvantablement nuisible. Lorsque j'étais plus jeune, je me figurais généralement que si le diable m'emportait personnellement, il ne le ferait qu'avec un croc recourbé, bien trempé et bien pointu. Biddy n'était pas d'avis qu'il vînt avec nous, et elle me disait tout bas:

« Ne le laisse pas venir, je ne l'aime pas. »

Comme moi-même je ne l'aimais pas non plus, je pris la liberté de lui dire que nous le remerciions beaucoup, mais que nous n'avions pas besoin qu'on nous vît rentrer. Orlick accueillit mes paroles avec un éclat de rire et s'arrêta; mais, bientôt après, il nous suivit à distance, tout en clopinant.

Voulant savoir si Biddy le soupçonnait d'avoir prêté la main à la tentative d'assassinat contre ma sœur, dont celle-ci n'avait jamais pu rendre compte, je lui demandai pourquoi elle ne l'aimait pas.

« Oh! dit-elle en le regardant par-dessus son épaule, pendant qu'il tâchait de nous rattraper d'un pas lourd, c'est que je crains qu'il ne m'aime.

— T'a-t-il jamais dit qu'il t'aimait? demandai-je d'un air indigné.

— Non, dit Biddy, en jetant de nouveau un regard en arrière ; il ne me l'a jamais dit ; mais il se met à danser devant moi toutes les fois qu'il s'aperçoit que je le regarde. »

Quelque nouveau et singulier que me parût ce témoignage d'attachement, je ne doutais pas un seul instant de l'exactitude de l'interprétation de Biddy. Je m'échauffais à l'idée que le vieil Orlick osât l'admirer, comme je me serais échauffé s'il m'eût outragé moi-même.

« Mais cela n'a rien qui puisse t'intéresser, ajouta Biddy avec calme.

— Non, Biddy, c'est vrai ; seulement je n'aime pas cela, et je ne l'approuve pas.

— Ni moi non plus, dit Biddy, bien que cela doive t'être bien égal.

— Absolument, lui dis-je ; mais je dois avouer que j'aurais une bien faible opinion de toi, Biddy, s'il dansait devant toi, de ton propre consentement. »

J'eus l'œil sur Orlick par la suite, et toutes les fois qu'une circonstance favorable se présentait pour qu'il manifestât à Biddy l'émotion qu'elle lui causait, je me mettais entre lui et elle, pour atténuer cette démonstration. Orlick avait pris pied dans la maison de Joe, surtout depuis l'affection que ma sœur avait prise pour lui ; sans cela, j'aurais essayé de le faire renvoyer. Orlick comprenait parfaitement mes bonnes intentions à son égard, et il y avait de sa part réciprocité, ainsi que j'eus occasion de l'apprendre par la suite. Or, comme si mon esprit n'eût pas été déjà assez troublé, j'en augmentai encore la confusion en pensant, à certains jours et à certains moments, que Biddy valait énormément mieux qu'Estelle, et que la vie de travail simple et honnête dans laquelle j'étais né n'avait rien dont on dût rougir, mais qu'elle offrait au contraire des ressources fort suffisantes de considération et de bonheur. Ces jours-là, j'arrivais à conclure que mon antipathie pour le pauvre vieux Joe et la forge s'était dissipée, et que j'étais en bon chemin pour devenir l'associé de Joe et le compagnon de Biddy.... quand tout à coup un souvenir confus des jours passés chez miss Havisham fondait sur moi comme un trait meurtrier, et bouleversait de nouveau mes pauvres esprits. Une fois troublés, j'avais de la peine à les rassembler, et souvent, avant que j'eusse pu m'en rendre maître, ils se dispersaient dans toutes les directions, à la seule idée que peut-être, après tout, une fois mon apprentissage terminé, miss Havisham se chargerait de ma fortune.

Si mon apprentissage eût continué, je n'ose affirmer que je serais resté jusqu'au bout dans ces mêmes perplexités; mais il fut interrompu prématurément, ainsi qu'on va le voir.

CHAPITRE XVIII.

C'était un samedi soir de la quatrième année de mon apprentissage chez Joe. Un groupe entourait le feu des *Trois jolis Bateliers* et prêtait une oreille attentive à M. Wopsle, qui lisait le journal à haute voix. Je faisais partie de ce groupe.

Un crime qui causait grande rumeur dans le public venait d'être commis, et M. Wopsle, en le racontant, avait l'air d'être plongé dans le sang jusqu'aux sourcils. Il appuyait sur chaque adjectif exprimant l'horreur, et s'identifiait avec chacun des témoins de l'enquête. Nous l'entendions gémir comme la victime : « C'en est fait de moi ! » et comme l'assassin, mugir d'un ton féroce : « Je vais régler votre compte ! » Il nous fit la déposition médicale, en imitant sans s'y tromper le praticien de notre endroit. Il bégaya en tremblant comme le vieux gardien de la barrière qui avait entendu les coups, avec une imitation si parfaite de cet invalide à moitié paralysé, qu'il était permis de douter de la compétence morale de ce témoin. Entre les mains de M. Wopsle, le coroner devint Timon d'Athènes, et le bedeau, Coriolan. M. Wopsle était enchanté de lui-même et nous en étions tous enchantés aussi. Dans cet agréable état d'esprit, nous rendîmes un verdict de meurtre avec préméditation.

Alors, et seulement alors, je m'aperçus de la présence d'un individu étranger au pays qui était assis sur le banc en face de moi, et qui regardait de mon côté. Un certain air de mépris régnait sur son visage, et il mordait le bout de son énorme index, tout en examinant les figures des spectateurs qui entouraient M. Wopsle.

« Eh bien ! dit-il à ce dernier, dès que celui-ci eut terminé sa lecture, vous avez arrangé tout cela à votre satisfaction, je n'en doute pas ? »

Chacun leva les yeux et tressaillit, comme si c'eût été l'assassin. Il nous regarda d'un air froid et tout à fait sarcastique.

« Coupable, c'est évident, fit-il. Allons, voyons, dites !

— Monsieur, répondit M. Wopsle, sans avoir l'air de vous connaître, je n'hésite pas à vous répondre : coupable, en effet ! »

Là-dessus, nous reprîmes tous assez de courage pour faire entendre un léger murmure d'approbation.

« Je le savais, dit l'étranger, je savais ce que vous pensiez et ce que vous disiez ; mais je vais vous faire une question. Savez-vous, ou ne savez-vous pas que la loi anglaise suppose tout homme innocent, jusqu'à ce qu'on ait prouvé.... prouvé.... et encore prouvé qu'il est coupable.

— Monsieur, commença M. Wopsle, en ma qualité d'Anglais, je....

— Allons ! dit l'étranger à M. Wopsle, en mordant son index, n'éludez pas la question. Ou vous le savez, ou vous ne le savez pas. Lequel des deux ? »

Il tenait sa tête en avant, son corps en arrière,

d'une façon interrogative, et il étendait son index vers M. Wopsle.

« Allons, dit-il, le savez-vous ou ne le savez-vous pas?

— Certainement, je le sais, répondit M. Wopsle.

— Alors, pourquoi ne l'avez-vous pas dit de suite? Je vais vous faire une autre question, continua l'étranger, en s'emparant de M. Wopsle, comme s'il avait des droits sur lui : Savez-vous qu'aucun des témoins n'a encore subi de contre-interrogatoire? »

M. Wopsle commençait :

« Tout ce que je puis dire, c'est que.... »

Quand l'étranger l'arrêta.

« Comment, vous ne pouvez pas répondre : oui ou non !... Je vais vous éprouver encore une fois. »

Il étendit son doigt vers lui.

« Attention ! Savez-vous ou ne savez-vous pas qu'aucun des témoins n'a encore subi de contre-interrogatoire?... Allons, je ne vous demande qu'un mot : Oui ou non? »

M. Wopsle hésita, et nous commencions à avoir de lui une assez pauvre opinion.

« Allons, dit l'étranger, je viens à votre secours; vous ne le méritez pas, mais j'y viens. Jetez un coup d'œil sur ce papier que vous tenez à la main. Qu'est-ce que c'est?

— Qu'est-ce que c'est? répéta M. Wopsle interloqué.

— Est-ce, continua l'étranger, d'un ton sarcastique et soupçonneux, est-ce le papier imprimé dans lequel vous venez de lire?

— Sans doute.

— Sans doute. Maintenant, revenons à ce journal, et dites-moi s'il constate que le prisonnier a dit positivement que ses conseils légaux lui avaient conseillé de réserver sa défense?

— J'ai lu cela tout à l'heure, commença M. Wopsle.

— Qu'importe ce que vous avez lu? Vous pouvez lire le *Pater* à rebours si cela vous fait plaisir, et cela à dû vous arriver plus d'une fois. Cherchez dans le journal.... Non, non, non mon ami, pas en haut de la colonne, vous devez bien le savoir; en bas, en bas. »

Nous commencions tous à voir en M. Wopsle un homme rempli de subterfuges.

« Eh bien! y êtes-vous?

— Voici, dit M. Wopsle.

— Bien. Suivez maintenant le passage et dites-moi s'il annonce positivement que le prisonnier a dit que ses conseils légaux lui ont conseillé de réserver sa défense. Allons! y a-t-il cela?

— Ce ne sont pas là les mots exacts, répondi M. Wopsle.

— Pas les mots exacts, soit, répéta l'inconnu avec amertume, mais est-ce bien la même substance?

— Oui, dit M. Wopsle.

— Oui! répéta l'étranger en promenant son regard sur la compagnie et tenant sa main étendue vers le témoin Wopsle; et maintenant je vous demande ce que vous pensez d'un homme qui, ayant ce passage sous les yeux, peut s'endormir tranquillement après avoir déclaré coupable un de ses semblables, sans même l'avoir entendu? »

Nous nous mîmes tous à soupçonner que M. Wopsle n'était pas du tout l'homme que nous avions pensé jusque-là, et que la vérité sur son compte commençait à se faire jour.

« Et souvenez-vous que ce même homme, continua l'étranger en dirigeant lourdement son doigt vers

M. Wopsle, que ce même homme pourrait être appelé à siéger comme juré dans ce même procès, après s'être ainsi prononcé d'avance, et qu'il retournerait au sein de sa famille et mettrait tranquillement sa tête sur son oreiller, après avoir juré d'écouter avec impartialité, et de juger de même, entre le roi, notre souverain maître, et le prisonnier amené à la barre, et de rendre un verdict basé sur l'entière évidence.... Que Dieu lui vienne en aide ! »

Nous étions tous persuadés maintenant que l'infortuné M. Wopsle avait été trop loin, et qu'il ferait mieux d'abandonner cette voie dangereuse pendant qu'il en était encore temps. L'étrange individu, avec un air d'autorité incontestable et une manière de nous faire comprendre qu'il savait sur chacun de nous quelque chose de secret, qu'il ne tenait qu'à lui de dévoiler, quitta sa place et vint se placer dans l'espace laissé libre entre les bancs, où il resta debout devant le feu, sa main gauche dans sa poche et l'index de sa main droite dans sa bouche.

« D'après les informations que j'ai reçues, dit-il, en nous passant en revue, j'ai quelque raison de croire qu'il y a parmi vous un forgeron du nom de Joseph ou Joe Gargery. Qui est-ce?

— Le voici, » fit Joe.

L'étrange individu lui fit signe de quitter sa place, ce que Joe fit aussitôt.

« Vous avez un apprenti, continua l'étranger, vulgairement connu sous le nom de Pip. Est-il ici?

— Me voici, » m'écriai-je.

L'étranger ne me reconnut pas, mais moi je le reconnus pour le même monsieur que j'avais rencontré sur l'escalier, lors de ma seconde visite à miss Havisham. Il était trop reconnaissable pour que j'eusse pu l'oublier. Je l'avais reconnu dès que je l'avais aperçu sur le banc, occupé à nous regarder, et maintenant qu'il avait la main sur mon épaule, je pouvais l'examiner tout à mon aise. C'était bien la même tête large, le même teint brun, les mêmes yeux, les mêmes sourcils épais, la même grosse chaîne de montre, les mêmes gros points noirs à la place de la barbe et des favoris, et jusqu'à l'odeur de savon que j'avais sentie sur sa grande main.

« Je désire avoir un entretien particulier avec vous deux, dit-il, après m'avoir examiné à loisir. Cela demandera quelque temps ; peut-être ferions-nous mieux de nous rendre chez vous. Je préfère ne pas commencer ici la communication que j'ai à vous faire. Après, vous en raconterez à vos amis, peu ou beaucoup, comme il vous plaira, cela ne me regarde pas. »

Au milieu d'un imposant silence, nous sortîmes tous les trois des *Trois jolis Bateliers*. Tout en marchant, l'étranger jetait de temps à autre un regard de mon côté ; et il lui arrivait aussi parfois de mordre son doigt. En approchant de la maison, Joe, ayant un vague pressentiment que la circonstance devait être importante et demandait une certaine cérémonie, courut en avant pour ouvrir la grande porte. Notre conférence eut lieu dans le salon de gala, que rehaussait fort peu l'éclat d'une seule chandelle.

L'étrange personnage commença par s'asseoir devant la table, tira à lui la chandelle et parcourut quelques paperasses contenues dans son portefeuille, puis il déposa ce portefeuille sur la table, mit la chandelle un peu de côté, et après avoir cherché à découvrir dans l'obscurité l'endroit où Joe et moi nous étions placés :

« Je me nomme Jaggers, dit-il, et je suis homme

de loi à Londres, où mon nom est assez connu. J'ai une affaire singulière à traiter avec vous, et je commence par vous dire que ce n'est pas moi personnellement qui l'ai conçue ; si l'on m'avait demandé mon avis, je ne serais pas ici.... On ne me l'a pas demandé, c'est pourquoi vous me voyez. Je fais ce que j'ai à faire comme agent confidentiel d'un autre, rien de plus, rien de moins. »

Trouvant sans doute qu'il ne nous distinguait pas assez bien de sa place, il se leva, jeta une de ses jambes sur le dos d'une chaise, et resta ainsi, un pied sur la chaise et l'autre à terre.

« Maintenant, Joseph Gargery, je suis porteur d'une offre pour vous débarrasser de ce jeune homme, votre apprenti. Refuseriez-vous d'annuler son contrat, s'il vous le demandait dans son intérêt et ne demanderiez-vous pas de dédommagement ?

— Que Dieu me garde de demander quoi que ce soit, pour aider mon petit Pip à parvenir ! dit Joe tout étonné, en ouvrant de grands yeux.

— Que Dieu me garde est très-pieux, mais n'a absolument rien à faire ici, répondit Jaggers. La question est : Voulez-vous quelque chose pour cela ? Demandez-vous quelque chose ?

— La réponse, riposta sévèrement Joe, est : Non ! »

Il me semble qu'à ce moment M. Jaggers regarda Joe comme s'il découvrait un fameux niais, à cause de son désintéressement ; mais j'étais trop surpris et ma curiosité trop éveillée pour en être bien certain.

« Très-bien, dit M. Jaggers ; rappelez-vous ce que vous venez d'admettre, et n'essayez pas de revenir là-dessus tout à l'heure.

— Qui est-ce qui essaye de revenir sur quoi que ce soit ? repartit Joe.

— Je ne dis pas qu'on essaye. Connaissez-vous certain proverbe ?

— Oui, je connais les proverbes, dit Joe.

— Mettez-vous alors dans la tête qu'un tiens vaut mieux que deux tu l'auras, et que quand on peut tenir, il ne faut pas lâcher. Mettez-vous bien cela dans la tête, n'est-ce pas ? répéta M. Jaggers, en fermant les yeux et en faisant un signe de tête à Joe, comme s'il cherchait à se rappeler quelque chose qu'il oubliait. Maintenant, revenons à ce jeune homme et à la communication que j'ai à vous faire. Il a de grandes espérances. »

Joe et moi nous ouvrîmes la bouche et nous nous regardâmes l'un l'autre.

« Je suis chargé de lui apprendre, dit M. Jaggers en jetant son doigt de mon côté, qu'il doit prendre immédiatement possession d'une fort belle propriété ; de plus, que c'est le désir du possesseur actuel de cette belle propriété qu'il sorte sans retard de ses habitudes actuelles et soit élevé en jeune homme comme il faut ; en jeune homme qui a de grandes espérances. »

Mon rêve était éclos, les folles fantaisies de mon imagination étaient dépassées par la réalité, miss Havisham se chargeait de ma fortune sur une grande échelle.

« Maintenant, monsieur Pip, poursuivit l'homme de loi, c'est à vous que j'adresse ce qui me reste à dire. *Primo*, vous saurez que la personne qui m'a donné mes instructions exige que vous portiez toujours le nom de Pip. Vous n'avez nulle objection, je pense, à faire ce petit sacrifice à vos grandes espérances. Mais si vous voyez quelques objections, c'est maintenant qu'il faut les faire. »

Mon cœur battait si vite et les oreilles me tintaient si fort, que c'est à peine si je pus bégayer :

« Je n'ai aucune objection à faire à toujours porter le nom de Pip.

— Je le pense bien ! *Secundo*, monsieur Pip, vous saurez que le nom de la personne.... de votre généreux bienfaiteur doit rester un profond secret pour tous et même pour vous jusqu'à ce qu'il plaise à cette personne de le révéler. Je suis à même de vous dire que cette personne se réserve de vous dévoiler ce mystère de sa propre bouche, à la première occasion. Cette envie lui prendra-t-elle ? je ne saurais le dire, ni personne non plus.... Maintenant, vous devez bien comprendre qu'il vous est très-positivement défendu de faire aucune recherche sur ce sujet, ou même aucune allusion, quelque éloignée qu'elle soit, sur la personne que vous pourriez soupçonner. Dans toutes les communications que vous devez avoir avec moi, si vous avez des soupçons au fond de votre cœur, gardez-les. Il est inutile de chercher dans quel but on vous fait ces défenses ; qu'elles proviennent d'un simple caprice ou des raisons les plus graves et les plus fortes, ce n'est pas à vous de vous en occuper. Voilà les conditions que vous devez accepter dès à présent, et vous engager à remplir. C'est la seule chose qu'il me reste à faire des instructions que j'ai reçues de la personne qui m'envoie, et pour laquelle je ne suis pas autrement responsable.... Cette personne est la personne sur laquelle reposent toutes vos espérances. Ce secret est connu seulement de cette personne et de moi. Encore une fois ces conditions ne sont pas difficiles à observer ; mais si vous avez quelques objections à faire, c'est le moment de les produire. »

Je balbutiai de nouveau et avec la même difficulté :

« Je n'ai aucune objection à faire à ce que vous me dites.

— Je le pense bien ! Maintenant, monsieur Pip, j'ai fini d'énumérer mes stipulations. »

Bien qu'il m'appelât M. Pip et commençât à me traiter en homme, il ne pouvait se débarrasser d'un certain air important et soupçonneux; il fermait même de temps en temps les yeux et jetait son doigt de mon côté tout en parlant, comme pour me faire comprendre qu'il savait sur mon compte bien des choses dont il ne tendit qu'à lui de parler.

« Nous arrivons, maintenant, dit-il, aux détails de l'arrangement. Vous devez savoir que, quoique je me sois servi plus d'une fois du mot : espérances, on ne vous donnera pas que des espérances seulement. J'ai entre les mains une somme d'argent qui suffira amplement à votre éducation et à votre entretien. Vous voudrez bien me considérer comme votre tuteur. Oh ! ajouta-t-il, comme j'allais le remercier, sachez une fois pour toutes qu'on me paye mes services et que sans cela je ne les rendrais pas. Il faut donc que vous receviez une éducation en rapport avec votre nouvelle position, et j'espère que vous comprendrez la nécessité de commencer dès à présent à acquérir ce qui vous manque. »

Je répondis que j'en avais toujours eu grande envie.

« Il importe peu que vous en ayez toujours eu l'envie, monsieur Pip, répliqua M. Jaggers, pourvu que vous l'ayez maintenant. Me promettez-vous que vous êtes prêt à entrer de suite sous la direction d'un précepteur? Est-ce convenu?

— Oui, répondis-je, c'est convenu.

— Très-bien. Maintenant, il faut consulter vos inclinations. Je ne trouve pas que ce soit agir sagement; mais je fais ce qu'on m'a dit de faire. Avez-vous entendu parler d'un maître que vous préfériez à un autre? »

Je n'avais jamais entendu parler d'aucun maître que de Biddy et de la grand'tante de M. Wopsle, je répondis donc négativement.

« Je connais un certain maître, qui, je crois, remplirait parfaitement le but que l'on se propose, dit M. Jaggers, je ne vous le recommande pas, remarquez-le bien, parce que je ne recommande jamais personne; le maître dont je parle un est certain M. Mathieu Pocket.

— Ah! fis-je tout saisi, en entendant le nom du parent de miss Havisham, le Mathieu dont Mrs et M. Camille avaient parlé, le Mathieu qui devait être placé à la tête de miss Havisham, quand elle serait étendue morte sur la table.

— Vous connaissez ce nom? » dit M. Jaggers, en me regardant d'un air rusé et en clignant des yeux, en attendant ma réponse.

Je répondis que j'avais déjà entendu prononcer ce nom.

« Oh! dit-il, vous l'avez entendu prononcer; mais qu'en pensez-vous? »

Je dis, ou plutôt j'essayai de dire, que je lui étais on ne peut plus reconnaissant de cette recommandation.

« Non, mon jeune ami! interrompit-il en secouant tout doucement sa large tête. Recueillez-vous... cherchez.... »

Tout en me recueillant, mais ne trouvant rien, je répétai que je lui étais très-reconnaissant de sa recommandation.

« Non, mon jeune ami, fit-il en m'interrompant de nouveau; puis, fronçant les sourcils et souriant tout à la fois : Non.... non.... non.... c'est très-bien, mais ce n'est pas cela. Vous êtes trop jeune pour que je me contente de cette réponse : recommandation n'est pas le mot, monsieur Pip; trouvez-en un autre. »

Me reprenant, je lui dis alors que je lui étais fort obligé de m'avoir indiqué M. Mathieu Pocket.

« C'est mieux ainsi ! » s'écria M. Jaggers.

Et j'ajoutai :

« Je serais bien aise d'essayer de M. Mathieu Pocket.

— Bien ! Vous ferez mieux de l'essayer chez lui. On le préviendra. Vous pourrez d'abord voir son fils qui est à Londres. Quand viendrez-vous à Londres ? »

Je répondis en jetant un coup d'œil du côté de Joe, qui restait immobile et silencieux :

« Je suis prêt à m'y rendre de suite.

— D'abord, dit M. Jaggers, il vous faut des habits neufs, au lieu de ces vêtements de travail. Disons donc d'aujourd'hui en huit jours.... Vous avez besoin d'un peu d'argent.... faut-il vous laisser une vingtaine de guinées ? »

Il tira de sa poche une longue bourse, compta avec un grand calme vingt guinées, qu'il mit sur la table et les poussa devant moi. C'était la première fois qu'il retirait sa jambe de dessus la chaise. Il se rassit les jambes écartées, et se mit à balancer sa longue bourse en lorgnant Joe de côté.

« Eh bien ! Joseph Gargery, vous paraissez confondu ?

— Je le suis, dit Joe d'un ton très-décidé.

— Il a été convenu que vous ne demanderiez rien pour vous, souvenez-vous-en.

— Ça a été convenu, répondit Joe, c'est bien entendu et ça ne changera pas, et je ne vous demanderai jamais rien de semblable.

— Mais, dit M. Jaggers en balançant sa bourse, si

j'avais reçu les instructions nécessaires pour vous faire un cadeau comme compensation ?

— Comme compensation de quoi ? demanda Joe.

— De la perte de ses services. »

Joe appuya sa main sur mon épaule, aussi délicatement qu'une femme. J'ai souvent pensé depuis qu'il ressemblait, avec son mélange de force et de douceur, à un marteau à vapeur, qui peut aussi bien broyer un homme que frapper légèrement une coquille d'œuf.

« C'est avec une joie que rien ne peut exprimer, dit-il, et de tout mon cœur, que j'accueille le bonheur de mon petit Pip. Il est libre d'aller aux honneurs et à la fortune, et je le tiens quitte de ses services. Mais ne croyez pas que l'argent puisse compenser pour moi la perte de l'enfant que j'ai vu grandir dans la forge, et qui a toujours été mon meilleur ami !... »

O ! bon et cher Joe, que j'étais si près de quitter avec tant d'indifférence, je te vois encore passer ton robuste bras de forgeron sur tes yeux ! Je vois encore ta large poitrine se gonfler, et j'entends ta voix expirer dans des sanglots étouffés ! O ! cher, bon, fidèle et tendre Joe ! je sens le tremblement affectueux de ta grosse main sur mon bras aussi solennellement aujourd'hui que si c'était le frôlement de l'aile d'un ange.

Mais, à ce moment, j'encourageais Joe. J'étais ébloui par ma fortune à venir, et il me semblait impossible de revenir sur mes pas par les sentiers que nous avions parcourus ensemble. Je suppliai Joe de se consoler, puisque, comme il le disait, nous avions toujours été les meilleurs amis du monde, et, comme je le disais, moi, que nous le serions toujours. Joe s'essuya les yeux avec celle de ses mains qui restait libre, et il n'ajouta pas un seul mot.

M. Jaggers avait vu et entendu tout cela, comme un

homme prévenu que Joe était l'idiot du village, et moi son gardien. Quand ce fut fini, il pesa dans sa main la bourse qu'il avait cessé de faire balancer.

« Maintenant, Joseph Gargery, je vous avertis que ceci est votre dernier recours. Je ne connais pas de demi-mesures : si vous voulez le cadeau que je suis chargé de vous faire, parlez et vous l'aurez ; si, au contraire, comme vous le prétendez..... »

Ici, à son grand étonnement, il fut interrompu par les brusques mouvements de Joe, qui tournait autour de lui, ayant grande envie de tomber sur lui et de lui administrer quelques vigoureux coups de poing.

« Je prétends, cria Joe, que si vous venez dans ma maison pour me harceler et m'insulter, vous allez sortir ! Oui, je le dis et je vous le répète, si vous êtes un homme, sortez ! Je sais ce que je dis, et ce que j'ai dit une fois, je n'en démords jamais ! »

Je pris Joe à part, il se calma aussitôt, et se contenta simplement de me répéter d'une manière fort obligeante et comme un avertissement poli pour ceux que cela pouvait concerner, qu'il ne se laisserait ni harceler ni insulter chez lui. M. Jaggers s'était levé pendant les démonstrations peu pacifiques de Joe, et il avait gagné la porte sans bruit, il est vrai, mais aussi sans témoigner la moindre disposition à rentrer. Il m'adressa de loin les dernières recommandations que voici :

« Eh bien, monsieur Pip, je pense que plus tôt vous quitterez cette maison et mieux vous ferez, puisque vous êtes destiné à devenir un monsieur comme il faut ; que ce soit donc dans huit jours. Vous recevrez d'ici là mon adresse ; vous pourrez prendre un fiacre en arrivant à Londres, et vous vous ferez conduire directement chez moi. Comprenez que je n'exprime aucune opinion quelconque sur la mission toute de confiance dont je suis chargé ; je suis payé pour la remplir, et je la remplis. Surtout, comprenez bien cela, comprenez-le bien. »

En disant cela, il jetait son doigt tour à tour dans la direction de chacun de nous ; je crois même qu'il aurait continué à parler longtemps s'il n'avait pas vu que Joe pouvait devenir dangereux ; mais il partit. Il me vint dans l'idée de courir après lui, comme il regagnait les *Trois jolis Bateliers*, où il avait laissé une voiture de louage.

« Pardon, monsieur Jaggers, m'écriai-je.

— Eh bien ! dit-il en se retournant, qu'est-ce qu'il y a encore ?

— Je désire faire tout ce qui est convenable, monsieur Jaggers, et suivre vos conseils. J'ai donc pensé qu'il fallait vous les demander. Y aurait-il quelque inconvénient à ce que je prisse congé de tous ceux que je connais dans ce pays avant de partir ?

— Non, dit-il en me regardant comme s'il avait peine à me comprendre.

— Je ne veux pas dire dans le village seulement, mais aussi dans la ville.

— Non, dit-il, il n'y a aucun inconvénient à cela. »

Je le remerciai et retournai en courant à la maison. Joe avait déjà eu le temps de fermer la grande porte, de mettre un peu d'ordre au salon de réception, et il était assis devant le feu de la cuisine, avec une main sur chacun de ses genoux, regardant fixement les charbons enflammés. Je m'assis comme lui devant le feu, et, comme lui, je me mis à regarder les charbons, et nous gardâmes ainsi le silence pendant assez longtemps.

Ma sœur était dans son coin, enfoncée dans son fauteuil à coussins, et Biddy cousait, assise près du feu. Joe était placé près de Biddy et moi près de Joe, dans le coin qui faisait face à ma sœur. Plus je regardais les charbons brûler, plus je devenais incapable de lever les yeux sur Joe. Plus le silence durait, plus je me sentais incapable de parler.

Enfin je parvins à articuler :

« Joe, as-tu dit à Biddy?...

— Non, mon petit Pip, répondit Joe sans cesser de regarder le feu et tenant ses genoux serrés comme s'il avait été prévenu qu'ils avaient l'intention de se séparer. J'ai voulu te laisser le plaisir de le lui dire toi-même, mon petit Pip.

— J'aime mieux que cela vienne de toi, Joe.

— Alors, dit Joe, mon petit Pip devient un richard, Biddy, que la bénédiction de Dieu l'accompagne! »

Biddy laissa tomber son ouvrage et leva les yeux sur moi. Joe leva ses deux genoux et me regarda. Quant à moi, je les regardai tous les deux. Après un moment de silence, ils me félicitèrent de tout leur cœur, mais je sentais qu'il y avait une certaine nuance de tristesse dans leurs félicitations. Je pris sur moi de bien faire comprendre à Biddy, et à Joe par Biddy, que je considérais que c'était une grave obligation pour mes amis de ne rien savoir et de ne rien dire sur la personne qui me protégeait et qui faisait ma fortune. Je fis observer que tout cela viendrait en temps et lieu; mais que, jusque-là, il ne fallait rien dire, si ce n'est que j'avais de grandes espérances, et que ces grandes espérances venaient d'un protecteur inconnu. Biddy secoua la tête d'un air rêveur en reprenant son ouvrage, et dit qu'en ce qui la regardait particulièrement elle serait discrète. Joe, sans ôter ses mains de dessus ses genoux, dit :

« Et moi aussi, mon petit Pip, je serai particulièrement discret. »

Ensuite, ils recommencèrent à me féliciter, et ils s'étonnèrent même à un tel point de me voir devenir un monsieur, que cela finit par ne me plaire qu'à moitié.

Biddy prit alors toutes les peines imaginables pour donner à ma sœur une idée de ce qui était arrivé. Mais, comme je l'avais prévu, tous ses efforts furent inutiles. Elle rit et agita sa tête à plusieurs reprises, puis elle répéta après Biddy ces mots :

« Pip.... fortune.... Pip.... fortune.... »

Mais je doute qu'ils aient eu plus de signification pour elle qu'un cri d'élection, et je ne puis rien trouver de plus triste pour peindre l'état de son esprit.

Je ne l'aurais jamais pu croire si je ne l'eusse éprouvé, mais à mesure que Joe et Biddy reprenaient leur gaieté habituelle je devenais plus triste. Je ne pouvais être, bien entendu, mécontent de ma fortune, mais il se peut cependant que, sans bien m'en rendre compte, j'aie été mécontent de moi-même.

Quoi qu'il en soit, je m'assis, les coudes sur mes genoux et ma tête dans mes mains, regardant le feu, pendant que Biddy et Joe parlaient de mon départ et de ce qu'ils feraient sans moi, et de toutes sortes de choses analogues. Toutes les fois que je surprenais l'un d'eux me regardant (ce qui leur arrivait souvent, surtout à Biddy), je me sentais offensé comme s'ils m'eussent exprimé une sorte de méfiance, quoique, Dieu le sait, tel ne fût jamais leur sentiment, soit qu'ils exprimassent leur pensée par parole ou par action.

A ce moment je me levai pour aller voir à la porte, car pour aérer la pièce, la porte de notre cuisine restait ouverte pendant les nuits d'été. Je regardai les étoiles et je les considérais comme de très-pauvres, très-malheureuses et très-humbles étoiles d'être réduites à briller sur les objets rustiques, au milieu desquels j'avais vécu.

« Samedi soir, dis-je, lorsque nous nous assîmes pour souper, de pain, de fromage et de bière, dans cinq jours nous serons à la veille de mon départ : ce sera bientôt venu.

— Oui, mon petit Pip, observa Joe dont la voix résonna creux dans son gobelet de bière, ce sera bientôt venu!

— Oh! oui, bientôt, bientôt venu! fit Biddy.

— J'ai pensé, Joe, qu'en allant à la ville lundi pour commander mes nouveaux habits, je ferais bien de dire au tailleur que j'irais les essayer chez lui, ou plutôt qu'il doit les porter chez M. Pumblechook; il me serait on ne peut plus désagréable d'être toisé par tous les habitants du village.

— M. et Mrs Hubble seraient sans doute bien aise de te voir dans ton nouveau joli costume, mon petit Pip, dit Joe, en coupant ingénieusement son pain et son fromage sur la paume de sa main gauche et en lorgnant mon souper intact, comme s'il se fût souvenu du temps où nous avions coutume de comparer nos tartines. Et Wopsle aussi, et je ne doute pas que les *Trois jolis Bateliers* ne regardassent ta visite comme un grand honneur que tu leur ferais.

— C'est justement ce que je ne veux pas, Joe. Ils en feraient une affaire d'État, et ça ne m'irait guère.

— Ah! alors, mon petit Pip, si ça ne te va pas.... »

Alors Biddy me dit tout bas, en tenant l'assiette de ma sœur :

« As-tu pensé à te montrer à M. Gargery, à ta sœur et à moi? Tu nous laisseras te voir, n'est-ce pas?

— Biddy, répondis-je avec un peu de ressentiment, tu es si vive, qu'il est bien difficile de te suivre.

— Elle a toujours été vive, observa Joe.

— Si tu avais attendu un moment de plus, Biddy, tu m'aurais entendu dire que j'apporterai mes habits ici dans un paquet la veille de mon départ. »

Biddy ne dit plus rien. Lui pardonnant généreusement, j'échangeai avec elle et Joe un bonsoir affectueux, et je montai me coucher. En arrivant dans mon réduit, je m'assis et promenai un long regard sur cette misérable petite chambre, que j'allais bientôt quitter à jamais pour parvenir à une position plus élevée. Elle contenait, elle aussi, des souvenirs de fraîche date, et en ce moment je ne pus m'empêcher de la comparer avec les chambres plus confortables que j'allais habiter, et je sentis dans mon esprit la même incertitude que j'avais si souvent éprouvée en comparant la forge à la maison de miss Havisham, et Biddy à Estelle.

Le soleil avait dardé gaiement tout le jour sur le toit de ma mansarde, et la chambre était chaude. J'ouvris la fenêtre et je regardai au dehors. Je vis Joe sortir doucement par la sombre porte d'en bas pour aller faire un tour ou deux en plein air. Puis je vis Biddy aller le retrouver et lui apporter une pipe qu'elle lui alluma. Jamais il ne fumait si tard, et il me sembla qu'en ce moment il devait avoir besoin d'être consolé d'une manière ou d'une autre.

Bientôt il vint se placer à la porte située immédiatement au-dessous de ma fenêtre. Biddy y vint aussi. Ils causaient tranquillement ensemble, et je sus bien vite qu'ils parlaient de moi, car je les entendis prononcer mon nom à plusieurs reprises. Je n'aurais pas voulu en entendre davantage quand même je l'aurais pu. Je quittai donc la petite fenêtre et je m'assis sur mon unique chaise, à côté de mon lit, pensant combien il était étrange que cette première nuit de ma brillante fortune fût la plus triste que j'eusse encore passée.

En regardant par la fenêtre ouverte, je vis les petites ondulations lumineuses qui s'élevaient de la pipe de Joe. Je m'imaginai que c'étaient autant de bénédictions de sa part, non pas offertes avec importunité ou étalées devant moi, mais se répandant dans l'air que nous partagions. J'éteignis ma lumière et me mis au lit. Ce n'était plus mon lit calme et tranquille d'autrefois; et je n'y devais plus dormir de mon ancien sommeil, si doux et si profond !

CHAPITRE XIX.

Le jour apporta une différence considérable dans ma manière d'envisager les choses et mon avenir en général, et l'éclaircit au point qu'il ne me semblait plus le même. Ce qui pesait surtout d'un grand poids sur mon esprit, c'était la réflexion qu'il y avait encore six jours entre le moment présent et celui de mon départ, car j'étais poursuivi par la crainte que, dans cet intervalle, il pouvait survenir quelque chose d'extraordinaire dans Londres, et qu'à mon arrivée je trouverais peut-être cette ville considérablement bouleversée, sinon complétement rasée.

Joe et Biddy me témoignaient beaucoup de sympathie et de contentement quand je parlais de notre prochaine séparation, mais ils n'en parlaient jamais les premiers. Après déjeuner, Joe alla chercher mon engagement d'apprentissage dans le petit salon; nous le jetâmes au feu et je sentis que j'étais libre. Tout fraîchement émancipé, je m'en allai à l'église avec Joe, et je pensai que peut-être le ministre n'aurait pas lu ce qui concerne le riche et le royaume des cieux s'il avait su tout ce qui se passait.

Après notre dîner, je sortis seul avec l'intention d'en finir avec les marais et de leur faire mes adieux. En passant devant l'église je sentis, comme je l'avais déjà senti le matin, une compassion sublime pour les pauvres créatures destinées à s'y rendre tous les dimanches de leur vie, puis enfin à être couchées obscurément sous ces humbles tertres verts. Je me promis de faire quelque chose pour elles, un jour où l'autre, et je formai le projet d'octroyer un dîner composé de roast-beef, de plum-pudding, d'une pinte d'ale et d'un gallon de condescendance à chaque personne du village.

Si jusqu'alors j'avais souvent pensé avec un certain mélange de honte à ma liaison avec le fugitif que j'avais autrefois rencontré au milieu de ces tombes, quelles ne furent pas mes pensées ce jour-là, dans le lieu même qui me rappelait le misérable grelottant et déguenillé, avec son fer et sa marque de criminel! Ma consolation était que cela était arrivé il y avait déjà longtemps; qu'il avait sans doute été transporté bien loin; qu'il était mort pour moi, et qu'après tout, il pouvait être véritablement mort pour tout le monde.

Pour moi, il n'y avait plus de tertres humides, plus de fossés, plus d'écluses, plus de bestiaux au pâturage; ceux que je rencontrais me parurent, à leur démarche morne et triste, avoir pris un air plus respectueux, et il me sembla qu'ils retournaient leur tête pour voir, le plus longtemps possible, le possesseur d'aussi grandes espérances.

« Adieu, compagnons monotones de mon enfance, dès à présent, je ne pense qu'à Londres et à la grandeur, et non à la forge et à vous ! »

Je gagnai, en m'exaltant, la vieille Batterie; je m'y couchai et m'endormis, en me demandant si miss Havisham me destinait à Estelle.

Quand je m'éveillai, je fus très-surpris de trouver Joe assis à côté de moi, et fumant sa pipe. Joe salua mon réveil d'un joyeux sourire et me dit :

« Comme c'est la dernière fois, mon petit Pip, j'ai pris sur moi de te suivre.

— Et j'en suis bien content, Joe.

— Merci! mon petit Pip.

— Tu peux être certain, Joe, dis-je quand nous nous fûmes serré les mains, que je ne t'oublierai jamais.

— Non, non, mon petit Pip! dit Joe d'un air convaincu, j'en suis certain. Ah! ah! mon petit Pip, il suffit, Dieu merci, de se le bien fourrer dans la tête pour en être certain; mais j'ai eu assez de mal à y arriver.... Le changement a été si brusque, n'est-ce pas? »

Quoi qu'il en soit, je n'étais pas des plus satisfaits de voir Joe si sûr de moi. J'aurais aimé à lui voir montrer quelque émotion, ou à l'entendre dire : « Cela te fait honneur, mon petit Pip, » ou bien quelque chose de semblable. Je ne fis donc aucune remarque à la première insinuation de Joe, me contentant de répondre à la seconde, que la nouvelle était en effet venue très-brusquement, mais que j'avais toujours souhaité devenir un monsieur, et que j'avais souvent songé à ce que je ferais si je le devenais.

« En vérité! dit-il, tu y as pensé?

— Il est bien dommage aujourd'hui, Joe, que tu n'aies pas un peu plus profité, quand nous apprenions nos leçons ici, n'est-ce pas?

— Je ne sais pas trop, répondit Joe, je suis si bête. Je ne connais que mon état, ç'a toujours été dommage que je sois si terriblement bête, mais ça n'est pas plus dommage aujourd'hui que ça ne l'était..... il y a aujourd'hui un an.... Qu'en dis-tu? »

J'avais voulu dire qu'en me trouvant en position de faire quelque chose pour Joe, j'aurais été apte à remplir une position plus élevée. Il était si loin de comprendre mes intentions, que je songeai à en faire part de préférence à Biddy.

En conséquence, quand nous fûmes rentrés à la maison, et que nous eûmes pris notre thé, j'attirai Biddy dans notre petit jardin qui longe la ruelle, et après avoir stimulé ses esprits, en lui insinuant d'une manière générale que je ne l'oublierais jamais, je lui dis que j'avais une faveur à lui demander:

« Et cette faveur, Biddy, dis-je, c'est que tu ne laisseras jamais échapper l'occasion de pousser Joe un tant soit peu.

— Le pousser, comment et à quoi? demanda Biddy en ouvrant de grands yeux.

— Joe est un brave et digne garçon ; je pense même que c'est le plus brave et le plus digne garçon qui ait jamais vécu ; mais il est un peu en retard dans certaine choses ; par exemple, Biddy, dans son instruction et dans ses manières. »

Bien que j'eusse regardé Biddy en parlant, et bien qu'elle ouvrît des yeux énormes quand j'eus parlé, elle ne me regarda pas.

« Oh! ses manières! est-ce que ses manières ne sont pas convenables? demanda Biddy en cueillant une feuille de cassis.

— Ma chère Biddy, elles conviennent parfaitement ici....

— Oh! elles sont très-bien ici, interrompit Biddy en regardant avec attention la feuille qu'elle tenait à la main.

— Écoute-moi jusqu'au bout : si je devais faire arriver Joe à une position plus élevée, comme j'espère bien le faire, lorsque je serai parvenu moi-même, on n'aurait par pour lui les égards qu'il mérite.

— Et ne penses-tu pas qu'il le sache? » demanda Biddy.

C'était là une question bien embarrassante, car je n'y avais jamais songé, et je m'écriai sèchement :

« Biddy! que veux-tu dire? »

Biddy mit en pièces la feuille qu'elle tenait dans sa main, et, depuis, je me suis toujours souvenu de cette soirée, passée dans notre petit jardin, toutes les fois que je sentais l'odeur du cassis. Puis elle dit :

« N'as-tu jamais songé qu'il pourrait être fier?

— Fier!... répétai-je avec une inflexion pleine de dédain.

— Oh! il y a bien des sortes de fierté, dit Biddy en me regardant en face et en secouant la tête. L'orgueil n'est pas toujours de la même espèce.

— Qu'est-ce que tu veux donc dire?

— Non, il n'est pas toujours de la même espèce, Joe est peut-être trop fier pour abandonner une situation qu'il est apte à remplir, et qu'il remplit parfaitement. A dire vrai, je pense que c'est comme cela, bien qu'il puisse paraître hardi de m'entendre parler ainsi, car tu dois le connaître beaucoup mieux que moi.

— Allons, Biddy, je ne m'attendais pas à cela de ta part, et j'en éprouve bien du chagrin.... Tu es envieuse et jalouse, Biddy, tu es vexée de mon changement de fortune, et tu ne peux le dissimuler.

— Si tu as le cœur de penser cela, repartit Biddy, dis-le, dis-le et redis-le, si tu as le cœur de le penser!

— Si tu as le cœur d'être ainsi, Biddy, dis-je avec un ton de supériorité, ne le rejette pas sur moi. Je suis vraiment fâché de voir.... d'être témoin de pareils sentiments.... c'est un des mauvais côtés de la nature humaine. J'avais l'intention de te prier de profiter de toutes les occasions que tu pourrais avoir, après mon départ, de rendre Joe plus convenable, mais après ce qui vient de se passer, je ne te demande plus rien. Je suis extrêmement peiné de te voir ainsi, Biddy, répétai-je, c'est..... c'est un des vilains côtés de la nature humaine.

— Que tu me blâmes ou que tu m'approuves, repartit Biddy, tu peux compter que je ferai tout ce qui sera en mon pouvoir, et, quelle que soit l'opinion que tu emportes de moi, elle n'altérera en rien le souvenir que je garderai de toi. Cependant, un monsieur comme tu vas l'être ne devrait pas être injuste, » dit Biddy en détournant la tête.

Je redis encore une fois avec chaleur que c'était un des vilains côtés de la nature humaine. Je me trompais dans l'application de mon raisonnement, mais plus tard, les circonstances m'ont prouvé sa justesse, et je m'éloignai de Biddy, en continuant d'avancer dans la petite allée, et Biddy rentra dans la maison. Je sortis par la porte du jardin, et j'errai au hasard jusqu'à l'heure du souper, songeant combien il était étrange et malheureux que la seconde nuit de ma brillante fortune fût aussi solitaire et aussi triste que la première.

Mais le matin éclaircit encore une fois ma vue et mes idées. J'étendis ma clémence sur Biddy, et nous abandonnâmes ce sujet. Ayant endossé mes meilleurs habits, je me rendis à la ville d'aussi bon matin que je pouvais espérer trouver les boutiques ouvertes, et je me présentai chez M. Trabb, le tailleur. Ce personnage était à déjeuner dans son arrière-boutique; il ne jugea pas à propos de venir à moi, mais il me fit venir à lui.

« Eh bien, s'écria M. Trabb, comme quelqu'un qui fait une bonne rencontre; comment allez-vous, et que puis-je faire pour vous? »

M. Trabb avait coupé en trois tranches son petit pain chaud et avait fait trois lits sur lesquels il avait étendu du beurre frais, puis il les avait superposés les uns sur les autres. C'était un bienheureux vieux garçon. Sa fenêtre donnait sur un bienheureux petit verger, et il y avait un bienheureux coffre scellé dans le mur, à côté de la cheminée, et je ne doutais pas qu'une grande partie de sa fortune n'y fût enfermée dans des sacs.

« M. Trabb, dis-je, c'est une chose désagréable à annoncer, parce que cela peut paraître de la forfanterie, mais il m'est survenu une fortune magnifique. »

Un changement s'opéra dans toute la personne de M. Trabb. Il oublia ses tartines de beurre, quitta la table et essuya ses doigts sur la nappe en s'écriant :

« Que Dieu ait pitié de mon âme ! »

— Je vais chez mon tuteur, à Londres, dis-je en tirant de ma poche et comme par hasard quelques guinées sur lesquelles je jetai complaisamment les yeux, et je désirerais me procurer un habillement fashionable. Je vais vous payer, ajoutai-je, craignant qu'il ne voulût me faire mes vêtements neufs que contre argent comptant.

— Mon cher monsieur, dit M. Trabb en s'inclinant respectueusement et en prenant la liberté de s'emparer de mes bras et de me faire toucher les deux coudes l'un contre l'autre, ne me faites pas l'injure de me parler de la sorte. Me risquerai-je à vous féliciter ? Me ferez-vous l'honneur de passer dans ma boutique ? »

Le garçon de M. Trabb était bien le garçon le plus effronté de tout le pays. Quand j'étais entré, il était en train de balayer la boutique ; il avait égayé ses labeurs en balayant sur moi ; il balayait encore quand j'y revins, accompagné de M. Trabb, et il cognait le manche du balai contre tous les coins et tous les obstacles possibles, pour exprimer, je ne le comprenais que trop bien, que l'égalité existait entre lui et n'importe quel forgeron, mort ou vif.

« Cessez ce bruit, dit M. Trabb avec une grande sévérité, ou je vous casse la tête! Faites-moi la faveur de vous asseoir, monsieur. Voyez ceci, dit-il en prenant une pièce d'étoffe; et, la déployant, il la drapa au-dessus du comptoir, en larges plis, afin de me faire admirer son lustre, cet un article charmant. Je crois pouvoir vous le recommander, parce qu'il est réellement extra-supérieur! Mais je vais vous en faire voir d'autres. Donnez-moi le numéro 4! » cria-t-il au garçon, en lui lançant une paire d'yeux des plus sévères, car il prévoyait que le mauvais sujet allait me heurter avec le numéro 4, ou me faire quelque autre signe de familiarité.

M. Trabb ne quitta pas des yeux le garçon, jusqu'à ce qu'il eût déposé le numéro 4 sur la table qui se trouvait à une distance convenable. Alors, il lui ordonna d'apporter le numéro 5 et le numéro 8.

« Et surtout plus de vos farces, dit M. Trabb, où vous vous en repentirez, mauvais garnement, tout le restant de vos jours. »

M. Trabb se pencha ensuite sur le numéro 4, et avec un ton confidentiel et respectueux tout à la fois, il me le recommanda comme un article d'été fort en vogue parmi la *Nobility* et la *Gentry*, article qu'il considérait comme un honneur de pouvoir livrer à ses compatriotes, si toutefois il lui était permis de se dire mon compatriote.

« M'apporterez-vous les numéros 5 et 8, vagabond! dit alors M. Trabb; apportez-les de suite, où je vais vous jeter à la porte et les aller chercher moi-même! »

Avec l'assistance de M. Trabb, je choisis les étoffes

nécessaires pour confectionner un habillement complet, et je rentrai dans l'arrière-boutique pour me faire prendre mesure; car, bien que M. Trabb eût déjà ma mesure, et qu'il s'en fût contenté jusque-là, il me dit, en manière d'excuse, qu'elle ne pouvait plus convenir dans les circonstances actuelles, que c'était même de toute impossibilité. Ainsi donc, M. Trabb me mesura et calcula dans l'arrière-boutique comme si j'eusse été une propriété et lui le plus habile des géomètres; il se donna tant de peine, que j'emportai la conviction que la plus ample facture ne pourrait le dédommager suffisamment. Quand il eut fini et qu'il fut convenu qu'il enverrait le tout chez M. Pumblechook, le jeudi soir, il dit en tenant sa main sur la serrure de l'arrière-boutique :

« Je sais bien, monsieur, que les élégants de Londres ne peuvent en général protéger le commerce local; mais si vous vouliez venir me voir de temps en temps, en qualité de compatriote, je vous en serais on ne peut plus reconnaissant. Je vous souhaite le bonjour, monsieur, bien obligé!... La porte! »

Ce dernier mot était à l'adresse du garçon, qui ne se doutait pas le moins du monde de ce que cela signifiait; mais je le vis se troubler et défaillir pendant que son maître m'époussetait avec ses mains, tout en me reconduisant. Ma première expérience de l'immense pouvoir de l'argent fut qu'il avait moralement renversé le garçon du tailleur Trabb.

Après ce mémorable événement, je me rendis chez le chapelier, chez le cordonnier et chez le bonnetier, tout en me disant que j'étais comme le chien de la mère Hubbart, dont l'équipement réclamait les soins de plusieurs genres de commerce. J'allai aussi au bureau de la diligence retenir ma place pour le samedi matin. Il n'était pas nécessaire d'expliquer partout qu'il m'était survenu une magnifique fortune, mais toutes les fois que je disais quelque chose à ce sujet, les boutiquiers cessaient aussitôt de regarder avec distraction par la fenêtre donnant sur la Grande-Rue, et concentraient sur moi toute leur attention. Quand j'eus commandé tout ce dont j'avais besoin, je me rendis chez Pumblechook, et en approchant de sa maison, je l'aperçus debout sur le pas de la porte.

Il m'attendait avec une grande impatience; il était sorti de grand matin dans sa chaise, et il était venu à la forge et avait appris la grande nouvelle: il avait préparé une collation dans la fameuse salle de Barnwell, et il avait ordonné à son garçon de se tenir sous les armes dans le corridor, lorsque ma personne sacrée passerait.

« Mon cher ami, dit M. Pumblechook en me prenant les deux mains, quand nous nous trouvâmes assis devant la collation, je vous félicite de votre bonne fortune; elle est on ne peut plus méritée.... oui.... bien méritée!... »

Ceci venait à point, et je crus que c'était de sa part une manière convenable de s'exprimer.

« Penser, dit M. Pumblechook, après m'avoir considéré avec admiration pendant quelques instants, que j'aurai été l'humble instrument de ce qui arrive, est pour moi une belle récompense! »

Je priai M. Pumblechook de se rappeler que rien ne devait jamais être dit, ni même jamais insinué sur ce point.

« Mon jeune et cher ami, dit M. Pumblechook, si toutefois vous voulez bien me permettre de vous donner encore ce nom.... »

Je murmurai assez bas:

« Certainement.... »

Là-dessus, M. Pumblechook me prit de nouveau les deux mains, et communiqua à son gilet un mouvement qui aurait pu passer pour de l'émotion, s'il se fût produit moins bas.

« Mon jeune et cher ami, comptez que, pendant votre absence je ferai tout mon possible pour que Joseph ne l'oublie pas; Joseph!... ajouta M. Pumblechook d'un ton de compassion; Joseph! Joseph!... »

Là-dessus il secoua la tête en se frappant le front, pour exprimer sans doute le peu de confiance qu'il avait en Joseph.

« Mais, mon jeune et cher ami, continua M. Pumblechook, vous devez avoir faim, vous devez être épuisé; asseyez-vous. Voici un poulet que j'ai fait venir du *Cochon bleu*. Voici une langue qui m'a été envoyée du *Cochon bleu*, et puis une ou deux petites choses qui viennent également du *Cochon bleu*. J'espère que vous voudrez bien y faire honneur. Mais, reprit-il tout à coup, en se levant immédiatement après s'être assis, est-ce bien vrai? Ai-je donc réellement devant les yeux celui que j'ai fait jouer si souvent dans son heureuse enfance!... Permettez-moi, permettez.... »

Ce « permettez » voulait dire: « Permettez-moi de vous serrer les mains. » J'y consentis. Il me serra donc les mains avec tendresse, puis il se rassit.

« Voici du vin, dit M. Pumblechook. Buvons.... rendons grâces à la fortune. Puisse-t-elle toujours choisir ses favoris avec autant de discernement! Et pourtant je ne puis, continua-t-il en se levant de nouveau; non, je ne puis croire que j'aie devant les yeux celui qui.... et boire à la santé de celui que.... sans lui exprimer de nouveau combien...; mais, permettez, permettez-moi.... »

Je lui dis que je permettais tout ce qu'il voulait. Il me donna une seconde poignée de main, vida son verre et le retourna sens dessus dessous. Je fis comme lui, et si je m'étais retourné moi-même, au lieu de retourner mon verre, le vin ne se serait pas porté plus directement à mon cerveau.

M. Pumblechook me servit l'aile gauche du poulet et la meilleure tranche de la langue; il ne s'agissait plus ici des débris innommés du porc, et je puis dire que, comparativement, il ne prit aucun soin de lui-même.

« Ah! pauvre volaille! pauvre volaille! tu ne pensais guère, dit M. Pumblechook en apostrophant le poulet sur son plat, quand tu n'étais encore qu'un jeune poussin, tu ne pensais guère à l'honneur qui t'était réservé; tu n'espérais pas être un jour servie sur cette table et sous cet humble toit à celui qui.... Appelez cela de la faiblesse si vous voulez, dit M. Pumblechook en se levant, mais permettez.... permettez!... »

Je commençais à trouver qu'il était inutile de répéter sans cesse la formule qui l'autorisait. Il le comprit, et agit en conséquence. Mais comment put-il me serrer si souvent les mains sans se blesser avec mon couteau? Je n'en sais vraiment rien.

« Et votre sœur, continua-t-il, après qu'il eut mangé quelques bouchées sans se déranger; votre sœur qui a eu l'honneur de vous élever à la main, il est bien triste de penser qu'elle n'est plus capable de comprendre ni d'apprécier tout l'honneur.... permettez!... »

Voyant qu'il allait encore s'élancer sur moi, je l'arrêtai.

« Nous allons boire à sa santé! dis-je.

— Ah! s'écria M. Pumblechook en se laissant retomber sur sa chaise, complètement foudroyé d'admiration, voilà comment vous savez reconnaître, monsieur, — je ne sais pas à qui « monsieur » s'adressait, car il n'y avait personne avec nous, et cependant ce ne pouvait être à moi, — c'est ainsi que vous savez reconnaître les bons procédés, monsieur.... toujours bon et toujours généreux. Une personne vulgaire, dit le servile Pumblechook en reposant son verre sans y avoir goûté et en le reprenant en toute hâte, pourrait me reprocher de dire toujours la même chose, mais permettez!... permettez!... »

Quand il eut fini, il reprit sa place et but à la santé de ma sœur.

« Ne nous aveuglons pas, dit M. Pumblechook, son caractère n'était pas exempt de défauts, mais il faut espérer que ses intentions étaient bonnes. »

A ce moment, je commençai à remarquer que sa face devenait rouge. Quant à moi, je sentais ma figure me cuire comme si elle eût été plongée dans du vin.

J'avertis M. Pumblechook que j'avais donné ordre qu'on apportât mes nouveaux habits chez lui. Il s'étonna que j'eusse bien voulu le distinguer et l'honorer à ce point. Je lui fis part de mon désir d'éviter l'indiscrète curiosité du village. Il m'accabla alors de louanges et me porta incontinent aux cieux. Il n'y avait, à l'entendre, absolument que lui qui fût digne de ma confiance, et, en un mot, il me suppliait de la lui continuer. Il me demanda tendrement si je me souvenais des jeux de mon enfance et du temps où nous nous amusions à compter, et comment nous étions allés ensemble pour contracter mon engagement d'apprentissage, et combien il avait toujours été l'idéal de mon imagination et l'ami de mon choix. Aurais-je bu dix fois autant de verres de vin que j'en avais bu, j'aurais toujours pu comprendre qu'il n'avait jamais été tel qu'il le disait dans ses relations avec moi, et du fond de mon cœur j'aurais protesté contre cette idée. Cependant je me souviens que je restai convaincu après tout cela que je m'étais grandement trompé sur son compte, et qu'en somme, il était un bon, jovial et sensible compagnon.

Petit à petit, il prit une telle confiance en moi, qu'il en vint à me demander avis sur ses propres affaires. Il me confia qu'il se présentait une excellente occasion d'accaparer et de monopoliser le commerce du blé et des grains, et que s'il pouvait agrandir son établissement, il réaliserait toute une fortune; mais qu'une seule chose lui manquait pour ce magnifique projet, et que cette chose était la plus importante de toutes; qu'en un mot, c'étaient les capitaux, mais qu'il lui semblait, à lui, Pumblechook, que si ces capitaux étaient versés dans l'affaire par un associé anonyme, lequel associé anonyme n'aurait autre chose à faire qu'à entrer et à examiner les livres toutes les fois que cela lui plairait, et à venir deux fois l'an prendre sa part des bénéfices, à raison de 50 pour 100; qu'il lui semblait donc, répéta-t-il, que c'était là une excellente proposition à faire à un jeune homme intelligent et possesseur d'une certaine fortune, et qu'elle devait mériter son attention. Il voulait savoir ce que j'en pensais, car il avait la plus grande confiance dans mon opinion. Je lui répondis:

« Attendez un peu. »

L'étendue et la clairvoyance contenues dans cette manière de voir le frappèrent tellement, qu'il ne me demanda plus la permission de me serrer les mains; mais il m'assura qu'il devait le faire autrement. Il me les serra en effet de nouveau.

Nous vidâmes la bouteille, et M. Pumblechook s'engagea à vingt reprises différentes à avoir l'œil sur Joseph, je ne sais pas quel œil, et à me rendre des services aussi efficaces que constants, je ne sais pas quels services. Il m'avoua pour la première fois de sa vie, après en avoir merveilleusement gardé le secret, qu'il avait toujours dit, en parlant de moi :

« Ce garçon n'est pas un garçon ordinaire, et croyez-moi, son avenir ne sera pas celui de tout le monde. »

Il ajouta avec des larmes dans son sourire, que c'était une chose bien singulière à penser aujourd'hui. Et moi je dis comme lui. Enfin je me trouvai en plein air, avec la vague persuasion qu'il y avait certainement quelque chose de changé dans la marche du soleil, et j'arrivai à moitié endormi à la barrière, sans seulement m'être douté que je m'étais mis en route.

Là, je fus réveillé par M. Pumblechook, qui m'appelait. Il était bien loin dans la rue, et me faisait des signes expressifs de m'arrêter. Je m'arrêtai donc, et il arriva tout essoufflé.

« Non, mon cher ami, dit-il, quand il eut recouvré assez d'haleine pour parler; non, je ne puis faire autrement.... Je ne laisserai pas échapper cette occasion de recevoir encore une marque de votre amitié. Permettez à un vieil ami qui veut votre bien.... permettez.... »

Nous échangeâmes pour la centième fois une poignée de mains, et il ordonna avec la plus grande indignation à un jeune charretier qui était sur la route de me faire place et de s'ôter de mon chemin. Il me donna alors sa bénédiction et continua à me faire signe en agitant sa main, jusqu'à ce que j'eusse disparu au tournant de la route. Je me jetai dans un champ, et je fis un long somme sous une haie, avant de rentrer à la maison.

Je n'avais qu'un maigre bagage à emporter avec moi à Londres; car bien peu, du peu que je possédais, pouvait convenir à ma nouvelle position. Je commençai néanmoins à tout empaqueter dans l'après-dînée. J'emballai follement jusqu'aux objets dont je savais avoir besoin le lendemain matin, me figurant qu'il n'y avait pas un moment à perdre.

Le mardi, le mercredi, le jeudi passèrent, et le vendredi matin je me rendis chez M. Pumblechook, où je devais mettre mes nouveaux habits avant d'aller rendre visite à miss Havisham. M. Pumblechook m'abandonna sa propre chambre pour m'habiller. On y avait mis des serviettes toutes blanches pour la circonstance. Il va sans dire que mes habits neufs me procurèrent du désappointement. Il est vraisemblable que depuis qu'on porte des habits, tout vêtement neuf et impatiemment attendu n'a jamais répondu de tout point aux espérances de celui pour lequel il a été fait. Mais après avoir porté les miens pendant environ une demi-heure, et avoir pris une infinité de postures devant la glace exiguë de M. Pumblechook, en faisant d'incroyables efforts pour voir mes jambes, ils me parurent aller mieux. Comme c'était jour de marché à la ville voisine, située à environ dix milles, M. Pumblechook n'était pas chez lui. Je ne lui avais pas précisé le jour de mon départ, et il était probable que je n'échangerais plus de poignée de mains avec lui avant de partir. Tout cela était pour le mieux, et je sortis dans mon nouveau costume, honteux d'avoir à passer devant le garçon de boutique et soupçonnant, après tout, que je n'étais pas plus à mon avantage personnel que Joe dans ses habits des dimanches. Je fis un grand détour pour me rendre chez miss Havisham, et j'eus beaucoup de peine pour sonner à la porte, à cause de la roideur de mes doigts, renfermés dans des gants trop étroits. Sarah Pocket vint m'ouvrir. Elle recula littéralement en me voyant si changé; son visage de coquille de noix passa instantanément du brun au vert et du vert au jaune.

« Toi!... fit-elle!... toi, bon Dieu!... que veux-tu?

— Je vais partir pour Londres, miss Pocket, dis-je, et je désirerais vivement faire mes adieux à miss Havisham. »

Sans doute on ne m'attendait pas, car elle me laissa enfermé dans la cour, pendant qu'elle allait voir si je devais être introduit. Elle revint peu après et me fit monter, sans cesser de me regarder durant tout le trajet.

Miss Havisham prenait de l'exercice dans la chambre à la longue table. Elle s'appuyait comme toujours sur sa béquille. La chambre était éclairée, comme précédemment, par une chandelle. Au bruit que nous fîmes en entrant, elle s'arrêta pour se retourner. Elle se trouvait justement en face du gâteau moisi des fiançailles

« Vous pouvez rester, Sarah, dit-elle. Eh! bien, Pip?

— Je pars pour Londres demain matin, miss Havisham. »

J'étais on ne peut plus circonspect sur ce que je devais dire.

« Et j'ai cru bien faire en venant prendre congé de vous.

— C'est très-bien, Pip, dit-elle en décrivant un cercle autour de moi avec sa canne, comme si elle était la fée bienfaisante qui avait changé mon sort, et qui eût voulu mettre la dernière main à son œuvre.

— Il m'est arrivé une bien bonne fortune depuis la dernière fois que je vous ai vue, miss Havisham, murmurai-je, et j'en suis bien reconnaissant, miss Havisham!

— Là! là! dit-elle, en tournant les yeux avec délices vers l'envieuse et désappointée Sarah, j'ai vu M. Jaggers, j'ai appris cela, Pip. Ainsi donc tu pars demain ?

— Oui, miss Havisham.

— Et tu es adopté par une personne riche?

— Oui, miss Havisham.

— Une personne qu'on ne nomme pas?

— Non, miss Havisham.

— Et M. Jaggers est ton tuteur?

— Oui, miss Havisham. »

Elle se complaisait dans ces questions et ces réponses, tant était vive sa joie en voyant le désappointement jaloux de Sarah Pocket.

« Eh bien ! continua-t-elle, tu as à présent une carrière ouverte devant toi. Sois sage, mérite ce qu'on fait pour toi, et profite des conseils de M. Jaggers. »

Elle fixait les yeux tantôt sur moi, tantôt sur Sarah, et la figure que faisait Sarah amenait sur son visage ridé un cruel sourire.

« Adieu, Pip, tu garderas toujours le nom de Pip, tu entends bien !

— Oui, miss Havisham.

— Adieu, Pip. »

Elle étendit la main ; je tombai à genoux, je la saisis et la portai à mes lèvres. Je n'avais pas prévu comment je devais la quitter, et l'idée d'agir ainsi me vint tout naturellement au moment voulu. Elle lança sur Sarah un regard de triomphe, et je laissai ma bienfaitrice les deux mains posées sur sa canne, debout au milieu de cette chambre tristement éclairée, à côté du gâteau moisi des fiançailles, que ses toiles d'araignées dérobaient à la vue.

Sarah Pocket me conduisit jusqu'à la porte, comme si j'eusse été un fantôme qu'elle eût souhaité voir dehors. Elle ne pouvait revenir du changement qui s'était opéré en moi, et elle en était tout à fait confondue. Je lui dis :

« Adieu, miss Pocket. »

Elle se contenta de me regarder fixement, et paraissait trop préoccupée pour se douter que je lui avais parlé. Une fois hors de la maison, je me rendis, avec toute la célérité possible, chez Pumblechook. J'ôtai mes habits neufs, j'en fis un paquet, et je revins à la maison, vêtu de mes habits ordinaires, beaucoup plus à mon aise, à vrai dire, quoique j'eusse un paquet à porter.

Et maintenant, ces six jours qui devaient s'écouler si lentement, étaient passées, et bien rapidement encore, et le lendemain me regardait en face bien plus fixement que je n'osais le regarder. A mesure que les six soirées s'étaient d'abord réduites à cinq, puis à quatre, puis à trois, enfin à deux, je me plaisais de plus en plus dans la société de Joe et de Biddy. Le dernier soir, je mis mes nouveaux vêtements pour leur faire plaisir, et je restai dans ma splendeur jusqu'à l'heure du coucher. Nous eûmes pour cette occasion un souper chaud, orné de l'inévitable volaille rôtie, et pour terminer nous bûmes un peu de liqueur. Nous étions tous très-abattus, et nous essayions vainement de paraître de joyeuse humeur.

Je devais quitter notre village à cinq heures du matin, portant avec moi mon petit portemanteau. J'avais dit à Joe que je voulais partir seul. Mon but, je le crois et je le crains, était, en agissant ainsi, d'éviter le contraste choquant qui se serait produit entre Joe et moi, si nous avions été ensemble jusqu'à la diligence. J'avais tout fait pour me persuader que l'égoïsme était étranger à ces arrangements, mais une fois rentré dans ma petite chambre, où j'allais dormir pour la dernière fois, je fus bien forcé d'admettre qu'il en était autrement. J'eus un instant l'idée de descendre pour prier Joe de vouloir bien m'accompagner le lendemain matin, mais je n'en fis rien.

Toute la nuit, je vis des diligences qui, toutes, se rendaient en tout autre endroit qu'à Londres; elles étaient attelées, tantôt de chiens, tantôt de chats, tantôt de cochons, tantôt d'hommes, mais nulle part je ne voyais la moindre trace de chevaux. Je rêvai de voyages manqués et fantastiques, jusqu'au point du jour, moment où les oiseaux commencèrent à chanter. Alors je me levai, et m'étant habillé à demi, je m'assis à la croisée pour jouir une dernière fois de la vue, et là je me rendormis.

Biddy s'était levée de grand matin pour me préparer à déjeuner. Bien que je ne dormisse pas une heure à la fenêtre, je sentis la fumée du feu de la cuisine, lorsque je m'éveillai, et j'eus l'idée terrible que l'après-midi devait être avancée. Quand j'eus entendu pendant longtemps le bruit des tasses, et que je pensai que tout était prêt, je me fis violence pour descendre, et malgré tout je restais là. Je passai mon temps à dessangler mon portemanteau, à l'ouvrir et à le fermer alternativement, jusqu'au moment où Biddy me cria de descendre et qu'il était déjà tard.

Je déjeunai précipitamment et sans appétit, après quoi je me levai de table, en disant avec une sorte de gaieté forcée :

« Allons, je suppose qu'il est l'heure de partir. »

Alors j'embrassai ma sœur, qui riait en agitant la tête dans son fauteuil comme d'habitude ; j'embrassai Biddy, et je jetai mes bras autour du cou de Joe. Je pris ensuite mon petit portemanteau et je partis. Bientôt j'entendis du bruit, et je regardai derrière moi : je vis Joe qui jetait un vieux soulier[1]. Je m'arrêtai pour agiter mon chapeau, et le bon Joe agitait son bras vigoureux au-dessus de sa tête, en criant de toutes ses forces.

« Hourra! »

Quant à Biddy, elle cachait sa tête dans son tablier.

Je m'éloignai d'un bon pas, pensant en moi-même qu'il était plus facile de partir que je ne l'avais supposé, et en réfléchissant à l'effet qu'auraient produit les vieux souliers jetés après la diligence en présence de toute la Grande-Rue. Je me mis à siffler, comme si cela ne me faisait rien de partir; mais le village était tranquille et silencieux, et les légères vapeurs du matin se levaient solennellement comme si elles eussent voulu me laisser apercevoir l'univers tout entier. J'avais été si petit et si innocent dans ces lieux; au delà, tout était si nouveau et si grand pour moi, que bientôt, en poussant un gros soupir, je me mis à fondre en larmes. C'était près du poteau indicateur qui se trouve tout au bout du village, et j'y appuyai ma main en disant :

« Adieu, ô mon cher, mon bien cher ami! »

Nous ne devrions jamais avoir honte de nos larmes, car c'est une pluie qui disperse la poussière, qui recouvre nos cœurs endurcis. Je me trouvai bien mieux quand j'eus pleuré : j'étais plus chagrin, je comprenais mieux mon ingratitude; en un mot, j'étais meilleur. Si j'avais pleuré plus tôt, j'aurais dit à Joe de m'accompagner.

Ces larmes m'émurent à tel point, qu'elles recom-

---

1. Habitude anglaise. Au moment du départ d'une personne aimée, on jette un vieux soulier en l'air, dans la direction que va prendre cette personne, comme souhait de bon voyage et d'heureux retour.

mencèrent à couler à plusieurs reprises pendant mon paisible voyage, et que de la voiture, apercevant encore au loin la ville, je délibérais, le cœur gonflé, si je ne descendrais pas au prochain relais, et si je ne retournerais pas à la maison pour y faire des adieux plus tendres. On changea de chevaux, et je n'avais encore rien résolu ; cependant, je me consolai en pensant que je pourrais descendre et retourner au relais suivant, lorsque nous repartîmes. Pendant que mon esprit était ainsi occupé, je m'imaginais voir, dans un homme qui suivait la même route que nous, l'exacte ressemblance de Joe, et mon cœur battait avec force, comme s'il eût été possible que ce fût lui.

Nous relayâmes encore, puis encore, enfin il fut trop tard et nous étions trop loin pour que je continuasse à penser à retourner sur mes pas. Le brouillard s'était entièrement et solennellement levé, et le monde s'étendait devant moi.

FIN DE LA PREMIÈRE PÉRIODE DES ESPÉRANCES DE PIP.

CHAPITRE XX.

Le voyage de notre ville, à la métropole, dura environ cinq heures. Il était un peu plus de midi lorsque la diligence à quatre chevaux dans laquelle j'étais placé s'engagea dans le labyrinthe commercial de Cross-Keys, de Wood-Street, de Cheapside, de Londres, en un mot.

Nous autres Anglais, nous avions particulièrement, à cette époque, décidé que c'était un crime de lèsenation que de mettre en doute qu'il pût y avoir au monde quelque chose de mieux que nous et tout ce que nous possédons : autrement, pendant que j'errais dans l'immensité de Londres, je me serais, je le crois, demandé souvent si la grande ville n'était pas tant soit peu laide, tortueuse, étroite et sale.

M. Jaggers m'avait dûment envoyé son adresse. C'était dans la Petite-Bretagne, et il avait eu soin d'écrire sur sa carte : « En sortant de Smithfield et près du bureau de la diligence. » Quoi qu'il en soit, un cocher de fiacre qui semblait avoir autant de collets à son graisseux manteau que d'années, m'emballa dans sa voiture après m'avoir hissé sur un nombre infini de marchepieds, comme s'il allait me conduire à cinquante milles. Il mit beaucoup de temps à monter sur un siége recouvert d'une vieille housse vert pois, toute rongée, usée par le temps, et déchiquetée par les vers. C'était un équipage merveilleux, avec six grandes couronnes de comte sur les panneaux, et derrière, quantité de choses tout en loques, pour supporter je ne sais combien de laquais, et une flèche en bas pour empêcher les piétons amateurs de céder à la tentation de remplacer les laquais.

J'avais à peine eu le temps de goûter les douceurs de la voiture et de penser combien elle ressemblait à une cour à fumier et à une boutique à chiffons, tout en cherchant pourquoi les sacs où les chevaux devaient manger se trouvaient à l'intérieur, quand je vis le cocher se préparer à descendre, comme si nous allions nous arrêter. Effectivement, nous nous arrêtâmes bientôt dans une rue à l'aspect sinistre, devant un certain bureau dont la porte était ouverte, et sur laquelle on lisait : M. JAGGERS.

« Combien ? demandai-je au cocher.

— Un shilling, me répondit-il, à moins que vous ne vouliez donner davantage. »

Naturellement, je ne voulais pas donner davantage, et je le lui dis.

« Alors, c'est un shilling, observa le cocher. Je ne tiens pas à me faire une affaire avec *lui*, je *le* connais. »

Il cligna de l'œil et secoua la tête en prononçant le nom de M. Jaggers.

Quand il eut pris son shilling et qu'il eut employé un certain temps à remonter sur son siége, il se décida à partir ; ce qui parut apporter un grand soulagement à son esprit. J'entrai dans le premier bureau avec mon porte manteau à la main, et je demandai si M. Jaggers était chez lui.

« Il n'y est pas, répondit le clerc, il est à la Cour. Est-ce à M. Pip que j'ai l'honneur de parler? »

Je fis un signe affirmatif.

« M. Jaggers a dit que vous l'attendiez dans son cabinet. Il n'a pu dire combien de temps il serait absent, ayant une cause en train, mais je suppose que son temps étant très-précieux, il ne sera que le temps strictement nécessaire. »

Sur ces mots, le clerc ouvrit une porte et me fit entrer dans une pièce retirée, donnant sur le derrière. Là, je trouvai un individu borgne, entièrement vêtu de velours, et portant des culottes courtes. Cet individu, se trouvant interrompu dans la lecture de son journal, s'essuya le nez avec sa manche.

« Allez attendre dehors, Mike, » dit le clerc.

Je commençai à balbutier que j'espérais ne pas être importun, quand le clerc poussa l'individu dehors avec si peu de cérémonie, que j'en fus tout étonné. Puis, lui jetant sa casquette sur les talons d'un air de moquerie, il me laissa seul.

Le cabinet de M. Jaggers recevait la lumière d'en haut. C'était un lieu fort triste. Le vitrage était tout de pièces et de morceaux, comme une tête cassée, et les maisons voisines, toutes déformées, semblaient se pencher pour me regarder au travers. Il n'y avait pas autant de paperasses que je m'attendais à en trouver; mais il y avait des objets singuliers que je ne m'attendais pas du tout à voir. Par exemple, on pouvait contempler dans ce lieu singulier un vieux pistolet rouillé, un sabre dans son fourreau, plusieurs boîtes et plusieurs paquets à l'aspect étrange, et sur une tablette deux effroyables moules en plâtre, de figures particulièrement enflées et tirées autour du nez. Le fauteuil à dossier de M. Jaggers était recouvert en crin noir et avait des rangées de clous en cuivre tout autour, comme un cercueil. Il me semblait le voir s'étaler dans ce fauteuil et mordre son index devant ses clients. La pièce était petite, et les clients paraissaient avoir l'habitude de s'appuyer contre le mur, car il était, surtout en face du fauteuil de M. Jaggers, tout graisseux, sans doute par le frottement continuel des épaules. Je me rappelais en effet que l'individu borgne s'était glissé adroitement contre la muraille, quand j'avais été la cause innocente de son expulsion.

Je m'assis sur la chaise des clients, placée tout contre le fauteuil de M. Jaggers, et je fus fasciné par la sombre atmosphère du lieu. Je me souviens d'avoir remarqué que le clerc avait, comme son patron, l'air de savoir toujours quelque chose de désavantageux sur chacun des gens qui se présentaient devant lui. Je me demandais en moi-même combien il y avait de clercs à l'étage supérieur, et s'ils avaient tous la même puissance nuisible sur leurs semblables? Je m'étonnais de voir tant de vieille paille dans la chambre, et je me demandais comment elle y était venue? J'étais curieux de savoir si les deux figures enflées étaient de la famille de M. Jaggers, et je me demandais pourquoi, s'il était réellement assez infortuné pour avoir eu deux parents d'aussi mauvaise mine, il les reléguait sur cette tablette poudreuse, exposés à être noircis par les mouches, au lieu de leur donner une place au foyer domestique? Je n'avais, bien entendu, aucune idée de ce que c'était qu'un jour d'été à Londres, et mon esprit pouvait bien être oppressé par l'air chaud et étouffant et par la poussière et le gravier qui couvraient tous les meubles. Cependant, je continuai à rester assis et à attendre dans l'étroit cabinet de M. Jaggers, tout étonné de ce que je voyais, jusqu'au moment où il me devint impossible de supporter plus longtemps la vue des deux bustes placés en face du fauteuil de M. Jaggers. Je me levai donc, et je sortis.

Quand je dis au clerc que j'allais faire un tour et prendre l'air en attendant le retour de M. Jaggers, il me conseilla d'aller jusqu'au bout de la rue, de tourner le coin, et m'apprit que là je tomberais dans Smithfield. En effet, j'y fus bientôt. Cette ignoble place, toute remplie d'ordures, de graisse, de sang et d'écume semblait m'attacher et me retenir. J'en sortis avec toute la promptitude possible, en tournant dans une rue où j'aperçus le grand dôme de Saint-Paul, qui se penchait pour me voir, par-dessus une construction lugubre, qu'un passant m'apprit être la prison de Newgate. En suivant le mur de la prison, je trouvai le chemin couvert de paille, pour étouffer le bruit des voitures. Je jugeai par là, et par la quantité de gens qui stationnaient tout alentour, en exhalant une forte odeur de bière et de liqueurs, que les jugements allaient leur train.

Pendant que je regardais autour de moi, un employé de justice, excessivement sale et à moitié ivre, me demanda si je ne désirais pas entrer pour entendre prononcer un jugement ou deux; il m'assura qu'il pouvait me faire avoir une place de devant, moyennant la somme d'une demi-couronne; que pour ce prix modique je verrais tout à mon aise le Lord Grand-Juge avec sa grande robe et sa grande perruque; il m'annonçait ce terrible personnage comme on annonce les figures de cire, mais bientôt il me l'offrit au prix réduit de dix-huit pence. Comme je déclinais sa proposition, sous prétexte de rendez-vous, il eut la bonté de me faire entrer dans une cour, et de me montrer l'endroit où on rangeait les potences, et aussi celui où on fouettait publiquement. Ensuite, il me montra la porte par laquelle les condamnés passent pour se rendre au supplice ; augmentant l'intérêt que devait exciter en moi cette terrible porte, en me donnant à entendre que le surlendemain, à huit heures du matin, quatre de ces malheureux devaient passer par là pour être pendus sur une seule ligne. C'était horrible et cela me fit concevoir une triste idée de Londres, d'autant plus que celui qui avait voulu me faire voir le Lord Grand-Juge portait, des pieds à la tête, jusqu'à son mouchoir inclusivement, des habits qui, évidemment, dans l'origine, ne lui avaient pas appartenu, et qu'il devait avoir achetés, du moins je l'avais en tête, à vil prix chez le bourreau. Dans ces circonstances, je crus en être quitte à bon compte en lui donnant un shilling.

Je passai à l'étude pour demander si M. Jaggers était rentré. Là j'appris qu'il était encore absent, et je sortis de nouveau. Cette fois je fis le tour de la Petite Bretagne en tournant par le clos Bartholomé. J'appris alors que d'autres personnes que moi attendaient le retour de M. Jaggers. Il y avait deux hommes à l'aspect mystérieux qui longeaient le clos Bartholomé, occupés, tout en causant, à mettre le bout de leurs souliers entre les pavés. L'un d'eux disait à l'autre, au moment où ils passaient près de moi pour la première fois :

« Jaggers le ferait si cela était à faire. »

Il y avait un rassemblement de deux femmes et de trois hommes dans un coin. Une des deux femmes versait des larmes sur son châle, et l'autre, tout en la tirant par son châle, la consolait en disant :

« Jaggers est pour lui, Mélia, que veux-tu de plus ? »

Or, pendant que je flânais dans le clos Bartholomé, un petit juif borgne survint. Il était accompagné d'un autre petit juif qu'il envoya faire une commission. En l'absence du messager, je remarquai que ce juif, qui sans doute était d'un tempérament nerveux, se livrait à une gigue d'impatience sous un réverbère, tout en répétant avec une sorte de frénésie ces mots :

« Oh! Zazzerz!... Zazzerz?... Zazzerz?... Tous les autres ne valent pas le diable! C'est Zazzerz qu'il me faut! »

Ces témoignages de la popularité de mon tuteur me firent une profonde impression, et j'admirai, en m'étonnant plus que jamais.

A la fin, en regardant à travers la grille de fer du clos Bartholomé, dans la Petite Bretagne, je vis M. Jaggers qui traversait la rue et venait de mon côté. Tous ceux qui l'attendaient le virent en même temps que moi. Ce fut un véritable assaut. M. Jaggers mit une main sur mon épaule, m'entraîna et me fit marcher à ses côtés sans me dire une seule parole, puis il s'adressa à ceux qui le suivaient.

Il commença par les deux hommes mystérieux :

« Je n'ai rien à vous dire, fit M. Jaggers en leur montrant son index; je n'en veux pas savoir davantage : quant au résultat, c'est une flouerie, je vous ai toujours dit que c'était une flouerie!... Avez-vous payé Wemmick?

— Nous nous sommes procuré l'argent ce matin, monsieur, dit un des deux hommes d'un ton soumis, tandis que l'autre interrogeait la physionomie de M. Jaggers.

— Je ne vous demande ni quand ni comment vous vous l'êtes procuré.... Wemmick l'a-t-il?

— Oui, monsieur, répondirent les deux hommes en même temps.

— Très-bien! Alors, vous pouvez vous en aller, je

ne veux plus rien entendre! dit M. Jaggers en agitant sa main pour les renvoyer. Si vous me dites un mot de plus, j'abandonne l'affaire.

— Nous avons pensé, monsieur Jaggers..., commença un des deux hommes en ôtant son chapeau.

— C'est ce que je vous ai dit de ne pas faire, dit M. Jaggers. Vous avez pensé.... à quoi et pourquoi faire?... je dois penser pour vous. Si j'ai besoin de vous, je sais où vous trouver. Je n'ai pas besoin que vous veniez me trouver. Allons, assez, pas un mot de plus! »

Les deux hommes se regardèrent pendant que M. Jaggers agitait sa main pour les renvoyer, puis ils se retirèrent humblement sans proférer une parole.

« A vous, maintenant! dit M. Jaggers, s'arrêtant tout à coup pour s'adresser aux deux femmes qui avaient des châles, à celles que les trois hommes venaient de quitter. Oh! Amélia, est-ce vrai?

— Oui, M. Jaggers.

— Et vous souvenez-vous, repartit M. Jaggers, que sans moi vous ne seriez pas et ne pourriez pas être ici?

— Oh! oui, vraiment, monsieur! répondirent simultanément les femmes, que Dieu vous garde, monsieur, nous le savons bien!

— Alors, dit M. Jaggers, pourquoi venez-vous ici?

— Mon billet, monsieur, fit la femme qui pleurait.

— Hein? fit M. Jaggers; une fois pour toutes, si vous ne pensez pas que votre billet soit en bonnes mains, je le sais, moi; et si vous venez ici pour m'ennuyer avec votre billet, je ferai un exemple de vous et de votre billet en le laissant glisser de mes mains. Avez-vous payé Wemmick?

— Oh! oui, monsieur, jusqu'au dernier penny.

— Très-bien. Alors vous avez fait tout ce que vous

aviez à faire. Dites un mot..... un seul mot de plus....
et Wemmick va vous rendre votre argent. »

Cette terrible menace nous débarrassa immédiatement des deux femmes. Il ne restait plus personne que le juif irritable qui avait déjà, à plusieurs reprises, porté à ses lèvres le pan de l'habit de M. Jaggers.

« Je ne connais pas cet homme, dit M. Jaggers toujours du même ton peu engageant. Que veut cet individu?

— Mon zer monzieur Zazzerz, ze zuis frère d'Abraham Lazaruz!

— Qu'est-ce? dit M. Jaggers; lâchez mon habit. »

L'homme ne lâcha prise qu'après avoir encore une fois baisé le pan de l'habit de M. Jaggers, et il répliqua:

« Abraham Lazaruz, zoupzonné pour l'arzenterie.

— Trop tard! dit M. Jaggers, trop tard! je suis pour l'autre partie!...

— Saint père! monsieur Zazzerz.... trop tard!... s'écria l'homme nerveux en pâlissant, ne dites pas que vous êtes contre Abraham Lazaruz!

— Si.... dit M. Jaggers, et c'est une affaire finie.... Allez vous-en!

— Monzieur Zazzerz, seulement une demi-minute. Mon couzin est en ce moment auprès de M. Wemmick pour lui offrir ce qu'il voudra. Monzieur Zazzerz! un quart de minute. Si vous avez reçu de l'autre partie une somme d'argent, quelle qu'elle soit, l'argent ne fait rien! Monsieur Zazzerz!... Monsieur!... »

Mon tuteur se débarrassa de l'importun avec un geste de suprême indifférence et le laissa se trémousser sur le pavé comme s'il eût été chauffé à blanc. Nous gagnâmes la maison sans plus d'interruption. Là, nous trouvâmes le clerc et l'homme en veste de velours et en casquette garnie de fourrrures.

« Mike est là, dit le clerc en quittant son tabouret et s'approchant confidentiellement de M. Jaggers.

— Oh ! dit M. Jaggers en se tournant vers l'homme qui ramenait une mèche de ses cheveux sur son front comme le taureau de Cock Robin tirait le cordon de la sonnette. Votre homme vient cette après-midi. Eh bien !

— Eh bien ! M. Jaggers, dit Mike avec la voix d'un homme qui a un rhume chronique ; après bien de la peine, j'en ai trouvé un qui pourra faire l'affaire.

— Qu'est-il prêt à jurer ?

— Monsieur Jaggers, dit Mike en essuyant cette fois son nez avec sa casquete de fourrure ; en somme je crois qu'il jurera n'importe quoi. »

M. Jaggers devenait de plus en plus irrité.

« Je vous avais cependant averti d'avance, dit-il en montrant son index au client craintif, que si vous supposiez avoir le droit de parler de la sorte ici, je ferais de vous un exemple. Comment ! infernal scélérat que vous êtes, osez-vous me parler ainsi ? »

Le client parut effrayé, et en même temps embarrassé comme un homme qui n'a pas conscience de ce qu'il a fait.

« Cruche ! dit le clerc en le poussant du coude, tête creuse ! Pourquoi lui dites-vous cela en face ?

— Allons ! répondez-moi vivement, mauvais garnement, dit mon tuteur d'un ton sévère : encore une fois et pour la dernière, qu'est-ce que l'homme que vous m'amenez est prêt à jurer ? »

Mike regardait mon tuteur dans le blanc des yeux, comme s'il eût cherché à y lire sa leçon, puis il répliqua lentement :

« Il donnera des renseignements d'un caractère général, ou bien il jurera qu'il a passé avec la personne toute la nuit en question.

— Allons, maintenant, faites bien attention : dans quelle position sociale est cet homme? »

Mike regardait tantôt sa casquette, tantôt le plancher, tantôt le plafond ; puis il tourna les yeux vers moi et vers le clerc, avant de risquer sa réponse, et en faisant beaucoup de mouvements, il se prit à dire :

« Nous l'avons habillé comme.... »

Mon tuteur s'écria tout à coup :

« Ah! vous y tenez!... vous y tenez!... »

— Cruche!... » ajouta le clerc en lui donnant encore une fois un grand coup de coude.

Après de nouvelles hésitations, Mike partit et recommença :

« Il est habillé en homme respectable, comme qui dirait un pâtissier.

— Est-il là? demanda M. Jaggers.

— Je l'ai laissé, répondit Mike, assis sur le pas d'une porte au coin de la rue.

— Faites-le passer devant cette fenêtre, que je le voie. »

La fenêtre indiquée était celle de l'étude. Nous nous approchâmes tous les trois derrière le grillage, et nous vîmes le client passer comme par hasard en compagnie d'un grand escogriffe à l'air sinistre, vêtu de blanc et portant un chapeau en papier. Ce marmiton était loin d'être à jeun, il avait un certain œil poché qui était devenu vert et jaune, vu son état de convalescence, et qu'il avait peint pour le dissimuler.

« Dites-lui qu'il emmène son témoin sur-le-champ, dit mon tuteur au clerc avec un profond dégoût, et demandez-lui ce qu'il entend que je fasse d'un pareil individu. »

Mon tuteur m'emmena ensuite dans son propre appartement, et, tout en déjeunant avec des sandwiches et un flacon de Sherry, il m'apprit en ce moment les dispositions qu'il avait prises pour moi. Je devais me rendre à l'Hôtel Barnard, chez M. Pocket junior, où un lit avait été préparé pour me recevoir ; je devais rester avec M. Pocket junior jusqu'au lundi ; et, ce jour-là je devais me rendre avec lui chez M. son père afin de pouvoir décider si je pourrais m'y plaire. J'appris aussi quelle serait ma pension ; elle était fort convenable. Mon tuteur tira de son tiroir pour me les donner les adresses de plusieurs négociants auxquels je devais recourir pour mes vêtements et tout ce dont je pourrais avoir besoin.

« Vous serez satisfait du crédit qu'on vous accordera, monsieur Pip, dit mon tuteur, dont la bouteille de Sherry répandait autant d'odeur que le fût lui-même, pendant qu'il se rafraîchissait à la hâte ; mais je serai toujours à même de suspendre votre pension, si je vous trouve jamais ayant affaire aux policemen. Il est certain que vous tournerez mal d'une façon ou d'une autre, mais ce n'est pas de ma faute. »

Quand j'eus réfléchi pendant quelques instants sur cette opinion encourageante, je demandai à M. Jaggers si je pouvais envoyer chercher une voiture. Il me répondit que cela n'en valait pas la peine, que j'étais très-près de ma destination, et que Wemmick m'accompagnerait si je le désirais.

J'appris alors que Wemmick était le clerc que j'avais vu dans l'étude. On sonna un autre clerc occupé en haut et qui vint prendre la place de Wemmick pendant que Wemmick serait absent. Je l'accompagnai dans la rue après avoir serré les mains de mon tuteur. Nous trouvâmes une foule de gens qui rôdaient devant la porte ; mais Wemmick sut se frayer un chemin au milieu d'eux en leur disant doucement, mais d'un ton déterminé :

« Je vous dis que c'est inutile ; il n'a absolument rien à vous dire. »

Nous pûmes donc bientôt nous en débarrasser, et nous poursuivîmes notre chemin en marchant côte à côte.

CHAPITRE XXI.

Je jetai les yeux sur M. Wemmick, tout en marchant à côté de lui, pour voir à quoi il ressemblait en plein jour. Je trouvai que c'était un homme sec, plutôt court que grand, ayant une figure de bois, carrée, dont les traits semblaient avoir été dégrossis au moyen d'un ciseau ébréché, il y avait quelques endroits qui auraient formé des fossettes si l'instrument eût été plus fin et la matière plus délicate, mais qui, de fait, n'étaient que des échancrures : le ciseau avait tenté trois ou quatre de ces embellissements sur son nez, mais il les avait abandonnés sans faire le moindre effort pour les parachever. Je jugeai qu'il devait être célibataire, d'après l'état éraillé de son linge, et il semblait avoir supporté bien des pertes, car il portait au moins quatre anneaux de deuil, sans compter une broche représentant une dame et un saule pleureur devant une tombe surmontée d'une urne. Je remarquai aussi que plusieurs anneaux et un certain nombre de cachets pendaient à sa chaine de montre, comme s'il eût été surchargé de souvenirs d'amis qui n'étaient plus. Il avait des yeux brillants, petits, perçants et noirs, des lèvres minces et entr'ouvertes, et avec cela, selon mon estimation, il devait avoir de quarante à cinquante ans.

« Ainsi donc vous n'êtes encore jamais venu à Londres? me dit M. Wemmick.

— Non, dis-je.

— J'ai moi-même été autrefois aussi neuf que vous ici, dit M. Wemmick, c'est une drôle de chose à penser aujourd'hui.

— Vous connaissez bien tout Londres, maintenant?

— Mais oui, dit M. Wemmick, je sais comment tout s'y passe.

— C'est donc un bien mauvais lieu? demandai-je plutôt pour dire quelque chose que pour me renseigner.

— Vous pouvez être floué, volé et assassiné à Londres; mais il y a partout des gens qui vous en feraient autant.

— Il y a peut-être quelque vieille rancune entre vous et ces gens-là? dis-je pour adoucir un peu cette dernière phrase.

— Oh! je ne connais pas les vieilles rancunes, repartit M. Wemmick. Il n'y a guère de vieille rancune quand il n'y a rien à y gagner.

— C'est encore pire.

— Vous croyez cela? reprit M. Wemmick.

— Ma foi, je ne dis pas non. »

Il portait son chapeau sur le derrière de la tête et regardait droit devant lui, tout en marchant avec indifférence dans les rues comme s'il n'y avait rien qui pût attirer son attention. Sa bouche était ouverte comme le trou d'une boîte aux lettres, et il avait l'air de sourire machinalement. Nous étions déjà en haut d'Holborn Hill, avant que j'eusse pu me rendre compte qu'il ne souriait pas du tout, et que ce n'était qu'un mouvement mécanique.

« Savez-vous où demeure M. Mathieu Pocket? demandai-je.

— Oui, dit-il, à Hammersmith, à l'ouest de Londres.

— Est-ce loin?

— Assez.... à peu près à cinq milles.

— Le connaissez-vous?

— Mais vous êtes un véritable juge d'instruction, dit M. Wemmick en me regardant d'un air approbateur, oui, je le connais..., je le connais!... »

Il y avait une espèce de demi-dénégation dans la manière dont il prononça ces mots qui m'oppressa, et je jetai un regard de côté sur le bloc de sa tête dans l'espoir d'y trouver quelque signe atténuant un peu le texte quand il m'avertit que nous étions arrivés à l'Hôtel Barnard. Mon oppression ne diminua pas à cette nouvelle, car j'avais supposé que cet établissement était un hôtel tenu par M. Barnard, auprès duquel le *Cochon bleu* de notre ville n'était qu'un simple cabaret. Cependant, je trouvai que Barnard n'était qu'un esprit sans corps, ou, si vous préférez, une fiction, et son hôtel le plus triste assemblage de constructions mesquines qu'on ait jamais entassées dans un coin humide pour y loger un club de matous.

Nous entrâmes dans cet asile par une porte à guichet, et nous tombâmes, par un passage de communication, dans un mélancolique petit jardin carré, qui me fit l'effet d'un cimetière sans sépulture ni tombeaux. Je crus voir qu'il y avait dans ce lieu les plus affreux arbres, les plus affreux pierrots, les plus affreux chats et les plus affreuses maisons, au nombre d'une demi-douzaine à peu près, que j'eusse jamais vus. Je m'aperçus que les fenêtres de cette suite de chambres, qui divisaient ces maisons, avaient à chaque étage des jalousies délabrées, des rideaux déchirés, des pots à fleurs desséchés, des carreaux brisés, des amas de poussière et de misérables haillons, pendant que les écriteaux : A LOUER — A LOUER — A LOUER — A LOUER, se penchaient sur moi en hehors des chambres vides, comme si de nouveaux infortunés ne pouvaient se résoudre à les occuper, et que la vengeance de l'âme de Barnard devait être lentement apaisée par le suicide successif des occupants actuels et par leur enterrement non sanctifié. Un linceul, dégoûtant de suie et de fumée, enveloppait cette création abandonnée de Barnard. Voilà tout ce qui frappait la vue aussi loin qu'elle pouvait s'étendre, tandis que la pourriture sèche et la pourriture humide et toutes les pourritures muettes qui existaient de la cave au grenier, également négligés, la mauvaise odeur des rats et des souris, des punaises et des remises qu'on avait sous la main, s'adressaient à mon sens olfactif et semblaient gémir à mes oreilles :

« Voilà la Mixture de Barnard, essayez-en. »

Cela réalisait si peu la première de mes grandes espérances, que je jetai un regard de désappointement sur M. Wemmick.

« Ah ! dit-il en se méprenant, cette retraite vous rappelle la campagne ; c'est comme à moi. »

Il me conduisit par un coin en haut d'un escalier qui me parut s'effondrer lentement sous la poussière dont il était encombré ; de sorte qu'au premier jour les locataires de l'étage supérieur, en sortant de chez eux, pouvaient se trouver dans l'impossibilité de descendre. Sur l'une des portes, on lisait : M. POCKET JUNIOR, et écrit à la main, sur la boîte aux lettres : *va bientôt rentrer*.

« Il ne pensait sans doute pas que vous seriez arrivé si matin, dit M. Wemmick. Vous n'avez plus besoin de moi ?

— Non, je vous remercie, dis-je.

— Comme c'est moi qui tiens la caisse, dit M. Wemmick, il est probale que nous nous verrons assez souvent. Bonjour!

— Bonjour! »

J'avançai la main, et M. Wemmick commença par la regarder, comme s'il croyait que je demandais quelque chose, puis il me regarda, et dit en se reprenant :

« Oh! certainement oui.... vous avez donc l'habitude de donner des poignées de main? »

J'étais quelque peu confus, en pensant que cela n'était plus de mode à Londres; mais je répondis que oui.

« J'en ai si peu l'habitude maintenant, dit M. Wemmick; cependant, croyez que je suis bien aise de faire votre connaissance. Bonjour. »

Quand nous nous fûmes serré les mains et qu'il fut parti, j'ouvris la fenêtre donnant sur l'escalier, et je manquai d'avoir la tête coupée, car les cordes de la poulie étaient pourries et la fenêtre retomba comme une guillotine[1]. Heureusement cela fut si prompt que je n'avais pas eu le temps de passer ma tête au dehors. Après avoir échappé à cet accident, je me contentai de prendre une idée confuse de l'hôtel à travers la fenêtre incrustée de poussière, regardant tristement dehors, et me disant que décidément Londres était une ville infiniment trop vantée.

L'idée que M. Pocket junior se faisait du mot « bientôt, » n'était certes pas la mienne, car j'étais devenu presque fou, à force de regarder dehors, et

---

[1] On ne connaît à Londres que les fenêtres à guillotine, mais dans les maisons convenablement tenues, elles sont très-bien agencées et fonctionnent très-régulièrement.

j'avais écrit, avec mon doigt, mon nom plusieurs fois sur la poussière de chacun des carreaux de la fenêtre avant d'entendre le moindre bruit de pas dans l'escalier. Peu à peu cependant, parut devant moi le chapeau, puis la tête, la cravate, le gilet, le pantalon et les bottes d'un gentleman à peu près semblable à moi. Il portait sous chacun de ses bras un sac en papier et un pot de fraises dans une main. Il était tout essoufflé.

« Monsieur Pip? dit-il.

— Monsieur Pocket? dis-je.

— Mon cher! s'écria-t-il, je suis excessivement fâché, mais j'ai appris qu'il arrivait à midi une diligence de votre pays, et j'ai pensé que vous prendriez celle-là. La vérité, c'est que je suis sorti pour vous, non pas que je vous donne cela pour excuse, mais j'ai pensé qu'arrivant de la campagne, vous seriez bien aise de goûter un petit fruit après votre dîner, et je suis allé moi-même au marché de Covent Garden pour en avoir de bons. »

Pour une raison à moi connue, j'éprouvais la même impression que si mes yeux allaient me sortir de la tête; je le remerciai de son attention intempestive, et je me demandais si c'était un rêve.

« Mon Dieu! dit M. Pocket junior, cette porte est si dure.... »

Comme il allait mettre les fraises en marmelade, en se débattant avec la porte, et laisser tomber les sacs en papier qui étaient sous son bras, je le priai de me permettre de les tenir. Il me les confia avec un agréable sourire; puis il se battit derechef avec la porte comme si c'eût été une bête féroce; elle céda si subitement, qu'il fut rejeté sur moi, et que moi, je fus rejeté sur la porte d'en face. Nous éclatâmes de rire tous deux.

Mais je sentais encore davantage mes yeux sortir de

ma tête, et j'étais de plus en plus convaincu que tout cela était un rêve.

« Entrez donc, je vous prie, dit M. Pocket junior, permettez moi de vous montrer le chemin. C'est un peu dénudé ici, mais j'espère que vous vous y conviendrez jusqu'à lundi. Mon père a pensé que vous préféreriez passer la soirée de demain avec moi plutôt qu'avec lui, et si vous avez envie de faire une petite promenade dans Londres, je serai certainement très-heureux de vous faire voir la ville. Quant à notre table, vous ne la trouverez pas mauvaise, j'espère ; car elle sera servie par le restaurant de la maison, et (est-il nécessaire de le dire) à vos frais. Telles sont les recommandations de M. Jaggers. Quant à notre logement, il n'est pas splendide, parce que j'ai mon pain à gagner et mon père n'a rien à me donner ; d'ailleurs, je ne serais pas disposé à rien recevoir de lui, en admettant qu'il pût me donner quelque chose. Ceci est notre salon, juste autant de chaises, de tables, de tapis, etc., qu'on a pu en détourner de la maison. Vous n'avez pas à me remercier pour le linge de table, les cuillers, les fourchettes, parce que je les fais venir pour vous du restaurant. Ceci est ma petite chambre à coucher ; c'est un peu moisi, mais tout ce qui a appartenu à la maison Barnard est moisi. Ceci est votre chambre, les meubles ont été loués exprès pour vous ; j'espère qu'ils vous suffiront. Si vous avez besoin de quelque chose, je vous le procurerai. Ces chambres sont retirées, et nous y serons seuls ; mais nous ne nous battrons pas, j'ose le dire. Mais, mon Dieu ! pardonnez-moi, vous tenez les fruits depuis tout ce temps ; passez-moi ces paquets, je vous prie, je suis vraiment honteux.... »

Pendant que j'étais placé devant M. Pocket junior, occupé à lui redonner les paquets, une..., deux..., je vis dans ses yeux le même étonnement que je savais être dans les miens, et il dit en se reculant :

« Que Dieu me bénisse ! vous êtes le jeune garçon que j'ai trouvé rôdant....

— Et vous, dis-je, vous êtes le jeune homme pâle de la brasserie ! »

CHAPITRE XXII.

Le jeune homme pâle et moi, nous restâmes en contemplation l'un devant l'autre, dans la chambre de l'Hôtel Barnard, jusqu'au moment où nous partîmes d'un grand éclat de rire.

« Est-il possible!... Est-ce bien vous? dit-il.

— Est-il possible! Est-ce bien vous? » dis-je.

Et puis nous nous contemplâmes de nouveau, et de nouveau nous nous remîmes à éclater de rire.

« Eh bien! dit le jeune homme pâle en avançant sa main d'un air de bonne humeur, c'est fini, j'espère, et vous serez assez magnanime pour me pardonner de vous avoir battu comme je l'ai fait? »

Je compris à ce discours que M. Herbert Pocket (car Herbert était le prénom du jeune homme pâle), confondait encore l'intention et l'exécution ; mais je fis une réponse modeste, et nous nous serrâmes chaleureusement les mains.

« Vous n'étiez pas encore en bonne passe de fortune à cette époque? dit Herbert Pocket.

— Non, répondis-je.

— Non, répéta-t-il, j'ai appris que c'était arrivé tout dernièrement. Je cherchais moi-même quelque bonne occasion de faire fortune à ce moment.

— En vérité?

— Oui, miss Havisham m'avait envoyé chercher pour voir si elle pourrait me prendre en affection, mais elle ne l'a pas pu.... ou dans tous les cas elle ne l'a pas fait. »

Je crus poli de remarquer que j'en étais très-étonné.

« C'est une preuve de son mauvais goût! dit Herbert en riant; mais c'est un fait. Oui, elle m'avait envoyé chercher pour une visite d'essai, et si j'étais sorti avec succès de cette épreuve, je suppose qu'on aurait pourvu à mes besoins; peut-être aurais-je été le..., comme vous voudrez l'appeler, d'Estelle.

— Qu'est-ce que c'est que cela? » demandai-je tout à coup avec gravité.

Il était occupé à arranger ses fruits sur une assiette, tout en parlant; c'est probablement ce qui détournait son attention, et avait été cause que le vrai mot ne lui était pas venu.

« Fiancé! reprit-il, promis.... engagé.... comme vous voudrez, ou tout autre mot de cette sorte.

— Comment avez-vous supporté votre désappointement? demandai-je.

— Bah! dit-il, ça m'était bien égal. C'est une sauvage.

— Miss Havisham? dis-je.

— Je ne dis pas cela pour elle : c'est d'Estelle que je voulais parler. Cette fille est dure, hautaine et capricieuse au dernier point; elle a été élevée par miss Havisham pour exercer sa vengeance sur tout le sexe masculin.

— Quel est son degré de parenté avec miss Havisham?

— Elle ne lui est pas parente, dit-il; mais miss Havisham l'a adoptée.

— Pourquoi se vengerait-elle sur tout le sexe masculin ? comment cela ?....

— Comment, monsieur Pip, dit-il, ne le savez-vous pas ?

— Non, dis-je.

— Mon Dieu ! mais c'est toute une histoire, nous la garderons pour le dîner. Et maintenant, permettez-moi de vous faire une question. Comment étiez-vous venu là le jour que vous savez ? »

Je le lui dis, et il m'écouta avec attention jusqu'à ce que j'eusse fini ; puis il se mit à rire de nouveau, et il me demanda si j'en avais souffert dans la suite. Je ne lui fis pas la même question, car ma conviction sur ce point était parfaitement établie.

« M. Jaggers est votre tuteur, à ce que je vois, continua-t-il.

— Oui.

— Vous savez qu'il est l'homme d'affaires et l'avoué de miss Havisham, et qu'il a sa confiance quand nul autre ne l'a ? »

Ceci m'amenait, je le sentais, sur un terrain dangereux. Je répondis, avec une contrainte que je n'essayai pas de déguiser, que j'avais vu M. Jaggers chez miss Havisham le jour même de notre combat ; mais que c'était la seule fois, et que je croyais qu'il n'avait, lui, aucun souvenir de m'avoir jamais vu.

« Il a eu l'obligeance de proposer mon père pour être votre précepteur, et il est venu le voir à ce sujet. Sans doute il avait connu mon père par ses rapports avec miss Havisham. Mon père est le cousin de miss Havisham, non pas que cela implique des relations très-suivies entre eux, car il n'est qu'un bien mauvais courtisan, et il ne cherche pas à se faire bien venir d'elle. »

Herbert Pocket avait des manières franches et faciles qui étaient très-séduisantes. Je n'avais jamais vu personne alors, et je n'ai jamais vu personne depuis qui exprimât plus fortement, tant par la voix que par le regard, une incapacité naturelle de faire quoi que ce soit de vil ou de dissimulé. Il y avait quelque chose de merveilleusement confiant dans tout son air, et, en même temps, quelque chose me disait tout bas qu'il ne réussirait jamais et qu'il ne serait jamais riche. Je ne sais pas comment cela se faisait. J'eus cette conviction absolue dès le premier jour de notre rencontre et avant de nous mettre à table; mais je ne saurais définir par quels moyens.

C'était toujours un jeune homme pâle; il avait dans toute sa personne une certaine langueur acquise, qu'on découvrait même au milieu de sa belle humeur et de sa gaieté, et qui ne semblait pas indiquer une nature vigoureuse. Son visage n'était pas beau, mais il était mieux que beau, car il était extrêmement gai et affable. Son corps était un peu gauche, comme dans le temps où mes poings avaient pris avec lui les libertés qu'on connaît; mais il semblait de ceux qui doivent toujours paraître légers et jeunes. Les confections locales de M. Trabb l'auraient-elles habillé plus gracieusement que moi? C'est une question. Mais ce dont je suis certain, c'est qu'il portait ses habits, quelque peu vieux, beaucoup mieux que je ne portais les miens, qui étaient tout neufs.

Comme il se montrait très-expansif, je sentis que pour des gens de nos âges la réserve de ma part serait peu convenable en retour. Je lui racontai donc ma petite histoire, en répétant à plusieurs reprises, et avec force, qu'il m'était interdit de rechercher quel était mon bienfaiteur. Je lui dis un peu plus tard, qu'ayant été élevé en forgeron de campagne, et ne connaissant que fort peu les usages de la politesse, je considérerais comme une grande bonté de sa part qu'il voulût bien m'avertir à demi-mot toutes les fois qu'il me verrait sur le point de faire quelque sottise.

« Avec plaisir, dit-il, bien que je puisse prédire que vous n'aurez pas besoin d'être averti souvent. J'aime à croire que nous serons souvent ensemble, et je serais bien aise de bannir sur-le-champ toute espèce de contrainte entre nous. Vous plaît-il de m'accorder la faveur de commencer dès à présent à m'appeler par mon nom de baptême, Herbert? »

Je le remerciai, en disant que je ne demandais pas mieux et, en échange, je l'informai que mon nom de baptême était Philip.

« Je ne donne pas dans Philip, dit-il en souriant, cela sonne mal et me rappelle l'enfant de la fable du syllabaire, qui est un paresseux et tombe dans une mare, ou bien qui est si gras qu'il ne peut ouvrir les yeux et par conséquent rien voir, ou si avare qu'il enferme ses gâteaux jusqu'à ce que les souris les mangent, ou si déterminé, qu'il va dénicher des oiseaux et est mangé par des ours, qui vivent très-près dans le voisinage. Je vais vous dire ce qui me conviendrait. Nous sommes en bonne harmonie, et vous avez été forgeron, rappelez-vous-le.... Cela vous serait-il égal?...

— Tout ce que vous me proposerez me sera égal, répondis-je; mais je ne vous comprends pas.

— Vous serait-il égal que je vous appelasse Haendel? Il y a un charmant morceau de musique de Haendel, intitulé l'*Harmonieux forgeron*.

— J'aimerais beaucoup ce nom.

— Alors, mon cher Haendel, dit-il en se retournant

comme la porte s'ouvrait, voici le dîner, et je dois vous prier de prendre le haut de la table, parce que c'est vous qui m'offrez à dîner. »

Je ne voulus rien entendre à ce sujet. En conséquence, il prit le haut de la table et je me mis en face de lui. C'était un excellent petit dîner, qui alors me parut un véritable festin de Lord Maire; il avait d'autant plus de valeur, qu'il était mangé dans des circonstances particulières, car il n'y avait pas de vieilles gens avec nous, et nous avions Londres tout autour de nous; mais ce plaisir était encore augmenté par un certain laisser aller bohème qui présidait au banquet; car, tandis que la table était, comme l'aurait pu dire M. Pumblechook, le temple du luxe, étant entièrement fournie par le restaurant, l'encadrement de la pièce où nous nous tenions était comparativement mesquin, et avait une apparence peu appétissante. J'étonnais le garçon par mes habitudes excentriques et vagabondes de mettre les couverts sur le plancher, où il se précipitait après eux, le beurre fondu sur le fauteuil, le pain sur les rayons des livres, le fromage dans le panier à charbon, et la volaille bouillie dans le lit de la chambre voisine, où je trouvai encore le soir, en me mettant au lit, beaucoup de son persil et de son beurre, dans un état de congélation des moins gracieux : tout cela rendit la fête délicieuse, et, quand le garçon n'était pas là pour me surveiller, mon plaisir était sans mélange.

Nous étions déjà avancés dans notre dîner, quand je rappelai à Herbert sa promesse de me parler de miss Havisham.

« C'est vrai, reprit-il, je vais m'acquitter tout de suite. Permettez-moi de commencer, Haendel, par vous faire observer qu'à Londres, on n'a pas l'habitude de mettre son couteau dans sa bouche, par crainte d'accident, et que, bien que la fourchette soit réservée pour cet usage, il ne faut pas la faire entrer plus loin qu'il est nécessaire. C'est à peine digne d'être remarqué, mais il vaut mieux faire comme tout le monde. J'ajouterai qu'on ne tient pas sa cuiller sur sa main, mais dessous. Cela a un double avantage, vous arrivez plus facilement à la bouche, ce qui, après tout, est l'objet principal, et vous épargnez, dans une infinité de cas, à votre épaule droite, l'attitude qu'on prend en ouvrant des huîtres. »

Il me fit ces observations amicales d'une manière si enjouée, que nous en rîmes tous les deux, et qu'à peine cela me fit-il rougir.

« Maintenant, continua-t-il, parlons de miss Havisham. Miss Havisham, vous devez le savoir, a été une enfant gâtée. Sa mère mourut qu'elle n'était encore qu'une enfant, et son père ne sut rien lui refuser. Son père était gentleman campagnard, et, de plus, il était brasseur. Je ne sais pourquoi il est très-bien vu d'être brasseur dans cette partie du globe, mais il est incontestable que, tandis que vous ne pouvez convenablement être gentleman et faire du pain, vous pouvez être aussi gentleman que n'importe qui et faire de la bière, vous voyez cela tous les jours.

— Cependant un gentleman ne peut tenir un café, n'est-ce pas? dis-je.

— Non, sous aucun prétexte, répondit Herbert; mais un café peut retenir un gentleman. Eh bien! donc, M. Havisham était très-riche et très-fier, et sa fille était de même.

— Miss Havisham était fille unique? hasardai-je.

— Attendez un peu, j'y arrive. Non, elle n'était pas fille unique. Elle avait un frère consanguin. Son père s'était remarié secrètement.... avec sa cuisinière, je pense.

— Je croyais qu'il était fier? dis-je.

— Mon bon Haendel, certes, oui, il l'était. Il épousa sa seconde femme secrètement, parce qu'il était fier, et peu de temps après elle mourut. Quand elle fut morte, il avoua à sa fille, à ce que je crois, ce qu'il avait fait; alors le fils devint membre de la famille et demeura dans la maison que vous avez vue. En grandissant, ce fils devint turbulent, extravagant, désobéissant; en un mot, un mauvais garnement. Enfin, son père le déshérita; mais il se radoucit à son lit de mort, et le laissa dans une bonne position, moins bonne cependant que celle de miss Havisham.... Prenez un verre de vin, et excusez-moi de vous dire que la société n'exige pas que nous vidions si stoïquement et si consciencieusement notre verre, et que nous tournions son fonds sens dessus dessous, en appuyant ses bords sur notre nez. »

Dans l'extrême attention que j'apportais à son récit, je m'étais laissé aller à commettre cette inconvenance. Je le remerciai en m'excusant :

« Pas du tout, » me dit-il.

Et il continua.

« Miss Havisham était donc une héritière, et, comme vous pouvez le supposer, elle était fort recherchée comme un bon parti. Son frère consanguin avait de nouveau une fortune suffisante; mais ses dettes d'un côté, de nouvelles folies de l'autre, l'eurent bientôt dissipée une seconde fois. Il y avait une plus grande différence de manière d'être, entre lui et elle, qu'il n'y en avait entre lui et son père, et on suppose qu'il nourrissait contre elle une haine mortelle, parce qu'elle avait cherché à augmenter la colère du père

J'arrive maintenant à la partie cruelle de l'histoire, m'arrêtant seulement, mon cher Haendel, pour vous faire remarquer qu'une serviette ne peut entrer dans un verre. »

Il me serait tout à fait impossible de dire pourquoi j'essayais de faire entrer la mienne dans mon verre : tout ce que je sais, c'est que je me surpris faisant, avec une persévérance digne d'une meilleure cause, des efforts inouïs pour la comprimer dans ces étroites limites. Je le remerciai de nouveau en m'excusant, et de nouveau avec la même bonne humeur, il me dit :

« Pas du tout, je vous assure. »

Et il reprit :

« Alors apparut dans le monde, c'est-à-dire aux courses, dans les bals publics, ou n'importe où il vous plaira un certain monsieur qui fit la cour à miss Havisham. Je ne l'ai jamais vu, car il y a vingt-cinq ans que ce que je vous raconte est arrivé, bien avant que vous et moi nous fussions au monde, Haendel; mais j'ai entendu mon père dire que c'était un homme élégant, et justement l'homme qu'il fallait pour plaire à miss Havisham. Mais ce que mon père affirmait le plus fortement, c'est que sans prévention et sans ignorance, on ne pouvait le prendre pour un véritable gentleman; mon père avait pour principe qu'un homme qui n'est pas vraiment gentleman par le cœur, n'a jamais été, depuis que le monde existe, un vrai gentleman par les manières. Il disait aussi qu'aucun vernis ne peut cacher le grain du bois, et que plus on met de vernis dessus, plus le grain devient apparent. Très-bien! Cet homme serra de près miss Havisham, et fit semblant de lui être très-dévoué. Je crois que jusqu'à ce moment, elle n'avait pas montré beaucoup de sensibilité, mais tout ce qu'elle en possédait se montra certainement alors. Elle l'aima passionnément. Il n'y a pas de doute qu'elle ne l'idolâtrât. Il exerçait une si forte influence sur son affection par sa conduite rusée, qu'il en obtint de fortes sommes d'argent et l'amena à racheter à son frère sa part de la brasserie, que son père lui avait laissée par faiblesse, à un prix énorme, et en lui faisant prendre l'engagement, que lorsqu'il serait son mari, il gérerait de tout. Votre tuteur ne faisait pas partie, à cette époque, des conseils de miss Havisham, et elle était trop hautaine et trop éprise pour se laisser conseiller par quelqu'un. Ses parents étaient pauvres et intrigants, à l'exception de mon père. Il était assez pauvre, mais il n'était ni avide, ni jaloux, et c'était le seul qui fût indépendant parmi eux. Il l'avertit qu'elle faisait trop pour cet homme, et qu'elle se mettait trop complétement à sa merci. Elle saisit la première occasion qui se présenta d'ordonner à mon père de sortir de sa présence et de sa maison, et mon père ne l'a jamais revue depuis. »

A ce moment du récit de mon convive je me rappelai que miss Havisham avait dit : « Mathieu viendra me voir à la fin, quand je serai étendue morte sur cette table, » et je demandai à Herbert si son père était réellement si fâché contre elle.

« Ce n'est pas cela, dit-il, mais elle l'a accusé, en présence de son prétendu, d'être désappointé d'avoir perdu tout espoir de faire ses affaires en la flattant; et s'il y allait maintenant, cela paraîtrait vrai, à lui comme à elle. Revenons à ce prétendu pour en finir avec lui. Le jour du mariage fut fixé, les habits de noce achetés, le voyage qui devait suivre la noce projeté, les gens de la noce invités, le jour arriva, mais non pas le fiancé : il lui écrivit une lettre....

— Qu'elle reçut, m'écriai-je, au moment où elle

s'habillait pour la cérémonie.... à neuf heures moins vingt minutes....

— A cette heure et à ces minutes, dit Herbert en faisant un signe de tête affirmatif, heures et minutes auxquelles elle arrêta ensuite toutes les pendules. Ce qui, au fond de tout cela, fit manquer le mariage, je ne vous le dirai pas parce que je ne le sais pas.... Quand elle se releva d'une forte maladie qu'elle fit, elle laissa tomber toute la maison dans l'état de délabrement où vous l'avez vue et elle n'a jamais regardé depuis la lumière du soleil.

— Est-ce là toute l'histoire? demandai-je après quelque réflexion.

— C'est tout ce que j'en sais, et encore je n'en sais autant que parce que j'ai rassemblé moi-même tous ces détails, car mon père évite toujours d'en parler, et même lorsque miss Havisham m'invita à aller chez elle, il ne me dit que ce qu'il était absolument nécessaire pour moi de savoir. Mais il y a une chose que j'ai oubliée : on a supposé que l'homme dans lequel elle avait si mal placé sa confiance a agi, dans toute cette affaire, de connivence avec son frère; que c'était une intrigue ourdie entre eux et dont ils devaient partager les bénéfices.

— Je suis surpris alors qu'il ne l'ait pas épousée pour s'emparer de toute la fortune, dis-je.

— Peut-être était-il déjà marié, et cette cruelle mystification peut avoir fait partie du plan de son frère, dit Herbert; mais faites attention que je n'en suis pas sûr du tout.

— Que sont devenus ces deux hommes? demandai-je après avoir réfléchi un instant.

— Ils sont tombés dans une dégradation et une honte plus profonde encore si c'est possible; puis la ruine est venue.

— Vivent-ils encore ?
— Je ne sais pas.
— Vous disiez tout à l'heure qu'Estelle n'était pas parente de miss Havisham, mais seulement adoptée par elle. Quand a-t-elle été adoptée ? »

Herbert leva les épaules.

« Il y a toujours eu une Estelle depuis que j'ai entendu parler de miss Havisham. Je ne sais rien de plus. Et maintenant, Haendel, dit-il en laissant là l'histoire, il y a entre nous une parfaite entente : vous savez tout ce que je sais sur miss Havisham.

— Et vous aussi, repartis-je, vous savez tout ce que je sais.

— Je le crois. Ainsi donc il ne peut y avoir entre vous et moi ni rivalité ni brouille, et quant à la condition attachée à votre fortune que vous ne devez pas chercher à savoir à qui vous la devez, vous pouvez compter que cette corde ne sera ni touchée ni même effleurée par moi, ni par aucun des miens. »

En vérité, il dit cela avec une telle délicatesse, que je sentis qu'il n'y aurait plus à revenir sur ce sujet, bien que je dusse rester sous le toit de son père pendant des années. Et pourtant il y avait dans ses paroles tant d'intention, que je sentis qu'il comprenait aussi parfaitement que je le comprenais moi-même, que miss Havisham était ma bienfaitrice.

Je n'avais pas songé tout d'abord qu'il avait amené la conversation sur ce sujet pour en finir une fois pour toutes et rendre notre position nette ; mais après cet entretien nous fûmes si à l'aise et de si bonne humeur, que je m'aperçus alors que telle avait été son intention. Nous étions très-gais et très-accorts, et je lui demandai, tout en causant, ce qu'il faisait. Il me répondit :

« Je suis capitaliste assureur de navires. »

Je suppose qu'il vit mon regard errer autour de la chambre à la recherche de quelque chose qui rappelât la navigation ou le capital, car il ajouta :

« Dans la Cité. »

J'avais une haute idée de la richesse et de l'importance des assureurs maritimes de la Cité, et je commençai à penser avec terreur que j'avais renversé autrefois ce jeune assureur sur le dos, que j'avais noirci son œil entreprenant et fait une entaille à sa tête commerciale. Mais alors, à mon grand soulagement, l'étrange impression qu'Herbert Pocket ne réussirait jamais, et ne serait jamais riche, me revint à l'esprit. Il continua :

« Je ne me contenterai pas à l'avenir d'employer uniquement mes capitaux dans les assurances maritimes ; j'achèterai quelques bonnes actions dans les assurances sur la vie, et je me lancerai dans quelque conseil de direction ; je ferai aussi quelques petites choses dans les mines, mais rien de tout cela ne m'empêchera de charger quelques milliers de tonnes pour mon propre compte. Je crois que je ferai le commerce, dit-il en se renversant sur sa chaise, avec les Indes Orientales, j'y ferai les soies, les châles, les épices, les teintures, les drogues et les bois précieux. C'est un commerce intéressant.

— Et les profits sont grands ? dis-je.

— Énormes ! » dit-il.

L'irrésolution me revint, et je commençai à croire qu'il avait encore de plus grandes espérances que les miennes.

« Je crois aussi que je ferai le commerce, dit-il en mettant ses pouces dans les poches de son gilet, avec les Indes Occidentales, pour le sucre, le tabac et le rhum, et aussi avec Ceylan, spécialement pour les dents d'éléphants.

— Il vous faudra un grand nombre de vaisseaux, dis-je.

— Une vraie flotte, » dit-il.

Complétement ébloui par les magnificences de ce programme, je lui demandai dans quelle direction naviguaient le plus grand nombre des vaisseaux qu'il avait assurés.

« Je n'ai pas encore fait une seule assurance, répondit-il, je cherche à me caser. »

Cette occupation semblait en quelque manière plus en rapport avec l'Hôtel Barnard, aussi je dis d'un ton de conviction :

« Ah!... ah!...

— Oui, je suis dans un bureau d'affaires, et je cherche à me retourner.

— Ce bureau est-il avantageux? demandai-je.

— A qui?... Voulez-vous dire au jeune homme qui y est? demanda-t-il pour réponse.

— Non, à vous?

— Mais, non, pas à moi.... »

Il dit cela de l'air de quelqu'un qui compte avec soin avant d'arrêter une balance.

« Cela ne m'est pas directement avantageux, c'est-à-dire que cela ne me rapporte rien et j'ai à.... m'entretenir. »

Certainement l'affaire n'avait pas l'air avantageuse, et je secouai la tête comme pour dire qu'il serait difficile d'amasser un grand capital avec une pareille source de revenu.

« Mais c'est ainsi qu'il faut s'y prendre, dit Herbert Pocket. Vous êtes posé quelque part; c'est le grand point. Vous êtes dans un bureau d'affaires, vous n'avez plus qu'à regarder tout autour de vous ce qui vous conviendra le mieux. »

Je fus frappé d'une chose singulière : c'est que pour chercher des affaires il fallût être dans un bureau ; mais je gardai le silence, m'en rapportant complétement à son expérience.

« Alors, continua Herbert, le vrai moment arrive où vous trouvez une occasion ; vous la saisissez au passage, vous fondez dessus, vous faites votre capital et vous êtes établi. Quand une fois votre capital est fait, vous n'avez plus rien à faire qu'à l'employer. »

Sa manière de se conduire ressemblait beaucoup à celle qu'il avait tenue dans le jardin le jour de notre rencontre. C'était bien toujours la même chose. Il supportait sa pauvreté comme il avait supporté sa défaite, et il me semblait qu'il prenait maintenant toutes les luttes et tous les coups de la fortune comme il avait pris les miens autrefois. Il était évident qu'il n'avait autour de lui que les choses les plus nécessaires, car tout ce que je remarquais sur la table et dans l'appartement finissait toujours par avoir été apporté pour moi du restaurant ou d'autre part.

Cependant, malgré qu'il s'imaginât avoir fait sa fortune, il s'en faisait si peu accroire, que je lui sus un gré infini de ne pas s'en enorgueillir.

C'était une aimable qualité à ajouter à son charmant naturel, et nous continuâmes à être au mieux. Le soir nous sortîmes pour aller faire un tour dans les rues, et nous entrâmes au théâtre à moitié prix. Le lendemain nous fûmes entendre le service à l'abbaye de Westminster. Dans l'après-midi, nous visitâmes les parcs. Je me demandais qui ferrait tous les chevaux que je rencontrais ; j'aurais voulu que ce fût Joe.

Il me semblait, en supputant modérément le temps

qui s'était écoulé depuis le dimanche où j'avais quitté Joe et Biddy, qu'il y avait plusieurs mois. L'espace qui nous séparait participa à cette extension, et nos marais se trouvèrent à une distance impossible à évaluer. L'idée que j'aurais pu assister ce même dimanche aux offices de notre vieille église, revêtu de mes vieux habits des jours de fêtes, me semblait une réunion d'impossibilités géographiques et sociales, solaires et lunaires. Pourtant, au milieu des rues de Londres, si encombrées de monde et si brillamment éclairées le soir, j'éprouvais une espèce de remords intime d'avoir relégué si loin la pauvre vieille cuisine du logis ; et, dans le silence de la nuit, le pas de quelque maladroit imposteur de portier, rôdant çà et là dans l'Hôtel Barnard sous prétexte de surveillance, tombaient sourdement sur mon cœur.

Le lundi matin, à neuf heures moins un quart, Herbert alla à son bureau pour se faire son rapport à lui-même et prendre l'air de ce même bureau, comme on dit, à ce que je crois toujours, et je l'accompagnai. Il devait en sortir une heure ou deux après, pour me conduire à Hammersmith, et je devais l'attendre dans les environs. Il me sembla que les œufs d'où sortaient les jeunes assureurs étaient incubés dans la poussière et la chaleur, comme les œufs d'autruche, à en juger par les endroits où ces petits géants se rendaient le lundi matin. Le bureau où Herbert tenait ses séances ne me fit pas l'effet d'un bon Observatoire ; il était à un second étage sur la cour, d'une apparence très-sale, très-maussade sous tous les rapports, et avait vue sur un autre second étage également sur la cour, d'où il devait être impossible d'observer bien loin autour de soi.

J'attendis jusqu'à près de midi. J'allai faire un tour à la Bourse ; je vis des hommes barbus, assis sous les affiches des vaisseaux en partance, que je pris pour de grands marchands, bien que je ne puisse comprendre pourquoi aucun d'eux ne paraissait avoir sa raison. Quand Herbert vint me rejoindre, nous allâmes déjeuner dans un établissement célèbre, que je vénérai alors beaucoup, mais que je crois aujourd'hui avoir été la superstition la plus abjecte de l'Europe, et où je ne pus m'empêcher de remarquer qu'il y avait beaucoup plus de sauce sur les nappes, sur les couteaux et sur les habits des garçons que dans les plats. Cette collation faite à un prix modéré, eu égard à la graisse qu'on ne nous fit pas payer, nous retournâmes à l'Hôtel Barnard, pour chercher mon petit portemanteau, et nous prîmes ensuite une voiture pour Hammersmith, où nous arrivâmes vers trois heures de l'après-midi. Nous n'avions que peu de chemin à faire pour gagner la maison de M. Pocket. Soulevant le loquet d'une porte, nous entrâmes immédiatement dans un petit jardin donnant sur la rivière, où les enfants de M. Pocket prenaient leurs ébats, et, à moins que je ne me sois abusé sur un point où mes préjugés ou mes intérêts n'étaient pas en jeu, je remarquai que les enfants de M. et Mrs Pocket ne s'élevaient pas, ou n'étaient pas élevés, mais qu'ils se roulaient.

Mrs Pocket était assise sur une chaise de jardin, sous un arbre; elle lisait, les jambes croisées sur une autre chaise de jardin; et les deux servantes de Mrs Pocket se regardaient pendant que les enfants jouaient.

« Maman, dit Herbert, c'est le jeune M. Pip. »

Sur ce, Mrs Pocket me reçut avec une apparence d'aimable dignité.

« Master Alick et miss Jane ! cria une des bonnes à deux enfants, si vous courez comme cela contre ces buissons, vous tomberez dans la rivière, et vous vous noierez, et alors que dira votre papa ? »

En même temps, cette bonne ramassa le mouchoir de Mrs Pocket, et dit :

« C'est au moins la sixième fois, madame, que vous le laissez tomber ! »

Sur quoi Mrs Pocket se mit à rire, et dit :

« Merci, Flopson. »

Puis, s'installant sur une seule chaise, elle continua sa lecture. Son visage prit une expression sérieuse, comme si elle eût lu depuis une semaine; mais, avant qu'elle eût pu lire une demi-douzaine de lignes, elle leva les yeux sur moi, et dit :

« J'espère que votre maman se porte bien? »

Cette demande inattendue me mit dans un tel embarras, que je commençai à dire de la façon la plus absurde du monde, qu'en vérité si une telle personne avait existé, je ne doutais pas qu'elle ne se fût bien portée, qu'elle ne lui en eût été bien obligée, et qu'elle ne lui eût envoyé ses compliments, quand la bonne vint à mon aide.

« Encore!... dit-elle en ramassant le mouchoir de poche; si ça n'est pas la septième fois !... Que ferez-vous cette après-midi, madame? »

Mrs Pocket regarda son mouchoir d'un air inexprimable, comme si elle ne l'eût jamais vu; ensuite, en le reconnaissant, elle dit avec un sourire :

« Merci, Flopson. »

Puis elle m'oublia, et reprit sa lecture.

Maintenant que j'avais le temps de les compter, je vis qu'il n'y avait pas moins de six petits Pockets, de grandeurs variées, qui se roulaient de différentes manières.

J'arrivais à peine au total, quand un septième se fit entendre dans des régions élevées, en pleurant d'une façon navrante.

« N'est-ce pas Baby¹ ? dit Flopson d'un air surpris ; dépêchez-vous, Millers, d'aller voir. »

Millers, qui était la seconde bonne, gagna la maison, et peu à peu l'enfant qui pleurait se tut et resta tranquille, comme si c'eût été un jeune ventriloque auquel on eût fermé la bouche avec quelque chose. Mrs Pocket lut tout le temps, et j'étais très-curieux de savoir quel livre ce pouvait être.

Je suppose que nous attendions là que M. Pocket vînt à nous ; dans tous les cas, nous attendions. J'eus ainsi l'occasion d'observer un remarquable phénomène de famille. Toutes les fois que les enfants s'approchaient par hasard de Mrs Pocket en jouant, ils se donnaient des crocs-en-jambe et se roulaient sur elle, et cela avait toujours lieu à son étonnement momentané et à leurs plus pénibles lamentations. Je ne savais comment expliquer cette singulière circonstance, et je ne pouvais m'empêcher de former des conjectures sur ce sujet, jusqu'au moment où Millers descendit avec le Baby, lequel Baby fut remis entre les mains de Flopson, laquelle Flopson allait le passer à Mrs Pocket, quand elle alla donner la tête la première contre Mrs Pocket. Baby et Flopson furent heureusement rattrapés par Herbert et moi.

« Miséricorde ! Flopson, dit Mrs Pocket en quittant son livre, tout le monde tombe ici.

— Miséricorde vous-même, vraiment, madame ! repartit Flopson en rougissant très-fort, qu'avez-vous donc là ?

— Ce que j'ai là, Flopson ? demanda Mrs Pocket.

---

1. *Baby*, nom générique du dernier enfant d'une famille riche ou pauvre ; on appelle *baby* le dernier-né jusqu'à quatre ou cinq ans.

— Mais c'est votre tabouret! s'écria Flopson; et si vous le tenez sous vos jupons comme cela, comment voulez-vous qu'on ne tombe pas?... Tenez, prenez le Baby, madame, et donnez-moi votre livre. »

Mrs Pocket fit ce qu'on lui conseillait et fit maladroitement danser l'enfant sur ses genoux, pendant que les autres enfants jouaient alentour. Cela ne durait que depuis fort peu de temps, quand Mrs Pocket donna sommairement des ordres pour qu'on les rentrât tous dans la maison pour leur faire faire un somme. C'est ainsi que, dans ma première visite, je fis cette seconde découverte, que l'éducation des petits Pockets consistait à tomber et à dormir alternativement. Dans ces circonstances, lorsque Flopson et Millers eurent fait rentrer les enfants dans la maison, comme un petit troupeau de moutons, et quand M. Pocket en sortit pour faire ma connaissance, je ne fus pas très-surpris en trouvant que M. Pocket était un gentleman dont le visage avait l'air perplexe, et qui avait sur la tête des cheveux très-gris et en désordre, comme un homme qui ne peut pas parvenir à trouver le vrai moyen d'arriver à son but.

CHAPITRE XXIII.

« Je suis bien aise de vous voir, me dit M. Pocket, et j'espère que vous n'êtes pas fâché de me voir non plus, car je ne suis pas, ajouta-t-il avec le sourire de son fils, un personnage bien effrayant. »

Il avait l'air assez jeune, malgré son désordre et ses cheveux très-gris, et ses manières semblaient tout à fait naturelles. Je veux dire par là qu'elles étaient dépourvues de toute affectation. Il y avait quelque chose de comique dans son air distrait, qui eût été franchement burlesque, s'il ne s'était aperçu lui-même qu'il était bien près de l'être. Quand il eut causé un moment avec moi, il dit, en s'adressant à Mrs Pocket, avec une contraction un peu inquiète de ses sourcils, qui étaient noirs et beaux :

« Bélinda, j'espère que vous avez bien reçu M. Pip ? »

Elle regarda par-dessus son livre et répondit :

« Oui. »

Elle me sourit alors, mais sans savoir ce qu'elle faisait, car son esprit était ailleurs; puis elle me demanda si j'aimerais à goûter un peu de fleur d'oranger. Comme cette question n'avait aucun rapport éloigné ou rapproché avec aucun sujet, passé ou futur, je considérai qu'elle l'avait lancée comme le premier pas qu'elle daignait faire dans la conversation générale.

Je découvris en quelques heures, je puis le dire ici sans plus tarder, que Mrs Pocket était fille unique d'un certain chevalier, mort d'une façon tout à fait accidentelle, qui s'était persuadé à lui-même que défunt son père aurait été fait baronnet, sans l'opposition acharnée de quelqu'un, opposition basée sur des motifs entièrement personnels. J'ai oublié de qui, si toutefois je l'ai jamais su. Était-ce du souverain, du premier ministre, du chancelier, de l'archevêque de Canterbury ou de toute autre personne? Je ne sais; mais en raison de ce fait, entièrement supposé, il s'était lié avec tous les nobles de la terre. Je crois que lui-même avait été créé chevalier pour s'être rendu maître, à la pointe de la plume, de la grammaire anglaise, dans une adresse désespérée, copiée sur vélin, à l'occasion de la pose de la première pierre d'un édifice quelconque, et pour avoir tendu à quelque personne royale, soit la truelle, soit le mortier. Peu importe pourquoi; il avait destiné Mrs Pocket à être élevée, dès le berceau, comme une personne qui, dans l'ordre des choses, devait épouser un personnage titré, et de laquelle il fallait éloigner toute espèce de connaissance plébéienne. On avait réussi à faire si bonne garde autour de la jeune miss, d'après les intentions de ce père judicieux, qu'elle avait toutes sortes d'agréments acquis et brillants, mais qu'elle était du reste parfaitement incapable et inutile. Avec ce caractère si heureusement formé, dans la première fleur de sa jeunesse, elle avait rencontré M. Pocket, qui, lui aussi, était dans sa première fleur de jeunesse, et n'avait pas encore décidé s'il se destinerait aux grandeurs administratives ou aux grandeurs cléricales. Comme pour arriver aux unes ou autres, ce n'était qu'une question de temps, lui et Mrs Pocket avaient pris le temps par les cheveux (qui, à en juger par leur longueur, semblaient avoir besoin d'être coupés) et s'étaient mariés à l'insu du père judicieux. Le père judicieux, n'ayant rien à accorder ni à refuser que sa bénédiction, avait magnifiquement passé ce douaire sur leurs têtes, après une courte résistance, et avait assuré à M. Pocket que sa femme était un trésor digne d'un prince. M. Pocket avait installé ce trésor de prince dans les voies du monde tel qu'il est, et l'on suppose qu'il n'y prit qu'un bien faible intérêt. Cependant Mrs Pocket était en général l'objet d'une pitié respectueuse, parce qu'elle n'avait pas épousé un personnage titré, tandis que, de son côté, M. Pocket était l'objet d'une espèce de reproche tacite, parce qu'il n'avait jamais su acquérir la moindre distinction honorifique.

M. Pocket me conduisit dans la maison et me montra ma chambre, qui était une chambre agréable, et meublée de façon à ce que je pusse m'y trouver confortablement. Il frappa ensuite aux portes de deux chambres semblables et me présenta à leurs habitants, qui se nommaient Drummle et Startop. Drummle, jeune homme à l'air vieux et d'une structure lourde, était en train de siffler. Startop, plus jeune d'années et d'apparence, lisait en tenant sa tête comme s'il eût craint qu'une très-forte charge de science ne la fît éclater.

M. et Mrs Pocket avaient tellement l'air d'être chez les autres, que je me demandais qui était réellement en possession de la maison et les laissait y vivre, jusqu'à ce que j'eusse découvert que cette grande autorité était dévolue aux domestiques. C'était peut-être une assez agréable manière de mener les choses pour s'éviter de l'embarras, mais elle paraissait coûteuse, car les domestiques sentaient qu'ils se devaient à eux-mêmes de bien manger, de bien boire, et de recevoir nombreuse compagnie à l'office. Ils accordaient une table très-généreusement servie à M. et à Mrs Pocket; cependant il me parut toujours que l'endroit où il était de beaucoup préférable d'avoir sa pension était la cuisine; en supposant toutefois le pensionnaire en état de se défendre, car moins d'une semaine après mon arrivée, une dame du voisinage, personnellement inconnue de la famille, écrivit pour dire qu'elle avait vu Millers battre le Baby. Ceci affligea grandement Mrs Pocket, qui fondit en larmes à la réception de cette lettre, et s'écria qu'il était vraiment extraordinaire que les voisins ne pussent s'occuper de leurs affaires.

J'appris peu à peu, par Herbert particulièrement, que M. Pocket avait étudié à Harrow et à Cambridge, où il s'était distingué, et qu'ayant eu le bonheur d'épouser Mrs Pocket à un âge peu avancé, il avait changé de voie et avait pris l'état de rémouleur universitaire. Après avoir repassé un certain nombre de lames émoussées, dont les possesseurs, lorsqu'ils étaient influents, lui promettaient toujours de l'aider dans son avancement, mais oubliaient toujours de le faire, quand une fois les lames avaient quitté la meule, il s'était fatigué de ce pauvre travail et était venu à Londres. Là, après avoir vu s'évanouir graduellement ses plus belles espérances, il avait, sous le prétexte de faire des lectures, appris à lire à diverses personnes qui n'avaient pas eu occasion de le faire ou qui l'avaient négligé; puis il en avait refourbi plusieurs autres; de plus, en raison de ses connaissances littéraires, il s'était chargé de compilations et de corrections bibliographiques; et tout cela, ajouté à des ressources particulières, très-modérées, avait fini par maintenir la maison sur le pied où je la voyais.

M. et Mrs Pocket avaient un pernicieux voisinage;

c'était une dame veuve, d'une nature tellement sympathique, qu'elle s'accordait avec tout le monde, bénissait tout le monde, et répandait des sourires ou des larmes sur tout le monde, selon les circonstances. Cette dame s'appelait Coiler, et j'eus l'honneur de lui offrir le bras pour la conduire à table le jour de mon installation. Elle me donna à entendre, en descendant l'escalier, que c'était un grand coup pour cette chère Mrs Pocket et pour ce cher M. Pocket, de se voir dans la nécessité de recevoir des pensionnaires chez eux.

« Ceci n'est pas pour vous, me dit-elle dans un débordement d'affection et de confidence, il y avait un peu moins de cinq minutes que je la connaissais ; s'ils étaient tous comme vous, ce serait tout autre chose. Mais cette chère Mrs Pocket, dit Mrs Coiler, après le désappointement qu'elle a éprouvé de si bonne heure, non qu'il faille blâmer ce cher M. Pocket, a besoin de tant de luxe et d'élégance....

— Oui, madame, dis-je pour l'arrêter, car je craignais qu'elle ne se prît à pleurer.

— Et elle est d'une nature si aristocratique !...

— Oui, madame, dis-je encore dans le même but que la première fois.

— Que c'est dur, continua Mrs Coiler, de voir l'attention et le temps de ce cher M. Pocket détournés de cette chère Mrs Pocket ! »

Tandis que j'accordais toute mon attention à mon couteau, à ma fourchette, à ma cuillère, à mes verres et aux autres instruments de destruction qui se trouvaient sous ma main, il se passa quelque chose, entre Mrs Pocket et Drummle, qui m'apprit que Drummle, dont le nom de baptême était Bentley, était actuellement le plus proche héritier, moins un, d'un titre de baronnet, et plus tard, je sus que le livre que j'avais vu dans le jardin entre les mains de Mrs Pocket, était un traité de blason, et qu'elle connaissait la date exacte à laquelle son grand-papa aurait figuré dans le livre, s'il avait jamais dû y figurer. Drummle parlait peu ; mais, dans ces rares moments de loquacité, il me fit l'effet d'une espèce de garçon boudeur ; il parlait comme un des élus et reconnaissait Mrs Pocket comme femme et comme sœur. Excepté eux et Mrs Coiler, la pernicieuse voisine, personne ne prit le moindre intérêt à cette partie de la conversation, et il me sembla qu'elle était pénible pour Herbert. Elle promettait de durer encore longtemps, lorsque le groom vint annoncer un malheur domestique. En effet, la cuisinière avait manqué son rôti. A mon indicible surprise, je vis alors pour la première fois M. Pocket se livrer, pour soulager son esprit, à une démonstration qui me sembla fort extraordinaire, mais qui ne parut faire aucune impression sur les autres convives, et avec laquelle je me familiarisai bientôt comme tout le monde. Étant en train de découper, il posa sur la table son couteau et sa fourchette, passa ses deux mains dans ses cheveux en désordre et parut faire un violent effort pour se soulever avec leur aide. Après cela, voyant qu'il ne soulevait pas sa tête d'une ligne, il continua tranquillement ce qu'il était en train de faire.

Ensuite, Mrs Coiler changea de sujet et commença à me faire des compliments. Cela me plut pendant quelques instants ; mais elle me flatta si brutalement, que le plaisir ne dura pas longtemps. Elle avait une manière serpentine de s'approcher de moi, lorsqu'elle prétendait s'intéresser sérieusement aux localités et aux amis que j'avais quittés, qui ressemblait à celle de la vipère à langue fourchue, et quand, par hasard, elle s'adressait à Startop, lequel lui parlait fort peu, ou à

Drummle, qui lui parlait moins encore, je les enviais d'être à l'autre bout de la table.

Après dîner, on amena les enfants, et Mrs Coiler se livra aux commentaires les plus flatteurs, sur leurs yeux, leurs nez ou leurs jambes. C'était un moyen bien trouvé pour former leur esprit. Il y avait quatre petites filles et deux petits garçons, sans compter le Baby, qui était l'un ou l'autre, et le prochain successeur du Baby, qui n'était encore ni l'un ni l'autre. Ils furent introduits par Flopson et Millers, comme si ces deux sous-officiers avaient été envoyés pour recruter des enfants, et avaient enrôlé ceux-ci. Mrs Pocket regardait ses jeunes bambins, qui auraient dû être nobles, comme si elle avait déjà eu le plaisir de les voir quelque part, mais ne sachant pas au juste ce qu'elle en voulait faire.

« Donnez-moi votre fourchette, madame, et prenez le Baby, dit Flopson. Ne le prenez pas de cette manière, ou vous allez lui mettre la tête sous la table. »

Ainsi prévenue, Mrs Pocket prit le Baby de l'autre sens, et lui mit la tête sur la table; ce qui fut annoncé, à tous ceux qui étaient présents, par une affreuse secousse.

« Mon Dieu! mon Dieu! rendez-le-moi, madame, dit Flopson, Miss Jane, venez danser devant le Baby, oh! venez! venez! »

Une des petites filles, une simple fourmi, qui semblait avoir prématurément pris sur elle de s'occuper des autres, quitta sa place près de moi et se mit à danser devant le Baby jusqu'à ce qu'il cessât de crier, et se mit à rire. Alors tous les enfants éclatèrent de rire, et M. Pocket, qui pendant tout le temps avait essayé à deux reprises différentes de se soulever par les cheveux, se prit à rire également, et nous rîmes tous, pour manifester notre grande satisfaction.

Flopson, à force de secouer le Baby et de faire mouvoir ses articulations, comme celles d'une poupée d'Allemagne, parvint à le déposer, sain et sauf, dans le giron de Mrs Pocket, et lui donna le casse-noisette pour s'amuser, recommandant en même temps à Mrs Pocket de bien faire attention que les branches de cet instrument n'étaient pas de nature à vivre en parfait accord avec les yeux de l'enfant, et chargea sévèrement miss Jane d'y veiller. Les deux bonnes quittèrent ensuite l'appartement et se disputèrent vivement sur l'escalier, avec un groom débauché, qui avait servi à table, et qui avait perdu au jeu la moitié des boutons de sa veste.

Je me sentis l'esprit très-mal à l'aise quand je vis Mrs Pocket, tout en mangeant des quartiers d'oranges trempés dans du vin sucré, entamer une discussion avec Drummle à propos de deux baronnies, oubliant tout à fait le Baby qui, sur ses genoux, exécutait des choses vraiment effroyables avec le casse-noisette. A la fin, la petite Jane, voyant le jeune cerveau de son petit frère en danger, quitta doucement sa place, et, employant une foule de petits artifices, elle parvint à éloigner l'arme dangereuse. Mrs Pocket finissait au même instant son orange, et n'approuvant pas cela, elle dit à Jane :

« Oh ! vilaine enfant ! comment oses-tu ?... Va t'asseoir de suite....

— Chère maman, balbutia la petite fille, le Baby pouvait se crever les yeux.

— Comment oses-tu me répondre ainsi ? reprit Mrs Pocket ; va te remettre sur ta chaise, à l'instant. »

La dignité de Mrs Pocket était si écrasante, que je me sentais tout embarrassé, comme si j'avais fait moi-même quelque chose pour la mettre en colère.

« Belinda, reprit M. Pocket, de l'autre bout de la

table, comment peux-tu être si déraisonnable? Jane ne l'a fait que pour empêcher le Baby de se blesser.

— Je ne permets à personne de se mêler du Baby, dit Mrs Pocket; je suis surprise, Mathieu, que vous m'exposiez à un pareil affront.

— Bon Dieu ! s'écria M. Pocket poussé à bout, doit-on laisser les enfants se tuer à coups de casse-noisette sans essayer de les sauver?

— Je ne veux pas que Jane se mêle du Baby, dit Mrs Pocket, avec un regard majestueux, à l'adresse de l'innocente petite coupable; je connais, j'espère, la position de mon grand-papa. En vérité, Jane.... »

M. Pocket mit encore ses mains dans ses cheveux, et, cette fois, il se souleva réellement à quelques pouces de sa chaise.

« Écoutez ceci, s'écria-t-il en s'adressant aux éléments, ne sachant plus à qui demander secours, faut-il que les Babies des pauvres gens se tuent, à coups de casse-noisette, à cause de la position de leur grand-papa? »

Puis il se souleva encore, et garda le silence.

Nous tenions tous les yeux fixés sur la nappe, avec embarras, pendant que tout cela se passait. Une pause s'ensuivit pendant laquelle l'honnête Baby, qu'on ne pouvait pas maintenir en repos, se livra à une série de sauts et de mouvements pour aller avec la petite Jane, qui me parut le seul membre de la famille, hors les domestiques, avec lequel il eût envie de se mettre en rapport.

« Monsieur Drummle, dit Mrs Pocket, voulez-vous sonner Flopson? Jane, désobéissante petite créature, va te coucher. Et toi, Baby chéri, viens avec maman. »

Le Baby avait un noble cœur, et il protesta de toutes ses forces; il se plia en deux et se jeta en arrière par-dessus le bras de Mrs Pocket; puis il exhiba à la compagnie une p... de bas tricotés et de jambes à fossettes au lieu de sa douce figure; finalement on l'emporta dans un accès de mutinerie terrible. Après tout, il finit par gagner la partie, car quelques minutes après, je le vis à travers la fenêtre, dans les bras de la petite Jane.

On laissa les cinq autres enfants seuls à table, parce que Flopson avait une occupation secrète qui ne regardait personne; et je pus alors me rendre compte des relations qui existaient entre eux et M. Pocket. On le verra par ce qui va suivre. M. Pocket, avec l'embarras naturel à son visage échauffé et à ses cheveux en désordre, les regarda pendant quelques minutes comme s'il ne se rendait pas bien compte comment ils couchaient et mangeaient dans l'établissement, et pourquoi la nature ne les avait pas logés chez une autre personne; puis, d'une manière détournée et jésuitique, il leur fit certaines questions:

« Pourquoi le petit Joe a-t-il ce trou à son devant de chemise ? »

Celui-ci répondit:

« Papa, Flopson devait le raccommoder quand elle aurait le temps.

— Comment la petite Fanny a-t-elle ce panaris? »

Celle-ci répondit:

« Papa, Millers allait lui mettre un cataplasme, quand elle l'a oublié. »

Puis il se laissa aller à sa tendresse paternelle, leur donna à chacun un shilling, et leur dit d'aller jouer. Dès qu'ils furent sortis, il fit un effort violent pour se soulever par les cheveux et ne plus penser à ce malencontreux sujet.

Dans la soirée, on fit une partie sur l'eau. Comme Drummle et Startop avaient chacun un bateau, je résolus d'avoir aussi le mien et de les battre tous deux.

J'étais assez fort dans la plupart des exercices en usage chez les jeunes gens de la campagne ; mais, comme je sentais que je n'avais pas assez d'élégance et de genre pour la Tamise, pour ne rien dire des autres rivières, je résolus de me placer de suite sous la direction d'un homme qui avait remporté le prix aux dernières régates, et à qui mes nouveaux amis m'avaient présenté quelque temps auparavant. Cette autorité pratique me rendit tout confus, en disant que j'avais un bras de forgeron. S'il avait su combien son compliment avait été près de lui faire perdre son élève, je doute qu'il l'eût fait.

Un bon souper nous attendait à la maison, et je pense que nous nous serions tous bien amusés, sans une circonstance des plus désagréables. M. Pocket était de bonne humeur quand une servante entra et dit :

« Monsieur, je voudrais vous parler, s'il vous plaît.

— Parler à votre maître? dit Mrs Pocket, dont la dignité se révolta encore. Comment ! y pensez-vous? Allez parler à Flopson, ou parlez-moi.... à un autre moment.

— Je vous demande pardon, madame, repartit la servante ; je désire parler tout de suite, et parler à mon maître. »

Là-dessus, M. Pocket sortit de la salle, et jusqu'à son retour nous fîmes de notre mieux pour prendre patience.

« Voilà quelque chose de joli, Belinda, dit M. Pocket, en revenant, avec une expression de chagrin et même de désespoir sur le visage ; voilà la cuisinière qui est étendue ivre-morte sur le plancher de la cuisine, et qui a mis dans l'armoire un énorme morceau de beurre frais, tout près à être vendu comme graisse ! »

Mrs Pocket montra aussitôt une aimable émotion, et dit:

« C'est encore cette odieuse Sophie !

— Que veux-tu dire, Belinda ? demanda M. Pocket.

— Oui, c'est Sophie qui vous l'a dit, fit Mrs Pocket; ne l'ai-je pas vue de mes yeux et entendue de mes oreilles, revenir tout à l'heure ici et demander à vous parler?

— Mais ne m'a-t-elle pas emmené en bas, Belinda, répondit M. Pocket, montré la situation dans laquelle se trouvait la cuisinière et jusqu'au paquet de beurre?

— Et vous la défendez, Mathieu, dit Mrs Pocket, quand elle fait mal? »

M. Pocket fit entendre un grognement terrible.

« Suis-je la petite fille de grand-papa pour n'être rien dans la maison? dit Mrs Pocket; sans compter que la cuisinière a toujours été une très-bonne et très-respectable femme, qui a dit, en venant s'offrir ici, qu'elle sentait que j'étais née pour être duchesse. »

Il y avait un sofa près duquel se trouvait M. Pocket; il se laissa tomber dessus, dans l'attitude du Gladiateur mourant. Sans abandonner cette posture, il dit d'une voix creuse:

« Bonsoir, monsieur Pip. »

Alors je pensai qu'il était temps de le quitter pour m'en aller coucher.

CHAPITRE XXIV.

Deux ou trois jours après, quand je me fus bien installé dans ma chambre, que j'eus fait plusieurs courses dans Londres et commandé à mes fournisseurs tout ce dont j'avais besoin, M. Pocket et moi nous eûmes une longue conversation ensemble. Il en savait plus sur ma carrière future que je n'en savais moi-même, car il m'apprit que M. Jaggers lui avait dit que n'étant destiné à aucune profession, j'aurais une éducation suffisante, si je pouvais m'entretenir avec la pension moyenne que reçoivent les jeunes gens dont les familles se trouvent dans une bonne situation de fortune. J'acquiesçai, cela va sans dire, ne sachant rien qui allât à l'encontre.

Il m'indiqua certains endroits de Londres où je trouverais les rudiments des choses que j'avais besoin de savoir, et moi je l'investis des fonctions de directeur et de répétiteur pour toutes mes études. Il espérait qu'avec une direction intelligente, je ne rencontrerais que peu de difficultés et serais bientôt en état de me dispenser de toute autre aide que la sienne. Par le ton avec lequel il me dit cela, et par beaucoup d'autres choses semblables, il sut admirablement gagner ma confiance, et je puis dire dès à présent qu'il remplit toujours ses engagements envers moi, avec tant de zèle et d'honorabilité, qu'il me rendit zélé à remplir honorablement les miens envers lui. S'il m'avait montré l'indifférence d'un maître, je lui aurais, en retour, montré celle d'un écolier; il ne me donna aucun prétexte semblable, et nous agissions tous deux avec une égale justice. Je ne le considérai jamais comme un homme ayant quelque chose de grotesque en lui, ou quoique ce soit qui ne fut sérieux, honnête et bon dans ses rapports de professeur avec moi.

Une fois ces points réglés, et quand j'eus commencé à travailler avec ardeur, il me vint dans l'idée que, si je pouvais garder ma chambre dans l'hôtel Barnard, mon existence serait agréablement variée, et que mes manières ne pourraient que gagner dans la société d'Herbert. M. Pocket ne fit aucune objection à cet arrangement; mais il pensa qu'avant de rien décider à ce sujet, il devait être soumis à mon tuteur. Je compris que sa délicatesse venait de la considération, que ce plan épargnerait quelques dépenses à Herbert. En conséquence, je me rendis dans la Petite Bretagne, et je fis part à M. Jaggers de mon désir.

« Si je pouvais acheter les meubles que je loue maintenant, dis-je, et deux ou trois autres petites choses, je serais tout à fait comme chez moi dans cet appartement.

— Faites donc, dit M. Jaggers avec un petit sourire, je vous ai dit que vous iriez bien. Allons, combien vous faut-il? »

Je dis que je ne savais pas combien.

« Allons, repartit M. Jaggers, combien?... cinquante livres?

— Oh! pas à beaucoup près autant.

— Cinq livres? » dit M. Jaggers.

C'était une si grande chute, que je dis tout désappointé :

« Oh ! plus que cela.

— Plus que cela ? Eh ?... dit M. Jaggers, en se posant pour attendre ma réponse, les mains dans ses poches, la tête de côté et les yeux fixés sur le mur qui était derrière moi : combien de plus ?

— Il est si difficile de fixer une somme, dis-je en hésitant.

— Allons, dit M. Jaggers, arrivons-y : deux fois cinq, est-ce assez ?... trois fois cinq, est-ce assez ?.. quatre fois cinq, est-ce assez ?... »

Je dis que je pensais que ce serait magnifique.

« Quatre fois cinq feront magnifiquement votre affaire, vraiment ! dit M. Jaggers en fronçant les sourcils, et que faites-vous de quatre fois cinq ?

— Ce que j'en fais ?

— Ah ! dit M. Jaggers, combien ?

— Je suppose que vous en faites vingt livres, dis-je en souriant.

— Ne vous inquiétez pas de ce que j'en fais, mon ami, observa M. Jaggers, en secouant et en agitant sa tête d'une manière contradictoire ; je veux savoir ce que vous en ferez, vous ?

— Vingt livres naturellement !

— Wemmick ! dit M. Jaggers en ouvrant la porte de son cabinet, prenez le reçu de M. Pip et comptez-lui vingt livres. »

Cette manière bien accusée de traiter les affaires me fit une impression très-profonde, et qui n'était pas des plus agréables. M. Jaggers ne riait jamais, mais il portait de grandes bottes luisantes et craquantes, et en appuyant ses mains sur ses bottes, avec sa grosse tête penchée en avant et ses sourcils rapprochés pour attendre ma réponse, il faisait craquer ses bottes, comme si elles eussent ri d'un rire sec et méfiant. Comme il sortit en ce moment, et que Wemmick était assez causeur, je dis à Wemmick que j'avais peine à comprendre les manières de M. Jaggers.

« Dites-lui cela, et il le prendra comme un compliment, répondit Wemmick. Il ne tient pas à ce que vous le compreniez. Oh! ajouta-t-il, car je paraissais surpris, ceci n'est pas personnel; c'est professionnel.... professionnel seulement. »

Wemmick était à son pupitre; il déjeûnait et grignotait un biscuit sec et dur, dont il jetait de temps en temps de petits morceaux dans sa bouche ouverte, comme s'il les mettait à la poste.

« Il me fait toujours l'effet, dit Wemmick, de s'amuser à tendre un piége à homme, et de le veiller de près. Tout d'un coup, clac! vous êtes pris! »

Sans remarquer que les piéges à hommes n'étaient pas au nombre des aménités de cette vie, je dis que je le supposais très-adroit.

« Profond, dit Wemmick, comme l'Australie, en indiquant avec sa plume le parquet du cabinet, pour faire comprendre que l'Australie était l'endroit du globe le plus symétriquement opposé à l'Angleterre. S'il y avait quelque chose de plus profond que cette contrée, ajouta Wemmick en portant sa plume sur le papier, ce serait lui. »

Je lui dis ensuite que je supposais que le cabinet de M. Jaggers était une bonne étude. A quoi Wemmick répondit :

« Excellente! »

Je lui demandai encore s'ils étaient beaucoup de clercs. Il me dit :

« Nous ne courons pas beaucoup après les clercs,

parce qu'il n'y a qu'un Jaggers, et que les clients n'aiment pas à l'avoir de seconde main. Nous ne sommes que quatre. Voulez-vous voir les autres? Je puis dire que vous êtes des nôtres. »

J'acceptai l'offre. Lorsque M. Wemmick eut mis tout son biscuit à la poste et m'eut compté mon argent, qu'il prit dans la cassette du coffre-fort, la clef duquel coffre-fort il gardait quelque part dans son dos, et qu'il l'eut tirée de son collet d'habit comme une queue de cochon en fer, nous montâmes à l'étage supérieur. La maison était sombre et poussiéreuse, et les épaules graisseuses, dont on voyait les marques dans le cabinet de M. Jaggers semblaient s'être frottées depuis des années contre les parois de l'escalier. Sur le devant du premier étage, un commis qui semblait être quelque chose d'intermédiaire entre le cabaretier et le tueur de rats, gros homme pâle et bouffi, était très-occupé avec trois ou quatre personnages de piètre apparence, qu'il traitait avec aussi peu de cérémonie qu'on paraissait traiter généralement toutes les personnes qui contribuaient à remplir les coffres de M. Jaggers.

« En train de trouver des preuves pour Old Bailey, » dit M. Wemmick en sortant.

Dans la chambre au-dessus de celle-ci, un mollasse petit basset de commis, aux cheveux tombants, dont la tonte semblait avoir été oubliée depuis sa plus tendre enfance, était également occupé avec un homme à la vue faible, que M. Wemmick me présenta comme un fondeur qui avait son creuset toujours brûlant, et qui me fondrait tout ce que je voudrais. Il était dans un tel état de transpiration, qu'on eût dit qu'il essayait son art sur lui-même. Dans une chambre du fond, un homme haut d'épaules, à la figure souffreteuse, enveloppé d'une flanelle sale, vêtu de vieux habits noirs, qui avaient l'air d'avoir été cirés, se tenait penché sur son travail, qui consistait à faire de belles copies et à remettre au net les notes des deux autres employés, pour servir à M. Jaggers.

C'était là tout l'établissement. Quand nous regagnâmes l'étage inférieur, Wemmick me conduisit dans le cabinet de M. Jaggers, et me dit :

« Vous êtes déjà venu ici.

— Dites-moi, je vous prie, lui demandai-je, en apercevant encore les deux bustes au regard étrange, quels sont ces portraits ?

— Ceux-ci, dit Wemmick, en montant sur une chaise et soufflant la poussière qui couvrait les deux horribles têtes avant de les descendre, ce sont deux célébrités, deux fameux clients, qui nous ont valu un monde de crédit. Ce gaillard-là.... — mais tu as dû, vieux coquin, descendre de ton armoire pendant la nuit, et mettre ton œil sur l'encrier, pour avoir ce pâté-là sur ton sourcil, — a assassiné son maître.

— Cela lui ressemble-t-il ? demandai-je en reculant devant cette brute, pendant que Wemmick crachait sur son sourcil et l'essuyait avec sa manche.

— Si cela lui ressemble !... mais c'est lui-même, le moule a été fait à Newgate, aussitôt qu'il a été décroché. — Tu avais de l'amitié pour moi, n'est-ce pas, mon vieux gredin ? » dit Wemmick, en interpellant le buste.

Il m'expliqua ensuite cette singulière apostrophe, en touchant sa broche, et en disant :

« Il l'a fait faire exprès pour moi.

— Est-ce que cet autre animal a eu la même fin ? dis-je. Il a le même air.

— Vous avez deviné, dit Wemmick, c'est l'air de

tous ces gens-là; on dirait qu'on leur a saisi la narine avec du crin et un petit hameçon. Oui, il a eu la même fin. C'est, je vous assure une fin toute naturelle ici. Il avait falsifié des testaments, et c'est cette lame, si ce n'est pas lui, qui a envoyé dormir les testateurs supposés. — Tu étais un avide gaillard, malgré tout, dit M. Wemmick, en commençant à apostropher le second buste; et tu te vantais de pouvoir écrire le grec; tu étais un fier menteur; quel menteur tu faisais! Je n'en ai jamais vu de pareil à toi! »

Avant de remettre son défunt ami sur sa tablette, Wemmick toucha la plus grosse de ses bagues de deuil, et dit :

« Il l'a envoyée acheter, la veille, tout exprès pour moi. »

Tandis qu'il mettait en place l'autre buste, et qu'il descendait de la chaise, il me vint à l'idée que tous les bijoux qu'il portait provenaient de sources analogues. Comme il n'avait montré aucune discrétion sur ce sujet, je pris la liberté de le lui demander, quand il se retrouva devant moi, occupé à épousseter ses mains.

« Oh! oui, dit-il, ce sont tous des cadeaux de même genre; l'un amène l'autre. Vous voyez, voilà comment cela se joue, et je ne les refuse jamais. Ce sont des curiosités. Elles ont toujours quelque valeur, peut-être n'en ont-elles pas beaucoup; mais, après tout, on les a et on les porte. Cela ne signifie pas grand'chose pour vous, avec vos brillants dehors, mais pour moi, l'étoile qui me guide me dit : « Accepte tout ce qui peut se porter. »

Quand j'eus rendu hommage à cette théorie, il continua d'un ton affable :

« Si un de ces jours vous n'aviez rien de mieux à faire, et qu'il vous fût agréable de venir me voir à Walworth, je pourrais vous offrir un lit, et je considérerais cela comme un grand honneur pour moi. Je n'ai que peu de choses à vous montrer : seulement deux ou trois curiosités, que vous serez peut-être bien aise de voir. Je raffole de mon petit bout de jardin et de ma maison de campagne. »

Je lui dis que je serais enchanté d'accepter son hospitalité.

« Merci ! dit-il alors, nous considérerons donc la chose comme tout à fait entendue. Venez lorsque cela vous fera plaisir. Avez-vous déjà dîné avec M. Jaggers ?

— Pas encore.

— Eh bien ! dit Wemmick, il vous donnera du vin et de bon vin. Moi, je vous donnerai du punch et du punch qui ne sera pas mauvais. Maintenant je vais vous dire quelque chose : Quand vous irez dîner chez M. Jaggers, faites attention à sa gouvernante.

— Verrai-je quelque chose de bien extraordinaire ?

— Vous verrez, dit Wemmick, une bête féroce apprivoisée. Vous allez me dire que ça n'est pas si extraordinaire ; je vous répondrai que cela dépend de la férocité naturelle de la bête et de son degré de soumission. Je ne veux pas amoindrir votre opinion de la puissance de M. Jaggers, mais faites-y bien attention. »

Je lui dis que je le ferais avec tout l'intérêt et toute la curiosité que cette communication éveillait en moi ; et, au moment où j'allais partir, il me demanda si je ne pouvais pas disposer de cinq minutes pour voir M. Jaggers à l'œuvre.

Pour plusieurs raisons, et surtout parce que je ne savais pas bien clairement à quelle œuvre nous allions voir M. Jaggers, je répondis affirmativement. Nous plongeâmes dans la Cité, et nous entrâmes dans un tribunal de police encombré de monde, où un individu assez semblable au défunt qui avait du goût pour les broches, se tenait debout à la barre et mâchait quelque chose, tandis que mon tuteur faisait subir à une femme un interrogatoire ou contre-interrogatoire, je ne sais plus lequel. Il la frappait de terreur, et en frappait également le tribunal et toutes les personnes présentes. Si quelqu'un, à quelque classe qu'il appartînt, disait un mot qu'il n'approuvait pas, il demandait aussitôt son expulsion. Si quelqu'un ne voulait pas admettre son affirmation, il disait :

« Je saurai bien vous y forcer ! »

Et si, au contraire, quelqu'un l'admettait, il disait :

« Maintenant, je vous tiens ! »

Les juges tremblaient au seul mouvement de son doigt. Les voleurs, les policemen étaient suspendus, avec un ravissement mêlé de crainte, à ses paroles, et tremblaient quand un des poils de ses sourcils se tournait de leur côté. Pour qui était-il ? Que faisait-il ? Je ne pouvais le deviner, car il me paraissait tenir la salle tout entière comme sous la meule d'un moulin. Je sais seulement que quand je sortis sur la pointe des pieds, il n'était pas du côté des juges, car par ses récriminations il faisait trembler convulsivement sous la table les jambes du vieux gentleman qui présidait, et qui représentait sur ce siége la loi et la justice britanniques.

CHAPITRE XXV.

Bentley Drummle, qui avait le caractère assez mal fait pour voir dans un livre une injure personnelle que lui faisait l'auteur, ne reçut pas la nouvelle connaissance qu'il faisait en moi dans une meilleure disposition d'esprit. Lourd de tournure, de mouvements et de compréhension, son apathie se révélait dans l'expression inerte de son visage et dans sa grosse langue, qui semblait s'étaler maladroitement dans sa bouche, comme il s'étalait lui-même dans la chambre. Il était paresseux, fier, mesquin, réservé et méfiant. Il appartenait à une famille de gens riches du comté de Sommerset, qui avaient nourri cet amalgame de qualités jusqu'au jour où ils avaient découvert qu'il avançait en âge et n'était qu'un idiot. Ainsi donc Bentley Drummle était entré chez M. Pocket quand il avait une tête de plus que ce dernier en hauteur, et une demi-douzaine de têtes de plus que la plupart des autres hommes en largeur.

Startop avait été gâté par une mère trop faible et gardé à la maison, au lieu d'être envoyé en pension ; mais il était profondément attaché à sa mère, et il l'admirait par-dessus toutes choses au monde; il avait les traits délicats comme ceux d'une femme, et était, —

« comme vous pouvez le voir, bien que vous ne l'ayez jamais vu, » me disait Herbert, — tout le portrait de sa mère. Il était donc tout naturel que je me prisse d'amitié pour lui plus que pour Drummle.

Dans les premières soirées de nos parties de canotage, nous ramions, côte à côte, en revenant à la maison, nous parlant d'un bateau à l'autre, tandis que Drummle suivait seul notre sillage sous les bords en saillie, et parmi les roseaux; il s'approchait toujours des rives comme un animal amphibie, qui se trouve mal à l'aise lorsqu'il est poussé par la marée dans le vrai chemin. Il me semble toujours le voir nous suivre dans l'ombre et sur les bas-fonds, pendant que nos deux bateaux glissaient au milieu du fleuve, au soleil couchant, ou aux rayons de la lune.

Herbert était mon camarade et mon ami intime. Je lui offris la moitié de mon bateau, ce qui fut pour lui l'occasion de fréquents voyages à Hammersmith, et comme j'avais la moitié de son appartement, cela m'amenait souvent à Londres. Nous avions coutume d'aller et de venir à toute heure d'un endroit à l'autre. J'éprouve encore de l'affection pour cette route (bien qu'elle ne soit plus ce qu'elle était alors) embellie par les impressions d'une jeunesse pleine d'espoir et qui n'a pas été encore éprouvée.

J'avais déjà passé un ou deux mois dans la famille de M. Pocket, lorsque M. et Mrs Camille firent leur apparition. Camille était la sœur de M. Pocket. Georgiana, que j'avais vue chez miss Havisham, le même jour, fit aussi son apparition. C'était une de ces cousines, vieilles filles, difficiles à digérer, qui donnent à leur roideur le nom de religion, et à leur gaieté le nom d'humour. Ces gens là me haïssaient avec toute la haine de la cupidité et du désappointement. Il va sans dire qu'ils me cajolaient dans ma prospérité avec la bassesse la plus vile. Quant à M. Pocket, ils le regardaient comme un grand enfant n'ayant aucune notion de ses propres intérêts, et ils lui témoignaient cependant la complaisante déférence que je leur avais entendu exprimer à son égard. Ils avaient un profond mépris pour Mrs Pocket, mais ils convenaient que la pauvre âme avait éprouvé un cruel désappointement dans sa vie, parce que cela faisait rejaillir sur eux un faible rayon de considération.

Tel était le milieu dans lequel je m'étais installé, et dans lequel je devais continuer mon éducation. Je contractai bientôt des habitudes coûteuses, et je commençai par dépenser une quantité d'argent, qui, quelque temps auparavant, m'aurait paru fabuleuse; mais, tant bien que mal, je pris goût à mes livres. Je n'avais d'autre mérite que d'avoir assez de sens pour m'apercevoir de mon insuffisance. Entre M. Pocket et Herbert, je fis quelques progrès. J'avais sans cesse l'un ou l'autre sur mes épaules pour me donner l'élan qui me manquait et m'aplanir toutes les difficultés Si j'avais moins travaillé j'aurais été infailliblement un aussi grand niais que Drummle.

Je n'avais pas revu M. Wemmick depuis quelques semaines, lorsqu'il me vint à l'idée de lui écrire un mot pour lui proposer de l'accompagner chez lui un soir ou l'autre. Il me répondit que cela lui ferait bien plaisir, et qu'il m'attendrait à son étude à six heures. Je m'y rendis et je le trouvai en train de glisser dans son dos la clef de son coffre-fort au moment où l'horloge sonnait.

« Avez-vous pensé aller à pied jusqu'à Walworth? dit-il.

— Certainement, dis-je, si cela vous va.

— On ne peut mieux, répondit Wemmick, car j'ai eu toute la journée les jambes sous mon bureau, et je serai bien aise de les allonger. Je vais maintenant vous dire ce que j'ai pour souper, M. Pip : j'ai du bœuf bouilli préparé à la maison, une volaille froide rôtie, venue de chez le rôtisseur ; je la crois tendre, parce que le rôtisseur a été juré dans une de nos causes l'autre jour ; or, nous lui avons rendu la besogne facile ; je lui ai rappelé cette circonstance en lui achetant la volaille, et je lui ai dit : « Choisissez-en une bonne, mon vieux brave, parce que si nous avions voulu vous clouer à votre banc pour un jour ou deux de plus, nous l'aurions pu facilement. » A cela il me répondit : « Laissez-moi vous offrir la meilleure volaille de la boutique. » Je le laissai faire, bien entendu. Jusqu'à un certain point, ça peut se prendre et se porter. Vous ne voyez pas d'objection, je suppose, à ce que j'aie à dîner un vieux?... »

Je croyais réellement qu'il parlait encore de la volaille, jusqu'à ce qu'il ajoutât :

« Parce que j'ai chez moi un vieillard qui est mon père. »

Je lui dis alors ce que la politesse réclamait.

« Ainsi donc, vous n'avez pas encore dîné avec M. Jaggers? continua-t-il tout en marchant.

— Pas encore.

— Il me l'a dit cette après-midi, en apprenant que vous veniez. Je pense que vous recevrez demain une invitation qu'il doit vous envoyer, il va aussi inviter vos camarades ; ils sont trois, n'est-ce pas ? »

Bien que je n'eusse pas l'habitude de compter Drummle parmi mes amis intimes, je répondis :

« Oui.

— Oui, il va inviter toute la bande.... »

J'eus peine à prendre ce mot pour un compliment.

« Et quel que soit le menu, il sera bon. Ne comptez pas d'avance sur la variété, mais vous aurez la qualité. Il y a encore quelque chose de drôle chez lui, continua Wemmick après un moment de silence, il ne ferme jamais ni ses portes ni ses fenêtres pendant la nuit.

— Et on ne le vole jamais?

— Jamais, répondit Wemmick; il dit, et il le redit à qui veut l'entendre : « Je voudrais voir l'homme qui me volera. » Que Dieu vous bénisse! si je ne l'ai pas entendu cent fois, je ne l'ai pas entendu une, dire dans notre étude, aux voleurs : « Vous savez où je demeure : on ne tire jamais de verroux chez moi. Pourquoi n'y essayeriez-vous pas quelque bon coup? Allons, est-ce que cela ne vous tente pas? » Pas un d'entre eux, monsieur, ne serait assez hardi pour l'essayer, pour amour ni pour argent.

— Ils le craignent donc beaucoup? dis-je.

— S'ils le craignent! dit Wemmick, je crois bien qu'ils le craignent! Malgré cela, il est rusé jusque dans la défiance qu'il a d'eux. Point d'argenterie, monsieur, tout métal anglais jusqu'à la dernière cuiller.

— De sorte qu'ils n'auraient pas grand'chose, observai-je, quand bien même ils,...

— Ah! mais, il aurait beaucoup, lui, dit Wemmick en m'interrompant, et ils le savent. Il aurait leurs têtes; les têtes de grand nombre d'entre eux. Il aurait tout ce qu'il pourrait obtenir, et il est impossible de dire ce qu'il n'obtiendrait pas, s'il se l'était mis dans la tête. »

J'allais me laisser aller à méditer sur la grandeur de mon tuteur quand Wemmick ajouta :

« uant à l'absence d'argenterie, ce n'est que le résultat de sa profondeur naturelle, vous savez. Une rivière a sa profondeur naturelle, et lui aussi, il a sa profondeur naturelle. Voyez sa chaîne de montre, elle est vraie, je pense.

— Elle est très-massive, dis-je.

— Massive, répéta Wemmick, je le crois, et sa montre à répétition est en or et vaut cent livres comme un sou. Monsieur Pip, il y a quelque chose comme sept cents voleurs dans cette ville qui savent tout ce qui concerne cette montre; il n'y pas un homme, une femme ou un enfant parmi eux qui ne reconnaîtrait le plus petit anneau de cette chaîne, et qui ne le laisserait tomber, comme s'il était chauffé à blanc, s'il se laissait aller à y toucher. »

En commençant par ce sujet, et passant ensuite à une conversation d'une nature plus générale, M. Wemmick et moi nous sûmes tromper le temps et la longueur de la route jusqu'au moment où il m'annonça que nous étions entrés dans le district de Walworth.

Cela me parut être un assemblage de ruelles retirées, de fossés et de petits jardins, et présenter l'aspect d'une retraite assez triste. La maison de Wemmick était un petit cottage en bois, élevé au milieu d'un terrain disposé en plates bandes; le faîte de la maison était découpé et peint de manière à simuler une batterie munie de canons.

« C'est mon propre ouvrage, dit Wemmick; c'est gentil, n'est-ce pas? »

J'approuvai hautement l'architecture et l'emplacement. Je crois que c'était la plus petite maison que j'eusse jamais vue; elle avait de petites fenêtres gothiques fort drôles, dont la plus grande partie étaient fausses, et une porte gothique si petite qu'on pouvait à peine entrer.

« C'est un véritable mât de pavillon, dit Wemmick, et les dimanches j'y hisse un vrai drapeau, et puis, voyez : quand j'ai passé ce pont, je le relève ainsi, et je coupe les communications. »

Le pont était une planche qui était jetée sur un fossé d'environ quatre pieds de large et deux de profondeur.

Il était vraiment plaisant de voir avec quel orgueil et quelle promptitude il le leva, tout en souriant d'un sourire de véritable satisfaction, et non pas simplement d'un sourire machinal.

« A neuf heures, tous les soirs, heure de Greenwich, dit Wemmick, le canon part. Tenez, le voilà ! En l'entendant partir, ne croyez-vous pas entendre une véritable coulouvrine ? »

La pièce d'artillerie en question était montée dans une forteresse séparée, construite en treillage, et elle était protégée contre les injures du temps par une ingénieuse combinaison de toile et de goudron formant parapluie.

« Plus loin, par derrière, dit Wemmick, hors de vue, comme pour empêcher toute idée de fortifications, car j'ai pour principe quand j'ai une idée de la suivre jusqu'au bout et de la maintenir ; je ne sais pas si vous êtes de cette opinion....

— Bien certainement, dis-je.

— Plus loin, par derrière, reprit Wemmick, nous avons un cochon, des volailles et des lapins. Souvent, je secoue mes pauvres petits membres et je plante des concombres, et vous verrez à souper quelle sorte de salade j'obtiens ainsi, monsieur, dit Wemmick en souriant de nouveau, mais sérieusement cette fois, et en secouant la tête. Supposer, par exemple, que la place soit assiégée, elle pourrait tenir un diable de temps avec ses provisions. »

Il me conduisit ensuite à un berceau, à une douzaine de mètres plus loin, mais auquel on arrivait par des détours si nombreux, qu'il fallait véritablement un certain temps pour y parvenir. Nos verres étaient déjà préparés dans cette retraite, et notre punch rafraîchissait dans un lac factice sur le bord duquel s'élevait le berceau. Cette pièce d'eau, avec une île dans le milieu, qui aurait pu servir de saladier pour le souper, était de forme circulaire et on avait construit à son centre une fontaine qui, lorsqu'on faisait mouvoir un petit moulin en ôtant le bouchon d'un tuyau, jouait avec assez de force pour mouiller complètement le dos de la main.

« C'est moi qui suis mon ingénieur, mon charpentier, mon jardinier, mon plombier; c'est moi qui fais tout, dit Wemmick en réponse à mes compliments. Eh bien, ça n'est pas mauvais; tout cela efface les toiles d'araignées de Newgate, et ça plaît au vieux. Il vous est égal d'être présenté de suite au vieux, n'est-ce pas? Ce serait une affaire faite. »

J'exprimai la bonne disposition dans laquelle je me trouvais, et nous entrâmes au château. Là, nous trouvâmes, assis près du feu, un homme très-âgé, vêtu d'un paletot de flanelle, propre, gai, présentable, bien soigné, mais étonnamment sourd.

« Eh bien! vieux père, dit Wemmick en serrant les mains du vieillard d'une manière à la fois cordiale et joviale, comment allez-vous?

— Ça va bien, John, ça va bien, répondit le vieillard.

— Vieux père, voici M. Pip, dit Wemmick, je voudrais que vous pussiez entendre son nom. Faites-lui des signes de tête, M. Pip, il aime ça.... faites-lui des signes de tête, s'il vous plaît, comme si vous étiez de son avis!

— C'est une jolie maison qu'a là mon fils, monsieur, dit le vieillard, pendant que j'agitais la tête avec toute la rapidité possible; c'est un joli jardin d'agrément, monsieur; après mon fils, ce charmant endroit et les magnifiques travaux qu'on y a exécutés devraient être conservés intacts par la nation pour l'agrément du peuple.

— Vous en êtes aussi fier que Polichinelle, n'est-ce pas, vieux? dit Wemmick, dont les traits durs s'adoucissaient pendant qu'il contemplait le vieillard. Tenez, voilà un signe de tête pour vous, dit-il en lui en faisant un énorme. Tenez, en voilà un autre.... Vous aimez cela, n'est-ce pas?... Si vous n'êtes pas fatigué, M. Pip, bien que je sache que c'est fatigant pour les étrangers, voulez-vous lui en faire encore un? Vous ne vous imaginez pas combien cela lui plaît. »

Je lui en fis plusieurs, ce qui le mit en charmante humeur. Nous le laissâmes occupé à donner à manger aux poules, et nous nous assîmes pour prendre notre punch sous le berceau, où Wemmick me dit en fumant une pipe qu'il lui avait fallu bien des années pour amener sa propriété à son état actuel de perfection.

« Est-elle à vous, M. Wemmick?

— Oh! oui, dit Wemmick, il y a pas mal de temps que je l'ai. Par saint Georges! c'est une propriété dont le sol m'appartient.

— Vraiment? J'espère que M. Jaggers l'admire.

— Il ne l'a jamais vue, dit Wemmick; il n'en a jamais entendu parler, ni jamais vu le vieux, ni jamais entendu parler de lui. Non, les affaires sont une chose et la vie privée en est une autre. Quand je vais à l'étude, je laisse le château derrière moi, de même que, quand je viens au château, je laisse aussi l'étude derrière moi. Si cela ne vous est pas désagréable, vous m'obligerez en faisant de même; je ne tiens pas à ce qu'on parle de mes affaires. »

D'après cela, je sentis que ma bonne foi était engagée, et que je devais obtempérer à sa demande. Le punch étant très-bon, nous restâmes à boire et à causer jusqu'à près de neuf heures.

« Le moment de tirer le canon approche, dit alors Wemmick, en déposant sa pipe, c'est le régal du vieux. »

Nous rentrâmes au château et nous y trouvâmes le vieillard occupé à rougir un poker. C'était un de ces préliminaires indispensables à cette grande cérémonie nocturne, et ses yeux exprimaient l'attente la plus vive. Wemmick était là, la montre sous les yeux, attendant le moment de prendre le fer des mains du vieillard pour se rendre à la batterie. Il le prit, sortit, et bientôt le canon partit, en faisant un bruit qui fit trembler la pauvre petite boîte de cottage comme si elle allait tomber en pièces, et résonner tous les verres et jusqu'aux tasses à thé. Là-dessus le vieux, qui aurait, je crois, été lancé hors de son fauteuil s'il ne s'était retenu à ses bras, s'écria d'une voix exaltée :

« Il est parti !... je l'ai entendu !... »

Et je lui fis des signes de tête jusqu'au moment où je pus lui dire, ce qui n'était pas une figure de rhétorique, qu'il m'était absolument impossible de le voir.

Wemmick employa le temps qui s'écoula entre cet instant et le souper à me faire admirer sa collection de curiosités. La plupart étaient d'une nature criminelle. C'était la plume avec laquelle avait été commis un faux célèbre, un ou deux rasoirs de distinction, quelques mèches de cheveux et plusieurs confessions manuscrites formulées après la condamnation, et auxquelles M. Wemmick attachait une valeur particulière, comme n'étant toutes, pour me servir de ses propres paroles, « qu'un tas de mensonges, monsieur. » Ces dernières étaient agréablement disséminées parmi des petits spécimens de porcelaine de Chine, des verres et diverses bagatelles sans importance, faites de la main de l'heureux possesseur de ce muséum, et quelques pots à tabac, ornés par le vieux. Tout cela se voyait dans cette chambre du château, où j'avais été introduit tout d'abord, et qui servait non-seulement de salle de réception, mais aussi de cuisine, à en juger par un poêlon accroché au mur, et certaine mécanique en cuivre qui se trouvait au-dessus du foyer, et qui sans doute était destinée à suspendre le tourne-broche.

On était servi par une petite fille très-propre, qui donnait des soins au vieillard pendant le jour. Quand elle eut mis le couvert, le pont fut baissé pour lui donner passage, et elle se retira pour aller se coucher. Le souper était excellent, et bien que le château fût sujet à des odeurs de fumier; qu'il eût un arrière goût de noix gâtées; et que le cochon aurait pu être tenu plus à l'écart, je fus me coucher, enchanté de la réception qui m'avait été faite. Comme il n'y avait aucune autre pièce au-dessus de ma petite chambre-tourelle et que le plafond qui me séparait du mât de pavillon était très-mince, il me sembla, lorsque je fus couché sur le dos dans mon lit, que ce bâton s'appuyait sur mon front et s'y balançait toute la nuit.

Wemmick était debout de très-grand matin, et je crains bien de l'avoir entendu cirer lui-même mes souliers. Après cela il se mit à jardiner et je le voyais, de ma fenêtre gothique, faisant semblant d'occuper le vieillard, et lui faisant des signes de tête de la manière la plus dévouée et la plus affectueuse. Notre déjeûner fut aussi bon que le souper, et à huit heures et demie précises, nous partîmes pour la Petite Bretagne. A mesure que nous avancions, Wemmick devenait de plus en plus sec et de plus en plus dur, et sa bouche reprenait la forme du trou d'une boîte aux lettres. A la fin, lorsque nous fûmes arrivés au lieu de ses occupations et qu'il tira la clef du collet de son habit, il paraissait ne pas plus se soucier de sa propriété de Walworth que si le château, le pont-levis, le berceau, le lac, la fontaine et le vieux lui-même, eussent été lancés dans l'espace par la dernière décharge du canon.

CHAPITRE XXVI.

Il arriva, ainsi que Wemmick me l'avait prédit, que j'allais bientôt avoir l'occasion de comparer l'intérieur de mon tuteur avec celui de son clerc-caissier. Mon tuteur était dans son cabinet et se lavait les mains avec son savon parfumé. Quand j'arrivai dans l'étude il m'appela et me fit, pour moi et mes amis, l'invitation que Wemmick m'avait préparé à recevoir.

« Sans cérémonie! stipula-t-il : pas d'habits de gala, et mettons cela à demain. »

Je lui demandai où il faudrait aller, car je ne savais pas où il demeurait, et je crois que c'était uniquement pour ne pas démordre de son système de ne jamais convenir d'une chose, qu'il répliqua :

« Venez me prendre ici, et je vous conduirai chez moi. »

Je profite de l'occasion pour faire remarquer qu'il se lavait en quittant ses clients comme fait un dentiste ou un médecin. Il avait près de sa chambre un cabinet préparé pour cet usage, et qui sentait le savon parfumé comme une boutique de parfumeur. Là, il avait derrière la porte une serviette d'une dimension peu commune, et il se lavait les mains, les essuyait et les séchait sur cette serviette toutes les fois qu'il rentrait du tribunal, ou qu'un client quittait sa chambre. Quand mes amis et moi nous vînmes le prendre le lendemain à six heures, il paraissait avoir eu à s'occuper d'une affaire plus compliquée et plus noire qu'à l'ordinaire, car nous le trouvâmes la tête enfoncée dans son cabinet, lavant non-seulement ses mains, mais se baignant la figure dans sa cuvette et se gargarisant le gosier. Et même, quand il eut fait tout cela et qu'il eut employé toute la serviette à se bien essuyer, il prit son canif et gratta ses ongles avant de mettre son habit, pour en effacer toute trace de sa nouvelle affaire. Il y avait comme de coutume, lorsque nous sortîmes de la rue, quelques personnes qui rôdaient à l'entour de la maison et qui désiraient évidemment lui parler; mais il y avait quelque chose de si concluant dans l'auréole de savon parfumé qui entourait sa personne, qu'elles en restèrent là pour cette fois. En avançant vers l'ouest, il fut reconnu à chaque instant par quelqu'un des visages qui encombraient les rues.

Dans ces occasions, il ne manqua jamais de me parler un peu plus haut, mais il ne reconnut personne et ne sembla pas remarquer que quelqu'un le reconnût.

Il nous conduisit dans Gerrard Street, au quartier de Soho, à une maison située au sud de cette rue. C'était une maison assez belle dans son genre, mais qui avait grand besoin d'être repeinte, et dont les fenêtres étaient fort sales. Il prit la clef, ouvrit la porte, et nous entrâmes tous dans un vestibule en pierre, nu, triste et paraissant peu habité. En haut d'un escalier, sombre et noir, était une enfilade de trois pièces, également sombres et noires, qui formaient le premier étage. Les panneaux des murs étaient entourés de guirlandes sculptées, et pendant que mon tuteur était au milieu de ces sculptures, nous priant d'entrer, je pensais que je savais bien à quelles guirlandes elles ressemblaient.

Le dîner était servi dans la plus confortable de ces pièces; la seconde était le cabinet de toilette, la troisième la chambre à coucher. Il nous dit qu'il occupait toute la maison, mais qu'il ne se servait guère que de l'appartement dans lequel nous nous trouvions. La table était convenablement servie, sans argenterie véritable bien entendu. Près de sa chaise se trouvait un grand dressoir qui supportait une quantité de carafes et de bouteilles, et quatre assiettes de fruits pour le dessert. Je remarquai que chaque chose était posée à sa portée, et qu'il distribuait chaque objet lui-même.

Il y avait une bibliothèque dans la chambre. Je vis, d'après le dos des livres, qu'ils traitaient généralement de lois criminelles, de biographies criminelles, de procès criminels, de jugements criminels, d'actes du Parlement et d'autres choses semblables. Tout le mobilier était bon et solide, comme sa chaîne et sa montre; mais il avait un air officiel, et l'on n'y voyait aucun ornement de fantaisie. Dans un coin était une petite table couverte de papiers, avec une lampe à abat-jour; Jaggers semblait ainsi apporter avec lui au logis l'étude et ses travaux, et les voiturer le soir pour se mettre au travail.

Comme il avait à peine vu, jusqu'à ce moment, mes trois compagnons; car, lui et moi, nous avions marché ensemble, il se tint appuyé contre la cheminée après avoir sonné, et les examina avec attention. A ma grande surprise, il parut aussitôt s'intéresser principalement, sinon exclusivement au jeune Drummle.

« Pip, dit-il en posant sa large main sur mon épaule et en m'attirant vers la fenêtre, je ne les distingue pas l'un de l'autre; lequel est l'araignée?

— L'araignée? dis-je.

— Le pustuleux, le paresseux, le sournois...; quel est celui qui est couperosé?

— C'est Bentley Drummle, répliquai-je; celui au visage délicat est Startop. »

Sans faire la moindre attention au visage délicat, il répondit :

« Bentley Drummle est son nom?... Vraiment!... J'ai du plaisir à regarder ce gaillard-là.... »

Il commença immédiatement à parler à Drummle, ne se laissant pas rebuter par sa lourde manière de répondre et ses réticences; mais apparemment incité au contraire à lui arracher des paroles. Je les regardais tous les deux, quand survint entre eux et moi la gouvernante, qui apportait le premier plat du dîner.

C'était une femme d'environ quarante ans, je suppose; mais j'ai pu la croire plus vieille qu'elle n'était réellement, comme la jeunesse a l'habitude de faire. Plutôt grande que petite, elle avait une figure vive et mobile, extrêmement pâle, de grands yeux bleus flétris, et une quantité de cheveux flottants. Je ne saurais dire si c'était une affection du cœur qui tenait ses lèvres entr'ouvertes, comme si elle avait des palpitations, et qui donnait à son visage une expression curieuse d'étonnement et d'agitation; mais je sais que j'avais été au théâtre voir jouer *Macbeth* un ou deux soirs auparavant, et que son visage me paraissait animé d'un air féroce, comme les visages que j'avais vu sortir du chaudron des sorcières.

Elle mit le plat sur la table, toucha tranquillement du doigt mon tuteur au bras, pour lui notifier que le dîner était prêt, et disparut. Nous prîmes place autour de la table ronde, et mon tuteur garda Drummle d'un côté, tandis que Startop s'asseyait de l'autre. C'était un fort beau plat de poisson que la gouvernante avait mis sur la table. Nous eûmes ensuite un gigot de mouton des meilleurs; et puis après une volaille également bien choisie. Les sauces, les vins et tous les accessoires étaient d'excellente qualité et nous furent servis de la main même de notre hôte, qui les prenait sur son dressoir; quand ils avaient fait le tour de la table, il les replaçait sur le même dressoir. De même il nous passait des assiettes propres, des couteaux et des fourchettes propres pour chaque plat, et déposait ensuite ceux que nous lui rendions dans deux paniers placés à terre près de sa chaise. Aucun autre domestique que la femme de ménage ne parut. Elle apportait tous les plats, et je continuais à trouver sa figure toute semblable à celles que j'avais vues sortir du chaudron. Des années après, je fis apparaître la terrible image de cette femme en faisant passer un visage qui n'avait d'autre ressemblance naturelle avec le sien que celle qui provenait de cheveux flottants derrière un bol d'esprit de vin enflammé dans une chambre obscure.

Poussé à observer tout particulièrement la gouvernante, tant pour son extérieur extraordinaire que pour ce que m'en avait dit Wemmick, je remarquai que toutes les fois qu'elle se trouvait dans la salle, elle tenait les yeux attentivement fixés sur mon tuteur, et qu'elle retirait promptement ses mains des plats qu'elle mettait avec hésitation devant lui, comme si elle eût craint qu'il ne la rappelât et n'essayât de lui parler pendant qu'elle était proche, s'il avait eu quelque chose à lui dire. Je crus apercevoir dans ses manières le sentiment intime de ceci, et d'un autre côté l'intention de toujours le tenir caché.

Le dîner se passa gaiement; et, bien que mon tuteur semblât suivre plutôt que conduire la conversation, je voyais bien qu'il cherchait à deviner le côté faible de nos caractères. Pour ma part, j'étais en train d'exprimer mes tendances à la prodigalité et aux dépenses, et mon désir de protéger Herbert, et je me vantais de mes grandes espérances, avant d'avoir l'idée que j'avais ouvert la bouche. C'était la même chose pour chacun de nous, mais pour Drummle encore plus que pour tout autre; ses dispositions à railler les autres avec envie et soupçon se firent jour avant qu'on n'eût enlevé le poisson.

Ce n'est pas alors, mais seulement quand on fut au fromage, que notre conversation tomba sur nos plaisirs nautiques, et qu'on railla Drummle de sa manière amphibie de ramer, le soir, derrière nous. Là-dessus, Drummle informa notre hôte qu'il préférait de beaucoup jouir à lui seul de notre place sur l'eau à notre compagnie, et que, sous le rapport de l'adresse, il était plus que notre maître, et que, quant à la force, il pourrait nous hacher comme paille. Par une influence invisible, mon tuteur sut l'animer, le faire arriver à un degré qui n'était pas éloigné de la fureur, à propos de cette plaisanterie, et il se prit à mettre son bras à nu et à le mesurer, pour montrer combien il était musculeux; et nous nous mîmes tous à mettre nos bras à nu, et à les mesurer de la façon la plus ridicule.

A ce moment, la gouvernante desservait la table : mon tuteur ne faisait pas attention à elle; mais, le profil tourné de côté, il s'appuyait sur le dos de sa chaise en mordant le bout de son index, et témoignait à Drummle un intérêt que je ne m'expliquais pas le moins du monde. Tout à coup il laissa tomber comme une trappe sa large main sur celle de la gouvernante, qu'elle étendait par-dessus la table. Il fit ce mouvement si subitement et si subtilement, que nous en laissâmes là notre folle dispute.

« Si vous parlez de force, dit M. Jaggers, je vais vous faire voir un poignet. Molly, faites voir votre poignet. »

La main de Molly, prise au piège, était sur la table ; mais elle avait déjà mis son autre main derrière son dos.

« Maître, dit-elle à voix basse, les yeux fixés sur lui, attentifs et suppliants, je vous en prie !...

— Je vais vous faire voir un poignet, répéta M. Jaggers avec une immuable détermination de le montrer. Molly, faites-leur voir votre poignet.

— Maître, fit-elle de nouveau, je vous en prie !...

— Molly, dit M. Jaggers sans la regarder, mais regardant au contraire obstinément de l'autre côté de la salle, faites-leur voir vos deux poignets, faites-les voir, allons ! »

Il lui prit la main, et tourna et retourna son poignet sur la table. Elle avança son autre main et tint ses deux poignets l'un à côté de l'autre.

Ce dernier poignet était complétement défiguré et couvert de cicatrices profondes dans tous les sens. En tenant ses mains étendues en avant, elle quitta des yeux M. Jaggers, et les tourna d'un air d'interrogation sur chacun de nous successivement.

« Voilà de la force, dit M. Jaggers en traçant tranquillement avec son index les nerfs du poignet ; très-peu d'hommes ont la force de poignet qu'a cette femme. Ces mains ont une force d'étreinte vraiment remarquable. J'ai eu occasion de voir bien des mains, mais je n'en ai jamais vu de plus fortes sous ce rapport, soit d'hommes, soit de femmes, que celles-ci. »

Pendant qu'il disait ces mots d'une façon légèrement moqueuse, elle continuait à regarder chacun de nous, l'un après l'autre, en suivant l'ordre dans lequel nous étions placés. Dès qu'il cessa de parler, elle reporta ses yeux sur lui.

« C'est bien, Molly, dit M. Jaggers en lui faisant un léger signe de tête ; on vous a admirée, et vous pouvez vous en aller. »

Elle retira ses mains et sortit de la chambre. M. Jaggers, prenant alors les carafons sur son dressoir, remplit son verre et fit circuler le vin.

« Il va être neuf heures et demie, messieurs, dit-il, et il faudra tout à l'heure nous séparer. Je vous engage à faire le meilleur usage possible de votre temps. Je suis aise de vous avoir vus tous. M. Drummle, je bois à votre santé ! »

Si son but, en distinguant Drummle, était de l'embarrasser encore davantage, il réussit parfaitement. Dans son triomphe stupide, Drummle montra le mépris morose qu'il faisait de nous, d'une manière de plus en plus offensante, jusqu'à ce qu'il devînt positivement intolérable. A travers toutes ces phases, M. Jaggers le suivit avec le même intérêt étrange. Drummle semblait en ce moment trouver du bouquet au vin de M. Jaggers.

Dans notre peu de discrétion juvénile, je crois que nous bûmes trop, et je sais que nous parlâmes aussi beaucoup trop. Nous nous échauffâmes particulièrement à quelque grossière raillerie de Drummle, sur notre penchant à être trop généreux et à dépenser notre argent. Cela me conduisit à faire remarquer, avec plus de zèle que de tact, qu'il avait mauvaise grâce à parler ainsi, lui à qui Startop avait prêté de l'argent en ma présence, il y avait à peine une semaine.

« Eh bien ! repartit Drummle, il sera payé.

— Je ne veux pas dire qu'il ne le sera pas, répliquai-je ; mais cela devrait vous faire retenir votre langue sur nous et notre argent, je pense.

— Vous pensez? repartit Drummle. Ah! Seigneur!

— J'ose dire, continuai-je avec l'intention d'être très-mordant, que vous ne prêteriez d'argent à aucun de nous, si nous en avions besoin.

— Vous dites vrai, répondit Drummle; je ne vous prêterais pas une pièce de six pence. D'ailleurs, je ne la prêterais à personne.

— Vous préféreriez la demander dans les mêmes circonstances, je crois?

— Vous croyez? répliqua Drummle. Ah! Seigneur! »

Cela devenait d'autant plus maladroit, qu'il était évident que je n'obtiendrais rien de sa stupidité sordide. Je dis donc, sans avoir égard aux efforts d'Herbert pour me retenir :

« Allons, M. Drummle, puisque nous sommes sur ce sujet, je vais vous dire ce qui s'est passé, entre Herbert que voici et moi, quand vous lui avez emprunté de l'argent.

— Je n'ai pas besoin de savoir ce qui s'est passé entre Herbert que voici et vous, grommela Drummle, et je pense, ajouta-t-il en grommelant plus bas, que nous pourrions aller tous deux au diable pour en finir.

— Je vous le dirai cependant, fis-je, que vous ayez ou non besoin de le savoir. Nous avons dit qu'en le mettant dans votre poche, bien content de l'avoir, vous paraissiez vous amuser beaucoup de ce qu'il avait été assez faible pour vous le prêter. »

Drummle éclata de rire; et il nous riait à la face, avec ses mains dans ses poches et ses épaules rondes jetées en arrière : ce qui voulait dire que c'était parfaitement vrai, et qu'il nous tenait tous pour des ânes.

Là-dessus Startop l'entreprit, bien qu'avec plus de grâce que je n'en avais montrée, et l'exhorta à être un peu plus aimable.

Startop était un garçon vif et plein de gaieté, et Drummle était exactement l'opposé. Ce dernier était toujours disposé à voir en lui un affront direct et personnel. Ce dernier répondit d'une façon lourde et grossière, et Startop essaya d'apaiser la discussion, en faisant quelques légères plaisanteries qui nous firent tous rire. Piqué de ce petit succès, plus que de toute autre chose, Drummle, sans menacer, sans prévenir, tira ses mains de ses poches, laissa tomber ses épaules, jura, s'empara d'un grand verre et l'aurait lancé à la tête de son adversaire, sans la présence d'esprit de notre amphytrion, qui le saisit au moment où il s'était levé dans cette intention.

« Messieurs, dit M. Jaggers, posant résolûment le verre sur la table et tirant sa montre à répétition en or, par sa chaîne massive, je suis excessivement fâché de vous annoncer qu'il est neuf heures et demie. »

Sur cet avis, nous nous levâmes tous pour partir. Startop appelait gaiement Drummle : « Mon vieux, » comme si rien ne s'était passé; mais le vieux était si peu disposé à répondre, qu'il ne voulut même pas regagner Hammersmith en suivant le même côté du chemin ; de sorte qu'Herbert et moi, qui restions en ville, nous les vîmes s'avancer chacun d'un côté différent de la rue, Startop marchant le premier, et Drummle se traînant derrière, rasant les maisons, comme il avait coutume de nous suivre dans son bateau.

Comme la porte n'était pas encore fermée, j'eus l'idée de laisser Herbert seul un instant, et de retourner dire un mot à mon tuteur. Je le trouvai dans son cabinet de toilette, entouré de sa provision de bottes ; il y allait déjà de tout cœur et se lavait les mains, comme pour ne rien garder de nous.

Je lui dis que j'étais remonté pour lui exprimer combien j'étais fâché qu'il se fût passé quelque chose de désagréable, et que j'espérais qu'il ne m'en voudrait pas beaucoup.

« Peuh !... dit-il en baignant sa tête et parlant à travers les gouttes d'eau. Ce n'est rien, Pip ; cependant je ne déteste pas cette araignée. »

Il s'était tourné vers moi, en secouant la tête, en soufflant et en s'essuyant.

« Je suis bien aise que vous l'aimiez, monsieur ; mais je ne l'aime pas, moi.

— Non, non, dit mon tuteur avec un signe d'assentiment ; n'ayez pas trop de choses à démêler avec lui.... Tenez-vous aussi éloigné de lui que possible.... Mais j'aime cet individu, Pip ; c'est un garçon de la bonne espèce. Ah ! si j'étais un diseur de bonne aventure ! »

Regardant par-dessus sa serviette, son œil rencontra le mien ; puis il dit, en laissant retomber sa tête dans les plis de la serviette et en s'essuyant les deux oreilles :

« Vous savez ce que je suis ?... Bonsoir, Pip.

— Bonsoir, monsieur. »

Environ un mois après cela, le temps que l'Araignée devait passer chez M. Pocket était écoulé, et au grand contentement de toute la maison, à l'exception de Mrs Pocket, Drummle rentra dans sa famille, et regagna son trou.

CHAPITRE XXVII.

« Mon cher monsieur Pip,

« Je vous écris la présente, à la demande de M. Gargery, pour vous faire savoir qu'il va se rendre à Londres, en compagnie de M. Wopsle. Il serait bien content s'il lui était permis d'aller vous voir. Il compte passer à l'Hôtel Barnard, mardi, à neuf heures du matin. Si cela vous gênait, veuillez y laisser un mot. Votre pauvre sœur est toujours dans le même état où vous l'avez laissée. Nous parlons de vous tous les soirs dans la cuisine, et nous nous demandons ce que vous faites et ce que vous dites pendant ce temps-là. Si vous trouvez que je prends ici des libertés, excusez-les pour l'amour des jours passés. Rien de plus, cher monsieur Pip, de

« Votre reconnaissante et à jamais affectionnée servante,

« BIDDY.

« P. S. Il désire très-particulièrement que je vous écrive ces deux mots : *What larks*[1]. Il dit que vous

---

1. « *What larks*, » intraduisible; manière de demander à Pip des nouvelles de sa vie de garçon.

comprendrez. J'espère et je ne doute pas que vous serez charmé de le voir, quoique vous soyez maintenant un beau monsieur, car vous avez toujours eu bon cœur, et lui, c'est un digne, bien digne homme. Je lui ai tout lu, excepté seulement la dernière petite phrase, et il désire très-particulièrement que je vous répète encore : *What larks.*

Je reçus cette lettre par la poste, le lundi matin. Le rendez-vous était donc pour le lendemain. Qu'il me soit permis de confesser exactement avec quels sentiments j'attendis l'arrivée de Joe.

Ce n'était pas avec plaisir, bien que je tinsse à lui par tant de liens. Non; c'était avec un trouble considérable, un peu de mortification et un vif sentiment de mauvaise humeur en pensant à son manque de manières. Si j'avais pu l'empêcher de venir, en donnant de l'argent, j'en aurais certainement donné. Ce qui me rassurait le plus, c'est qu'il venait à l'Hôtel Barnard et non pas à Hammersmith, et que conséquemment il ne tomberait pas sous la griffe de Drummle. Je n'avais pas d'objection à laisser voir Joe à Herbert ou à son père, car je les estimais tous les deux; mais j'aurais été très-vexé de le laisser voir par Drummle, pour lequel je n'avais que du mépris. C'est ainsi que, dans la vie, nous commettons généralement nos plus grandes bassesses et nos plus grandes faiblesses pour des gens que nous méprisons.

J'avais commencé à décorer nos chambres, tantôt d'une manière tout à fait inutile, tantôt d'une manière mal appropriée, et ces luttes avec le délabrement de l'Hôtel Barnard ne laissaient pas que d'être fort coûteuses. A cette époque, nos chambres étaient bien différentes de ce que je les avais trouvées, et je jouissais de l'honneur d'occuper une des premières pages dans les registres des tapissiers voisins. J'avais été bon train dans ces derniers temps, et j'avais même poussé les choses jusqu'à m'imaginer de faire mettre des bottes à un jeune garçon; c'était même des bottes à revers. On aurait pu dire que c'était moi qui étais le domestique, car lorsque j'eus pris ce monstre dans le rebut de la famille de ma blanchisseuse, et que je l'eus affublé d'un habit bleu, d'un gilet canari, d'une cravate blanche, de culottes beurre frais et des bottes susdites, je dus lui trouver peu de travail à faire, mais beaucoup de choses à manger, et, avec ces deux terribles exigences, il troublait ma vie.

Ce fantôme vengeur reçut l'ordre de se trouver à son poste, dès huit heures du matin, le mardi suivant, dans le vestibule; c'étaient deux pieds carrés, garnis de tapis; et Herbert me suggéra l'idée de certains mets pour le déjeûner, qu'il supposait devoir être du goût de Joe. Bien que je lui fusse sincèrement obligé de l'intérêt et de la considération qu'il témoignait pour mon ami, j'avais en même temps un vague soupçon que si Joe fût venu pour le voir, lui, il n'aurait pas été à beaucoup près aussi empressé.

Quoi qu'il en soit, je vins en ville le lundi soir pour être prêt à recevoir Joe. Je me levai de grand matin pour faire donner à la salle à manger et au déjeûner leur plus splendide apparence. Malheureusement, la matinée était pluvieuse, et un ange n'aurait pu s'empêcher de voir que Barnard répandait des larmes de suie en dehors des fenêtres, comme si quelque ramoneur gigantesque avait pleuré au-dessus des toits.

A mesure que le moment approchait, j'aurais voulu fuir, mais le Vengeur, suivant les ordres reçus, était dans le vestibule, et bientôt j'entendis Joe dans l'escalier. Je devinais que c'était Joe, à sa manière bruyante de monter les marches, ses souliers de grande tenue étant toujours trop larges, et au temps qu'il mit à lire les noms inscrits sur les portes des autres étages pendant son ascension. Lorsqu'enfin il s'arrêta à notre porte, j'entendis ses doigts suivre les lettres de mon nom, et ensuite je l'entendis distinctement respirer, à travers le trou de la serrure; finalement, il donna un unique petit coup sur la porte, et Pepper, tel était le nom compromettant du Vengeur, annonça:

« M. Gargery! »

Je crus que Joe ne finirait jamais de s'essuyer les pieds, et que j'allais être obligé de sortir pour l'enlever du paillasson; mais à la fin, il entra.

« Joe, comment allez-vous, Joe?

— Pip, comment allez-vous, Pip? »

Avec son bon et honnête visage, ruisselant et tout luisant d'eau et de sueur, il posa son chapeau entre nous sur le plancher, et me prit les deux mains et les fit manœuvrer de haut en bas, comme si j'eusse été la dernière pompe brevetée.

« Je suis aise de vous voir, Joe.... Donnez-moi votre chapeau. »

Mais Joe, prenant avec soin son chapeau dans ses deux mains, comme si c'eût été un nid garni de ses œufs, ne voulait pas se séparer de cette partie de sa propriété, et s'obstinait à parler par-dessus de la manière la plus incommode du monde.

« Comme vous avez grandi! dit Joe, comme vous avez gagné!... Vous êtes devenu tout à fait un homme de bonne compagnie. »

Joe réfléchit pendant quelques instants avant de trouver ces mots:

« .... A coup sûr, vous ferez honneur à votre roi et à votre pays.

— Et vous, Joe, vous avez l'air tout à fait bien.

— Dieu merci! dit Joe, je suis également bien; et votre sœur ne va pas plus mal, et Biddy est toujours bonne et obligeante, et tous nos amis ne vont pas plus mal, s'ils ne vont pas mieux; excepté Wopsle qui a fait une chute. »

Et pendant tout ce temps, prenant toujours grand soin du nid d'oiseaux qu'il tenait dans ses mains, Joe roulait ses yeux tout autour de la chambre et suivait les dessins à fleur de ma robe de chambre.

« Il a fait une chute, Joe?

— Mais oui, dit Joe en baissant la voix; il a quitté l'église pour se mettre au théâtre; le théâtre l'a donc amené à Londres avec moi, et il a désiré, dit Joe en plaçant le nid d'oiseaux sous son bras gauche et en se penchant comme s'il y prenait un œuf avec sa main droite, vous offrir ceci comme je voudrais le faire moi-même. »

Je pris ce que Joe me tendait. C'était l'affiche toute chiffonnée d'un petit théâtre de la capitale, annonçant, pour cette semaine même, les premiers débuts du célèbre et renommé Roscius, amateur de province, dont le jeu sans pareil, dans les pièces les plus tragiques de notre poëte national, venait de produire dernièrement une si grande sensation dans les cercles dramatiques de la localité.

« Étiez-vous à cette représentation, Joe? demandai-je.

— J'y étais, dit Joe avec emphase et solennité.

— A-t-il fait une grande sensation?

— Mais oui, dit Joe; on lui a jeté certainement beaucoup de pelures d'oranges: particulièrement au moment où il voit le fantôme. Mais je m'en rapporte à vous, monsieur, est-ce fait pour encourager un homme et lui donner du cœur à l'ouvrage, que d'intervenir à tout moment entre lui et le fantôme, en disant: Amen. Un homme peut avoir eu des malheurs et avoir été à l'église, dit Joe en baissant la voix et en prenant le ton de l'étonnement et de la persuasion, mais ce n'est pas une raison pour qu'on le pousse à bout dans un pareil moment. C'est-à-dire que si l'ombre du propre père de cet homme ne peut attirer son attention, qu'est-ce donc qui le pourra, monsieur? Encore bien plus quand son affliction est malheureusement si légère, que le poids des plumes noires la chasse. Essayez de la fixer comme vous pourrez. »

A ce moment, l'air effrayé de Joe, qui paraissait aussi terrifié que s'il eût vu un fantôme, m'annonça qu'Herbert venait d'entrer dans la chambre. Je présentai donc Joe à Herbert, qui avança la main, mais Joe se recula et continua à tenir le nid d'oiseaux.

« Votre serviteur, monsieur, dit-il, j'espère que vous et Pip.... »

Ici ses yeux tombèrent sur le groom qui déposait des rôties sur la table, et son regard semblait indiquer si clairement qu'il considérait ce jeune gentleman comme un membre de la famille, que je le regardai en fronçant les sourcils, ce qui l'embarrassa encore davantage.

« Je parle de vous deux, messieurs; j'espère que vous vous portez bien, dans ce lieu renfermé? Car l'endroit où nous sommes peut être une excellente auberge, selon les goûts et les opinions que l'on a à Londres, dit Joe confidentiellement; mais quant à moi, je n'y garderais pas un cochon, surtout si je voulais l'engraisser sainement et le manger de bon appétit. »

Après avoir émis ce jugement flatteur sur les mérites de notre logement, et avoir montré incidemment sa tendance à m'appeler monsieur, Joe, invité à se mettre à table, chercha autour de la chambre un endroit convenable où il pût déposer son chapeau, comme s'il ne pouvait trouver une place pour un objet si rare : il finit par le poser sur l'extrême bord de la cheminée, d'où ce malheureux chapeau ne tarda pas à tomber à plusieurs reprises.

« Prenez-vous du thé ou du café, monsieur Gargery ? demanda Herbert, qui faisait toujours les honneurs du déjeûner.

— Je vous remercie, monsieur, répondit Joe en se roidissant des pieds à la tête ; je prendrai ce qui vous sera le plus agréable à vous-même.

— Préférez-vous le café ?

— Merci, monsieur, répondit Joe, évidemment embarrassé par cette question, puisque vous êtes assez bon pour choisir le café, je ne vous contredirai pas ; mais ne trouvez-vous pas que c'est un peu échauffant ?

— Du thé, alors ? » dit Herbert en lui en versant.

Ici, le chapeau de Joe tomba de la cheminée ; il se précipita pour le ramasser et le posa exactement au même endroit, comme s'il eût fallu absolument, selon les règles de la bienséance, qu'il retombât presque aussitôt.

« Quand êtes-vous arrivé ici, monsieur Gargery ?

— Était-ce bien hier dans l'après-midi ? répondit Joe après avoir toussé dans sa main, comme s'il avait eu le temps d'attraper un rhume depuis qu'il était arrivé. Non, non.... Oui, oui..., c'était hier dans l'après-midi, dit-il avec une apparence de sagesse mêlée de soulagement et de stricte impartialité.

— Avez-vous déjà vu quelque chose à Londres ?

— Mais oui, monsieur, fit Joe. M. Wopsle et moi, nous sommes allés tout droit au grand magasin de cirage, mais nous n'avons pas trouvé que cela répondît aux belles affiches rouges posées sur les murs. Je veux dire, ajouta Joe en manière d'explication, quant à ce qui est de l'*archi-tec-ta-to-ture*.... »

Je crois réellement que Joe aurait encore prolongé ce mot, qui exprimait pour moi un genre d'architecture de ma connaissance, si son attention n'eût été providentiellement détournée par son chapeau qui roulait de nouveau à terre. En effet, ce chapeau exigeait de lui une attention constante et une vivacité d'œil et de main assez semblable à celle d'un joueur de cricket[1].

Il joua avec ce couvre-chef d'une manière surprenante, et déploya une grande adresse, tantôt se précipitant sur lui et le rattrapant au moment où il glissait à terre, tantôt l'arrêtant à moitié chemin, le heurtant partout, et le faisant rebondir comme un volant à tous les coins de la chambre, et contre toutes les fleurs du papier qui garnissait le mur, avant de pouvoir s'en emparer et le sentir en sûreté ; puis, finalement, le laissant tomber dans le bol à rincer les tasses, où je pris la liberté de mettre la main dessus.

Quant à son col de chemise et à son col d'habit, c'étaient deux problèmes à étudier, mais également insolubles. Pourquoi faut-il qu'un homme se gêne à ce point, pour se croire complétement habillé! Pourquoi faut-il qu'il croie nécessaire de faire pénitence en souffrant dans ses habits de fête. Alors Joe tomba dans une si inexplicable rêverie, que sa fourchette en resta suspendue, entre son assiette et sa bouche. Ses yeux se portaient dans de si étranges directions; il était affligé d'une toux si extraordinaire et se tenait si éloigné de la table, qu'il laissa tomber plus de morceaux qu'il n'en mangeait, prétendant ensuite qu'il n'avait rien laissé

---

1. *Cricket*, jeu de paume ressemblant assez à notre jeu de barres.

échapper; et je fus très-content, au fond du cœur, quand Herbert nous quitta pour se rendre dans la Cité.

Je n'avais ni assez de sens ni assez de sentiment pour reconnaître que tout cela était de ma faute, et que si j'avais été plus sans cérémonie avec Joe, Joe aurait été plus à l'aise avec moi. Je me sentais gêné et à bout de patience avec lui; il avait ainsi amoncelé des charbons ardents sur ma tête.

« Puisque nous sommes seuls maintenant, monsieur..... commença Joe.

— Joe, interrompis-je d'un ton chagrin, comment pouvez-vous m'appeler monsieur? »

Joe me regarda un instant avec quelque chose d'indécis dans le regard qui ressemblait à un reproche. En voyant sa cravate de travers, ainsi que son col, j'eus conscience qu'il avait une sorte de dignité qui sommeillait en lui.

« Nous sommes seuls, maintenant, reprit Joe, et comme je n'ai ni l'intention ni le loisir de rester ici bien longtemps, je vais conclure dès à présent, en commençant par vous apprendre ce qui m'a procuré l'honneur que vous me faites en ce moment. Car si ce n'était pas, dit Joe avec son ancien air de bonne franchise, que mon seul désir est de vous être utile, je n'aurais pas eu l'honneur de rompre le pain en compagnie de gentlemen tels que vous deux, et dans leur propre demeure. »

Je désirais si peu revoir le regard qu'il m'avait déjà jeté, que je ne lui fis aucun reproche sur le ton qu'il prenait.

« Eh bien! monsieur, continua Joe, voilà ce qui s'est passé; je me trouvais aux *Trois jolis bateliers*, l'autre soir, Pip.... »

Toutes les fois qu'il revenait à son ancienne affection, il m'appelait Pip, et quand il retombait dans ses ambitions de politesse, il m'appelait monsieur.

« Alors, dit Joe en reprenant son ton cérémonieux, Pumblechook arriva dans sa charrette; il était toujours le même.... identique.... et me faisait quelquefois l'effet d'un peigne qui m'aurait peigné à rebrousse poil, en se donnant par toute la ville comme si c'était lui qui eût été votre camarade d'enfance, et comme si vous le regardiez comme le compagnon de vos jeux.

— Allons donc! mais c'était vous, Joe.

— Je l'avais toujours cru, Pip, dit Joe en branlant doucement la tête, bien que cela ne signifie pas grand'chose maintenant, monsieur. Eh bien! Pip, ce même Pumblechook, ce faiseur d'embarras, vint me trouver aux *Trois jolis bateliers* (où l'ouvrier vient boire tranquillement une pinte de bière et fumer une pipe sans faire d'abus), et il me dit : « Joseph, miss Havisham désire vous parler. »

— Miss Havisham, Joe?

— Elle désire vous parler; ce sont les paroles de Pumblechook. »

Joe s'assit et leva les yeux au plafond.

« Oui, Joe; continuez, je vous prie.

— Le lendemain, monsieur, dit Joe en me regardant comme si j'étais à une grande distance de lui, après m'être fait propre, je fus voir miss A.

— Miss A, Joe, miss Havisham?

— Je dis, monsieur, répliqua Joe avec un air de formalité légale, comme s'il faisait son testament, miss A ou autrement miss Havisham. Elle s'exprima ainsi qu'il suit : « Monsieur Gargery, vous êtes en correspondance avec M. Pip? » Ayant en effet reçu une lettre de vous, j'ai pu répondre que je l'étais. Quand j'ai épousé votre sœur, monsieur, j'ai dit : « Je le serai; »

et, interrogé par votre amie, Pip, j'ai dit : « Je le suis. » — Voudrez-vous lui dire alors, dit-elle, qu'Estelle est ici, et qu'elle serait bien aise de le voir ? »

Je sentais mon visage en feu, en levant les yeux sur Joe. J'espère qu'une des causes lointaines de cette douleur devait venir de ce que je sentais que si j'avais connu le but de sa visite, je lui aurais donné plus d'encouragement.

« Biddy, continua Joe, quand j'arrivai à la maison et la priai de vous écrire un petit mot, Biddy hésita un moment : « Je sais, dit-elle, qu'il sera plus content d'entendre ce mot de votre bouche; c'est jour de fête, si vous avez besoin de le voir, allez-y. » J'ai fini, monsieur, dit Joe en se levant, et, Pip, je souhaite que vous prospériez et réussissiez de plus en plus.

— Mais vous ne vous en allez pas tout de suite, Joe?

— Si fait, je m'en vais, dit Joe.

— Mais vous reviendrez pour dîner, Joe?

— Non, je ne reviendrai pas, » dit Joe.

Nos yeux se rencontrèrent, et tous les « monsieur » furent bannis du cœur de cet excellent homme, quand il me tendit la main.

« Pip! mon cher Pip, mon vieux camarade, la vie est composée d'une suite de séparations de gens qui ont été liés ensemble, s'il m'est permis de le dire : l'un est forgeron, un autre orfèvre, celui-ci bijoutier, celui-là chaudronnier; les uns réussissent, les autres ne réussissent pas. La séparation entre ces gens-là doit venir un jour ou l'autre, et il faut bien l'accepter quand elle vient. Si quelqu'un a commis aujourd'hui une faute, c'est moi. Vous et moi ne sommes pas deux personnages à paraître ensemble dans Londres, ni même ailleurs, si ce n'est quand nous sommes dans l'intimité et entre gens de connaissance. Je veux dire entre amis.

Ce n'est pas que je sois fier, mais je n'ai pas ce qu'il faut, et vous ne me verrez plus dans ces habits. Je suis gêné dans ces habits, je suis gêné hors de la forge, de notre cuisine et de nos marais. Vous ne me trouveriez pas la moitié autant de défauts, si vous pensiez à moi et si vous vous figuriez me voir dans mes habits de la forge, avec mon marteau à la main, voire même avec ma pipe. Vous ne me trouveriez pas la moitié autant de défauts si, en supposant que vous ayez eu envie de me voir, vous soyez venu mettre la tête à la fenêtre de la forge et regarder Joe, le forgeron, là, devant sa vieille enclume, avec son vieux tablier brûlé, et attaché à son vieux travail. Je suis terriblement triste aujourd'hui ; mais je crois que, malgré tout, j'ai dit quelque chose qui a le sens commun. Ainsi donc, Dieu te bénisse, mon cher petit Pip, mon vieux camarade, Dieu te bénisse ! »

Je ne m'étais pas trompé, en m'imaginant qu'il y avait en lui une véritable dignité. La coupe de ses habits m'était aussi indifférente, quand il eut dit ces quelques mots, qu'elle eût pu l'être dans le ciel. Il me toucha doucement le front avec ses lèvres et partit. Aussitôt que je fus revenu suffisamment à moi, je me précipitai sur ses pas, et je le cherchai dans les rues voisines, mais il avait disparu.

CHAPITRE XXVIII.

Il était clair que je devais me rendre à notre ville dès le lendemain, et dans les premières effusions de mon repentir, il me semblait également clair que je devais descendre chez Joe. Mais quand j'eus retenu ma place à la voiture pour le lendemain, quand je fus allé chez M. Pocket, et quand je fus revenu, je n'étais en aucune façon convaincu de la nécessité de ce dernier point, et je commençai à chercher quelque prétexte et à trouver de bonnes raisons pour descendre au *Cochon bleu* :

« Je serais un embarras chez Joe, pensai-je ; je ne suis pas attendu, et mon lit ne sera pas prêt. Je serai trop loin de miss Havisham. Elle est exigeante et pourrait ne pas le trouver bon. »

On n'est jamais mieux trompé sur terre que par soi-même, et c'est avec de tels prétextes que je me donnai le change. Que je reçoive innocemment et sans m'en douter une mauvaise demi-couronne fabriquée par un autre, c'est assez déraisonnable, mais qu'en connaissance de cause je compte pour bon argent des pièces fausses de ma façon, c'est assurément chose curieuse! Un étranger complaisant, sous prétexte de mettre en sûreté et de serrer avec soin mes banknotes pour moi s'en empare, et me donne des coquilles de noix; qu'est-ce que ce tour de passe-passe auprès du mien, si je serre moi-même mes coquilles de noix, et si je les fais passer à mes propres yeux pour des banknotes.

Après avoir décidé que je devais descendre au *Cochon bleu*, mon esprit resta dans une grande indécision. Emmènerais-je mon groom avec moi ou ne l'emmènerais-je pas? C'était bien tentant de se représenter ce coûteux mercenaire avec ses bottes, prenant publiquement l'air sous la grande porte du *Cochon bleu*. Il y avait quelque chose de presque solennel à se l'imaginer introduit comme par hasard dans la boutique du tailleur, et confondant de surprise admiratrice l'irrespectueux garçon de Trabb. D'un autre côté, le garçon de Trabb pouvait se glisser dans son intimité et lui dire beaucoup de choses; ou bien, hardi et méchant comme je le connaissais, il le poursuivrait peut-être de ses huées jusque dans la Grande Rue. Ma protectrice pourrait aussi entendre parler de lui, et ne pas m'approuver. D'après tout cela, je résolus de laisser le Vengeur à la maison.

C'était pour la voiture de l'après-midi que j'avais retenu ma place; et comme l'hiver était revenu, je ne devais arriver à destination que deux ou trois heures après le coucher du soleil. Notre heure de départ de Cross Keys était fixée à deux heures. J'arrivai un quart d'heure en avance, suivi du Vengeur, si je puis parler ainsi d'un individu qui ne me suivait jamais, quand il lui était possible de faire autrement.

A cette époque, on avait l'habitude de conduire les condamnés au dépôt par la voiture publique, et comme j'avais souvent entendu dire qu'ils voyageaient sur l'impériale, et que je les avais vus plus d'une fois sur la grande route balancer leurs jambes enchaînées au-dessus de la voiture, je ne fus pas très-surpris quand Herbert, en m'apercevant dans la cour, vint me dire que deux forçats allaient faire route avec moi; mais j'avais une raison, qui commençait à être une vieille raison, pour trembler malgré moi des pieds à la tête quand j'entendais prononcer le mot forçat.

« Cela ne vous inquiète pas, Haendel? dit Herbert.
— Oh! non!
— Je croyais que vous paraissiez ne pas les aimer.
— Je ne prétends pas que je les aime, et je suppose que vous ne les aimez pas particulièrement non plus; mais ils me sont indifférents.
— Tenez! les voilà, dit Herbert, ils sortent du cabaret; quel misérable et honteux spectacle! »

Les deux forçats venaient de régaler leur gardien, je suppose, car ils avaient avec eux un geôlier, et tous trois s'essuyaient encore la bouche avec leurs mains. Les deux malheureux étaient attachés ensemble et avaient des fers aux jambes, des fers dont j'avais déjà vu un échantillon, et ils portaient un habillement que je ne connaissais que trop bien aussi. Leur gardien avait une paire de pistolets et portait sous son bras un gros bâton noueux, mais il paraissait dans de bons termes avec eux et se tenait à leur côté, occupé à voir mettre les chevaux à la voiture. Ils avaient vraiment l'air de faire partie de quelque exhibition intéressante, non encore ouverte, et lui, d'être leur directeur. L'un était plus grand et plus fort que l'autre, et on eût dit que, selon les règles mystérieuses du monde des forçats, comme des gens libre, on lui avait alloué l'habillement le plus court. Ses bras et ses jambes étaient comme de grosses pelottes de cette forme et son accoutrement le déguisait d'une façon complète. Cependant, je reconnus du premier coup son clignottement d'œil: J'avais devant moi l'homme que j'avais vu sur le banc, aux *Trois jolis bateliers*, certain samedi soir, et qui m'avait mis en joue avec son fusil invisible!

Il était facile de voir que jusqu'à présent il ne me reconnaissait pas plus que s'il ne m'eût jamais vu de sa vie. Il me regarda de côté, et ses yeux rencontrèrent ma chaîne de montre; alors il se mit à cracher comme par hasard, puis il dit quelques mots à l'autre forçat, et ils se mirent à rire; ils pivotèrent ensuite sur eux-mêmes en faisant résonner leurs chaînes entremêlées, et finirent par s'occuper d'autre chose. Les grands numéros qu'ils avaient sur le dos, leur enveloppe sale et grossière comme colle de vils animaux; leurs jambes enchaînées et modestement entourées de mouchoirs de poche, et la manière dont tous ceux qui étaient présents les regardaient et s'en tenaient éloignés, en faisaient, comme l'avait dit Herbert, un spectacle des plus désagréables et des plus honteux.

Mais ce n'était pas encore tout. Il arriva que toute la rotonde de la voiture avait été retenue par une famille quittant Londres, et qu'il n'y avait pas d'autre place pour les deux prisonniers que sur la banquette de devant, derrière le cocher. Là-dessus, un monsieur de mauvaise humeur, qui avait pris la quatrième place sur cette banquette, se mit dans une violente colère, et dit que c'était violer tous les traités que de le mêler à une si atroce compagnie; que c'était pernicieux, infâme, honteux, et je ne sais plus combien d'autres choses. A ce moment les chevaux étaient attelés et le cocher impatient de partir. Nous nous préparâmes tous à monter, et les prisonniers s'approchèrent avec leur gardien, apportant avec eux cette singulière odeur de mie de pain, d'étoupe, de fil de caret, de pierre enfumée qui accompagne la présence des forçats.

« Ne prenez pas la chose si mal, monsieur, dit le gardien au voyageur en colère, je me mettrai moi-même auprès de vous, et je les placerai tout au bout de la banquette. Ils ne vous adresseront pas la parole, monsieur, vous ne vous apercevrez pas qu'ils sont là.

— Et il ne faut pas m'en vouloir, grommela le forçat que j'avais reconnu ; je ne tiens pas à partir, je suis tout disposé à rester, en ce qui me concerne ; la première personne venue peut prendre ma place.

— Ou la mienne, dit l'autre d'un ton rude, je ne vous aurais gêné ni les uns ni les autres si l'on m'eût laissé faire. »

Puis ils se mirent tous deux à rire, à casser des noix, en crachant les coquilles tout autour d'eux, comme je crois réellement que je l'aurais fait moi-même à leur place si j'avais été aussi méprisé.

A la fin, on décida qu'on ne pouvait rien faire pour le monsieur en colère, et qu'il devait ou rester, ou se contenter de la compagnie que le hasard lui avait donnée ; de sorte qu'il prit sa place sans cesser cependant de grogner et de se plaindre, puis le gardien se mit à côté de lui. Les forçats s'installèrent du mieux qu'ils purent, et celui des deux que j'avais reconnu s'assit si près derrière moi que je sentais son souffle dans mes cheveux.

« Adieu, Haendel ! » cria Herbert quand nous nous mîmes en mouvement.

Et je songeai combien il était heureux qu'il m'eût trouvé un autre nom que celui de Pip.

Il est impossible d'exprimer avec quelle douleur je sentais la respiration du forçat me parcourir, non-seulement le derrière de la tête, mais encore toute l'épine dorsale ; c'était comme si l'on m'eût touché la moelle au moyen de quelque acide mordant et pénétrant au point de me faire grincer des dents. Il semblait avoir un bien plus grand besoin de respirer qu'un autre homme et faire plus de bruit en respirant ; je sentais qu'une de mes épaules remontait et s'allongeait par les efforts que je faisais pour m'en préserver.

Le temps était horriblement dur, et les deux forçats maudissaient le froid. Avant d'avoir fait beaucoup de chemin, nous étions tous tombés dans une immobilité léthargique, et quand nous eûmes passé la maison qui se trouve à mi-route, nous ne fîmes autre chose que de somnoler, de trembler et de garder le silence. Je m'assoupis moi-même en me demandant si je ne devais pas restituer une couple de livres sterling à ce pauvre misérable avant de le perdre de vue, et quel était le meilleur moyen à employer pour y parvenir. Tout en réfléchissant ainsi, je sentis ma tête se pencher en avant comme si j'allais tomber sur les chevaux. Je m'éveillai tout effrayé et repris la question que je m'adressais à moi même.

Mais je devais l'avoir abandonnée depuis plus longtemps que je ne le pensais, puisque, bien que je ne pusse rien reconnaître dans l'obscurité, aux lueurs et aux ombres capricieuses de nos lanternes, je devinais les marais de notre pays, au vent froid et humide qui soufflait sur nous. Les forçats, en se repliant sur eux-mêmes pour avoir plus chaud et pour que je pusse leur servir de paravent, se trouvaient encore plus près de moi. Les premiers mots que je leur entendis échanger quand je m'éveillai répondaient à ceux de ma propre pensée.

« Deux banknotes d'une livre.

— Comment les a-t-il eues ? dit le forçat que je ne connaissais pas.

— Comment le saurais-je ? repartit l'autre. Quelqu'un les lui aura données, des amis, je pense.

— Je voudrais, dit l'autre avec une terrible imprécation contre le froid, les avoir ici.

— Les deux billets d'une livre, ou les amis ?

— Les deux billets d'une livre. Je vendrais tous les amis que j'ai et que j'ai eus pour un seul, et je trouverais que c'est un fameux marché. Eh bien ! il disait donc ?...

— Il disait donc, reprit le forçat que j'avais reconnu : tout fut dit et fait en une demi-minute derrière une pile de bois, à l'arsenal de la Marine. Vous allez être acquitté ? Je le fus. Trouverai-je le garçon qui l'a nourri, qui a gardé son secret, et lui donnerai-je les deux billets d'une livre ? Oui, je le trouverai. Et c'est ce que j'ai fait.

— Vous êtes fou ! grommela l'autre. Moi je les aurais dépensés à boire et à manger. Il était sans doute bien naïf. Vous dites qu'il ne savait rien sur votre compte ?

— Non, pas la moindre chose. Autres bandes, autres vaisseaux. Il avait été jugé pour rupture de ban et condamné.

— Est-ce là sur l'honneur, la seule fois que vous ayez travaillé dans cette partie du pays ?

— C'est la seule fois.

— Quelle est votre opinion sur l'endroit ?

— Un très-vilain endroit ; de la vase, du brouillard, des marais et du travail. Du travail, des marais, du brouillard et de la vase. »

Ils témoignèrent tous deux de leur aversion pour le pays avec une grande énergie de langage, et après avoir épuisé ce sujet il ne leur resta plus rien à dire.

Après avoir entendu ce dialogue j'aurais assurément dû descendre et me cacher dans la solitude et dans l'ombre de la route, si je n'avais pas tenu pour certain que cet homme ne pouvait avoir aucun soupçon de mon identité. En vérité, non-seulement ma personne était si changée, mais j'avais des habits si différents et j'étais dans des circonstances si opposées qu'il n'était pas probable qu'il pût me reconnaître sans quelque secours accidentel. Pourtant ce fait seul d'être avec lui sur la voiture était assez étrange pour me remplir de crainte et me faire penser qu'à l'aide de la moindre coïncidence il pourrait à tout moment me reconnaître, soit en entendant prononcer mon nom, soit en m'entendant parler. Pour cette raison, je résolus de descendre aussitôt que nous toucherions à la ville et de me mettre ainsi hors de sa portée. J'exécutai ce projet avec succès. Mon petit porte-manteau se trouvait dans le coffre, sous mes pieds; je n'avais qu'à tourner un ressort pour m'en emparer; je le jetai avant moi, puis je descendis devant le premier réverbère et posai les pieds sur les premiers pavés de la ville. Quant aux forçats, ils continuèrent leur chemin avec la voiture, et, comme je savais vers quel endroit de la rivière ils devaient être dirigés, je voyais dans mon imagination le bateau des forçats les attendant devant l'escalier vaseux. J'entendis encore une voix rude s'écrier : « Au large, vous autres! » comme à des chiens. Je voyais de nouveau cette maudite arche de Noé, ancrée au loin, dans l'eau noire et bourbeuse.

Je n'aurais pu dire de quoi j'avais peur, car mes craintes étaient vagues et indéfinies, mais j'avais une grande frayeur. En gagnant l'hôtel je sentais qu'une terreur épouvantable, surpassant de beaucoup la simple appréhension d'une reconnaissance pénible ou désagréable, me faisait trembler; je crois même qu'elle ne prit aucune forme distincte, et qu'elle ne fut même pendant quelques minutes qu'un souvenir des terreurs de mon enfance.

La salle à manger du *Cochon bleu* était vide, je n'avais pas encore commandé mon dîner, et j'étais à peine assis quand le garçon me reconnut. Il s'excusa de son peu de mémoire et me demanda s'il fallait envoyer Boots chez M. Pumblechook.

« Non, dis-je, certainement non ! »

Le garçon, c'était lui qui avait apporté le Code de commerce le jour de mon contrat, parut surpris et profita de la première occasion qui se présenta pour placer à ma portée un vieil extrait crasseux d'un journal de la localité avec tant d'empressement que je le pris et lus ce paragraphe :

« Nos lecteurs n'apprendront pas sans intérêt, à pro-
« pos de l'élévation récente et romanesque à la fortune
« d'un jeune ouvrier serrurier de nos environs (quel
« thème, disons-le en passant, pour la plume magique
« de notre compatriote Toby, le poëte de nos colonnes,
« bien qu'il ne soit pas encore universellement connu),
« que le premier patron du jeune homme, son compa-
« gnon et son ami, est un personnage très-respecté, qui
« n'est pas étranger au commerce des grains, et dont
« les magasins, éminemment commodes et confortables,
« sont situés à moins d'une centaine de milles de la
« Grande Rue. Ce n'est pas sans éprouver un certain
« plaisir personnel que nous le citons comme le Mentor
« de notre jeune Télémaque, car il est bon de savoir
« que notre ville a également produit le fondateur
« de la fortune de ce dernier. De la fortune de qui ?
« demanderont les sages aux sourcils contractés et les

« beautés aux yeux brillants de la localité. Nous croyons
« que Quentin Metsys fut forgeron à Anvers. » —
Verb. Sap.

J'ai l'intime conviction, basée sur une grande expérience, que si, dans les jours de ma prospérité, j'avais été au pôle nord, j'y aurais trouvé quelqu'un, Esquimau errant ou homme civilisé, pour me dire que Pumblechook avait été mon premier protecteur et le fondateur de ma fortune.

CHAPITRE XXIX.

De bonne heure j'étais debout et dehors. Il était encore trop tôt pour aller chez miss Havisham; j'allai donc flâner dans la campagne, du côté de la ville qu'habitait miss Havisham, qui n'était pas du même côté que Joe : remettant au lendemain à aller chez ce dernier. En pensant à ma patronne, je me peignais en couleurs brillantes les projets qu'elle formait pour moi.

Elle avait adopté Estelle, elle m'avait en quelque sorte adopté aussi; il ne pouvait donc manquer d'être dans ses intentions de nous unir. Elle me réservait de restaurer la maison délabrée, de faire entrer le soleil dans les chambres obscures, de mettre les horloges en mouvement et le feu aux foyers refroidis, d'arracher les toiles d'araignées, de détruire la vermine; en un mot d'exécuter tous les brillants hauts faits d'un jeune chevalier de roman et d'épouser la princesse. Je m'étais arrêté pour voir la maison en passant, et ses murs de briques rouges calcinées, ses fenêtres murées, le lierre vert et vigoureux embrassant jusqu'aux chambranles des cheminées, avec ses tendons et ses ramilles, comme si ses vieux bras sinueux eussent caché quelque mystère précieux et attrayant dont je fusse le héros. Estelle en était l'inspiration, cela va sans dire, comme elle en était l'âme; mais, quoiqu'elle eût pris un très-grand empire sur moi et que ma fantaisie et mon espoir reposassent sur elle, bien que son influence sur mon enfance et sur mon caractère eût été toute-puissante, je ne l'investis pas, même en cette matinée romantique, d'autres attributs que ceux qu'elle possédait. C'est avec intention que je mentionne cela maintenant parce que c'est le fil conducteur au moyen duquel on pourra me suivre dans mon pauvre labyrinthe. Selon mon expérience, les sentiments de convention d'un amant ne peuvent pas toujours être vrais. La vérité pure est que, lorsque j'aimai Estelle d'un amour d'homme, je l'aimai parce que je la trouvais irrésistible. Une fois pour toutes j'ai senti, à mon grand regret, très-souvent pour ne pas dire toujours, que je l'aimais malgré la raison, malgré les promesses, malgré la tranquillité, malgré l'espoir, malgré le bonheur, malgré enfin tous les découragements qui pouvaient m'assaillir. Une fois pour toutes, je ne l'en aimais pas moins, tout en le sachant parfaitement, et cela n'eut pas plus d'influence pour me retenir, que si je m'étais imaginé très-sérieusement qu'elle eût toutes les perfections humaines.

Je calculai ma promenade de façon à arriver à la porte comme dans l'ancien temps. Quand j'eus sonné d'une main tremblante, je tournai le dos à la porte, en essayant de reprendre haleine et d'arrêter les battements de mon cœur. J'entendis la porte de côté s'ouvrir, puis des pas traverser la cour; mais je fis semblant de ne rien entendre, même quand la porte tourna sur ses gonds rouillés.

Enfin, me sentant touché à l'épaule, je tressaillis et me retournai. Je tressaillis bien davantage alors, en me trouvant face à face avec un homme vêtu de vêtements sombres. C'était le dernier homme que je me serais attendu à voir occuper le poste de portier chez miss Havisham.

« Orlick !

— Ah ! c'est que voyez-vous, il y a des changements de position encore plus grands que le vôtre. Mais entrez, entrez ! j'ai reçu l'ordre de ne pas laisser la porte ouverte. »

J'entrai ; il la laissa retomber, la ferma et retira la clef.

« Oui, dit-il en se tournant, après m'avoir assez malhonnêtement précédé de quelques pas dans la maison, c'est bien moi !

— Comment êtes-vous venu ici ?

— Je suis venu ici sur mes jambes, répondit-il, et j'ai apporté ma malle avec moi sur une brouette.

— Êtes-vous ici pour le bien ?

— Je n'y suis pas pour le mal, au moins, d'après ce que je suppose ? »

Je n'en étais pas bien certain ; j'eus le loisir de songer en moi-même à sa réponse, pendant qu'il levait lentement un regard inquisiteur du pavé à mes jambes, et de mes bras à ma tête.

« Alors vous avez quitté la forge ? dis-je.

— Est-ce que ça a l'air d'une forge, ici ? répliqua Orlick, en jetant un coup d'œil méprisant autour de lui ; maintenant prenez-le pour une forge si cela vous fait plaisir. »

Je lui demandai depuis combien de temps il avait quitté la forge de Gargery.

« Un jour est ici tellement semblable à l'autre, répliqua-t-il, que je ne saurais le dire sans en faire le calcul. Cependant, je suis venu ici quelque temps après votre départ.

— J'aurais pu vous le dire, Orlick.

— Ah! fit-il sèchement, je croyais que vous étiez pour être étudiant. »

En ce moment, nous étions arrivés à la maison, où je vis que sa chambre était placée juste à côté de la porte, et qu'elle avait une petite fenêtre donnant sur la cour. Dans de petites proportions, elle ressemblait assez au genre de pièces appelées loges, généralement habitées par les portiers à Paris; une certaine quantité de clefs étaient accrochées au mur; il y ajouta celle de la rue. Son lit, à couvertures rapiécées, se trouvait derrière, dans un petit compartiment ou renfoncement. Le tout avait un air malpropre, renfermé et endormi comme une cage à marmotte humaine, tandis que lui, Orlick, apparaissait sombre et lourd dans l'ombre d'un coin près de la fenêtre, et semblait être la marmotte humaine pour laquelle cette cage avait été faite. Et cela était réellement.

« Je n'ai jamais vu cette chambre, dis-je, et autrefois il n'y avait pas de portier ici.

— Non, dit-il, jusqu'au jour où il n'y eut plus aucune porte pour défendre l'habitation, et que les habitants considérassent cela comme dangereux à cause des forçats et d'un tas de canaille et de va-nu-pieds qui passent par ici. Alors on m'a recommandé pour remplir cette place comme un homme en état de tenir tête à un autre homme, et je l'ai prise. C'est plus facile que de souffler et de jouer du marteau. — Il est chargé; il l'est! »

Mes yeux avaient rencontré, au-dessus de la cheminée, un fusil à monture en cuivre, et ses yeux avaient suivi les miens.

« Eh bien, dis-je, ne désirant pas prolonger davantage la conversation, faut-il monter chez miss Havisham?

— Que je sois brûlé si je le sais ! répondit-il en s'étendant et en se secouant. Mes ordres ne vont pas plus loin. Je vais frapper un coup sur cette cloche avec le marteau, et vous suivrez le couloir jusqu'à ce que vous rencontriez quelqu'un.

— Je suis attendu, je pense.

— Qu'on me brûle deux fois, si je puis le dire ! » répondit-il.

Là-dessus, je descendis dans le long couloir qu'autrefois j'avais si souvent foulé de mes gros souliers, et il fit résonner sa cloche. Au bout du passage, pendant que la cloche vibrait encore, je trouvai Sarah Pocket, qui me parut avoir verdi et jauni à cause de moi.

« Oh ! dit-elle, est-ce vous, monsieur Pip ?

— Moi-même, miss Pocket. Je suis aise de vous dire que M. Pocket et sa famille se portent bien.

— Sont-ils un peu plus sages ? dit Sarah, en secouant tristement la tête. Il vaudrait mieux qu'ils fussent sages que bien portants. Ah ! Mathieu ! Mathieu !... vous savez le chemin, monsieur ?

— Passablement, car j'ai monté cet escalier bien souvent dans l'obscurité. »

Je le gravis alors avec des bottes bien plus légères qu'autrefois et je frappai, de la même manière que j'avais coutume de le faire, à la porte de la chambre de miss Havisham.

« C'est le coup de Pip, dit-elle immédiatement ; entrez, Pip. »

Elle était dans sa chaise, auprès de la vieille table, toujours avec ses vieux habits, les deux mains croisées sur sa canne, le menton appuyé dessus, et les yeux tournés du côté du feu. A côté d'elle était le soulier blanc qui n'avait jamais été porté, et une dame élégante que je n'avais jamais vue, était assise, là tête penchée sur le soulier, comme si elle le regardait.

« Entrez, Pip, continua miss Havisham, sans détourner les yeux. Entrez, Pip. Comment allez-vous, Pip ? Ainsi donc, vous me baisez la main comme si j'étais une reine ? Eh ! eh bien ?... »

Elle me regarda tout à coup sans lever les yeux, et répéta d'un air moitié riant, moitié de mauvaise humeur :

« Eh bien ?

— J'ai appris, miss Havisham, dis-je un peu embarrassé, que vous étiez assez bonne pour désirer que je vinsse vous voir : je suis venu aussitôt.

— Eh bien ? »

La dame qu'il me semblait n'avoir jamais vue avant, leva les yeux sur moi et me regarda durement. Alors je vis que ses yeux étaient les yeux d'Estelle. Mais elle était tellement changée, tellement embellie ; elle était devenue si complétement femme, elle avait fait tant de progrès dans tout ce qui excite l'admiration, qu'il me semblait n'en avoir fait aucun. Je m'imaginais, en la regardant, que je redevenais un garçon commun et grossier. C'est alors que je sentis toute la distance et l'inégalité qui nous séparaient, et l'impossibilité d'arriver jusqu'à elle.

Elle me tendit la main. Je bégayai quelque chose sur le plaisir que j'avais à la revoir, et sur ce que je l'avais longtemps, bien longtemps espéré.

« La trouvez-vous très-changée, Pip ? demanda miss Havisham avec son regard avide et en frappant avec sa canne sur une chaise qui se trouvait entre elles deux, et pour me faire signe de m'asseoir.

— Quand je suis entré, miss Havisham, je n'ai absolument rien reconnu d'Estelle, ni son visage, ni sa tournure, mais maintenant je reconnais bien que tout cela appartient bien à l'ancienne....

— Comment! vous n'allez pas dire à l'ancienne Estelle? interrompit miss Havisham. Elle était fière et insolente, et vous avez voulu vous éloigner d'elle, ne vous en souvenez-vous pas? »

Je répondis avec confusion qu'il y avait très-longtemps de tout cela, qu'alors je ne m'y connaissais pas.... et ainsi de suite. Estelle souriait avec un calme parfait, et dit qu'elle avait conscience que j'avais parfaitement raison, et qu'elle avait été désagréable.

« Et lui!... est-il changé? demanda miss Havisham.

— Énormément! dit Estelle en m'examinant.

— Moins grossier et moins commun, » dit miss Havisham en jouant avec les cheveux d'Estelle.

Et elle se mit à rire, puis elle regarda le soulier qu'elle tenait à la main, et elle se mit à rire de nouveau et me regarda. Elle posa le soulier à terre. Elle me traitait encore en enfant; mais elle cherchait à m'attirer.

Nous étions dans la chambre fantastique, au milieu des vieilles et étranges influences qui m'avaient tant frappé, et j'appris qu'elle arrivait de France, et qu'elle allait se rendre à Londres. Hautaine et volontaire comme autrefois, ces défauts étaient presque effacés par sa beauté, qui était quelque chose d'extraordinaire et de surnaturel; je le pensais, du moins, désireux que j'étais de séparer ses défauts de sa beauté. Mais il était impossible de séparer sa présence de ces malheureux et vifs désirs de fortune et d'élégance qui avaient tourmenté mon enfance, de toutes ces mauvaises aspirations qui avaient commencé par me rendre honteux de notre pauvre logis et de Joe, de toutes ces visions qui m'avaient fait voir son visage dans le foyer ardent, dans les éclats du fer, jusque sur l'enclume, qui l'avaient fait sortir de l'obscurité de la nuit, pour me regarder à travers la fenêtre de la forge et disparaître ensuite.... En un mot, il m'était impossible de la séparer, dans le passé ou dans le présent, des moments les plus intimes de mon existence.

Il fut convenu que je passerais tout le reste de la journée chez miss Havisham; que je retournerais à l'hôtel le soir, et le lendemain à Londres. Quand nous eûmes causé pendant quelque temps, miss Havisham nous envoya promener dans le jardin abandonné. En y entrant, Estelle me dit que je devais bien la rouler un peu comme autrefois.

Estelle et moi entrâmes donc dans le jardin, par la porte près de laquelle j'avais rencontré le jeune homme pâle, aujourd'hui Herbert; moi, le cœur tremblant et adorant jusqu'aux ourlets de sa robe; elle, entièrement calme et bien certainement n'adorant pas les ourlets de mon habit. En approchant du lieu du combat, elle s'arrêta et dit:

« Il faut que j'aie été une singulière petite créature, pour me cacher et vous regarder combattre ce jour-là, mais je l'ai fait, et cela m'a beaucoup amusée.

— Vous m'en avez bien récompensé.

— Vraiment! répliqua-t-elle naturellement, comme si elle se souvenait à peine. Je me rappelle que je n'étais pas du tout favorable à votre adversaire, parce que j'avais vu de fort mauvais œil qu'on l'eût fait venir ici pour m'ennuyer de sa compagnie.

— Lui et moi, nous sommes bons amis maintenant, lui dis-je.

— Vraiment! Je crois me souvenir que vous faites vos études chez son père?

— Oui. »

C'est avec répugnance que je répondis affirmativement, car cela me donnait l'air d'un enfant, et elle me traitait déjà suffisamment comme tel.

« En changeant de position pour le présent et l'avenir, vous avez changé de camarades ? dit Estelle.

— Naturellement, dis-je.

— Et nécessairement, ajouta-t-elle d'un ton fier, ceux qui vous convenaient autrefois comme société ne vous conviendraient plus aujourd'hui ? »

En conscience, je doute fort qu'il me restât en ce moment la plus légère intention d'aller voir Joe ; mais s'il m'en restait une ombre, cette observation la fit évanouir.

« Vous n'aviez en ce temps-là aucune idée de la fortune qui vous était destinée ? dit Estelle.

— Pas la moindre. »

Son air de complète supériorité en marchant à côté de moi, et mon air de soumission et de naïveté en marchant à côté d'elle formaient un contraste que je sentais parfaitement : il m'eût encore fait souffrir davantage, si je ne l'avais considéré comme venant absolument de moi, qui étais si éloigné d'elle par mes manières, et en même temps si rapproché d'elle par ma passion.

Le jardin était trop encombré de végétation pour qu'on pût y marcher à l'aise, et quand nous en eûmes fait deux ou trois fois le tour, nous rentrâmes dans la cour de la brasserie. Je lui montrai avec finesse l'endroit où je l'avais vue marcher sur les tonneaux le premier jour des temps passés, et elle me dit en accompagnant ses paroles d'un regard froid et indifférent :

« Vraiment !... ai-je fait cela ? »

Je lui rappelai l'endroit où elle était sortie de la

maison pour me donner à manger et à boire, et elle me répondit :

« Je ne m'en souviens pas.

— Vous ne vous souvenez pas de m'avoir fait pleurer? dis-je.

— Non, » fit-elle en secouant la tête et en regardant autour d'elle.

Je crois vraiment que son peu de mémoire, et surtout son indifférence me firent pleurer de nouveau en moi-même, et ce sont ces larmes-là qui sont les larmes les plus cuisantes de toutes celles que l'on puisse verser.

« Vous savez, dit Estelle, d'un air de condescendance qu'une belle et ravissante femme peut seule prendre, que je n'ai pas de cœur.... si cela peut avoir quelque rapport avec ma mémoire. »

Je me mis à balbutier quelque chose qui indiquait assez que je prenais la liberté d'en douter.... que je savais le contraire.... qu'il était impossible qu'une telle beauté n'ait pas de cœur....

« Oh! j'ai un cœur qu'on peut poignarder ou percer de balles, sans doute, dit Estelle, et il va sans dire que s'il cessait de battre, je cesserais de vivre, mais vous savez ce que je veux dire : je n'ai pas la moindre douceur à cet endroit-là. Non; la sympathie, le sentiment, autant d'absurdités selon moi. »

Qu'était-ce donc qui me frappait chez elle pendant qu'elle se tenait immobile à côté de moi et qu'elle me regardait avec attention? Était-ce quelque chose qui m'avait frappé chez miss Havisham? Dans quelques-uns de ses regards, dans quelques-uns de ses gestes, il y avait une légère ressemblance avec miss Havisham; c'était cette ressemblance qu'on remarque souvent entre les enfants et les personnes avec lesquelles ils ont vécu longtemps dans la retraite, ressemblance de mouvements, d'expression entre des visages qui, sous d'autres rapports, sont tout à fait différents. Et pourtant je ne pouvais lui trouver aucune similitude de traits avec miss Havisham. Je regardai de nouveau, et bien qu'elle me regardât encore, la ressemblance avait disparu.

Qu'était-ce donc?...

« Je parle sérieusement, dit Estelle, sans froncer les sourcils (car son front était uni) autant que son visage s'assombrissait. Si nous étions destinés à vivre longtemps ensemble, vous feriez bien de vous pénétrer de cette idée, une fois pour toutes. Non, fit-elle en m'arrêtant d'un geste impérieux, comme j'entrouvrais les lèvres, je n'ai accordé ma tendresse à personne, et je n'ai même jamais su ce que c'était. »

Un moment après, nous étions dans la brasserie abandonnée, elle m'indiquait du doigt la galerie élevée d'où je l'avais vue sortir le premier jour, et me dit qu'elle se souvenait d'y être montée, et de m'avoir vu tout effarouché. En suivant des yeux sa blanche main, cette même ressemblance vague, que je ne pouvais définir, me traversa de nouveau l'esprit. Mon tressaillement involontaire lui fit poser sa main sur mon bras, et immédiatement le fantôme s'évanouit encore et disparut.

Qu'était-ce donc?...

« Qu'avez-vous demanda Estelle. Êtes-vous effrayé?
— Je le serais, si je croyais ce que vous venez de dire, répondis-je pour en finir.
— Alors vous ne le croyez pas? N'importe, je vous l'ai dit, miss Havisham va bientôt vous le rappeler. Faisons encore un tour de jardin, puis vous rentrerez. Allons! il ne faut pas pleurer sur ma cruauté : an-

jourd'hui, vous serez mon page; donnez-moi votre épaule. »

Sa belle robe avait traîné à terre, elle la relevait alors d'une main et de l'autre me touchait légèrement l'épaule en marchant. Nous fîmes encore deux ou trois tours dans ce jardin abandonné, qui pour moi paraissait tout en fleurs. Les végétations jaunes et vertes qui sortaient des fentes du vieux mur eussent-elles été les fleurs les plus belles et les plus précieuses, qu'elles ne m'eussent pas laissé un plus charmant souvenir.

Il n'y avait pas entre nous assez de différence d'années pour l'éloigner de moi : nous étions presque du même âge, quoi que bien entendu elle parût plus âgée que moi; mais l'air d'inaccessibilité que lui donnaient sa beauté et ses manières me tourmentait au milieu de mon bonheur; cependant, j'avais l'assurance intime que notre protectrice nous avait choisis l'un pour l'autre. Malheureux garçon!

Enfin, nous rentrâmes dans la maison et j'appris avec surprise que mon tuteur était venu voir miss Havisham pour affaires, et qu'il reviendrait dîner. Les vieilles branches des candélabres de la chambre avaient été allumées pendant notre absence, et miss Havisham m'attendait dans son fauteuil.

Je dus pousser le fauteuil comme par le passé, et nous commençâmes notre lente promenade habituelle autour des cendres du festin nuptial. Mais dans cette chambre funèbre, avec cette image de la mort, couchée dans ce fauteuil et fixant ses yeux sur elle, Estelle paraissait plus belle, plus brillante que jamais, et je tombai sous un charme encore plus puissant.

Le temps s'écoula ainsi, l'heure du dîner approchait, et Estelle nous quitta pour aller à sa toilette. Nous nous étions arrêtés près du centre de la longue table et miss Havisham, un de ses bras flétris hors du fauteuil, reposait sa main crispée sur la nappe jaunie.

Estelle ayant retourné la tête et jeté un coup d'œil par-dessus son épaule, avant de sortir, miss Havisham ui envoya de la main un baiser; elle imprima à ce mouvement une ardeur dévorante, vraiment terrible dans son genre. Puis Estelle étant partie, et nous restant seuls, elle se tourna vers moi, et me dit à voix basse :

« N'est-elle pas belle.... gracieuse.... bien élevée? Ne l'admirez-vous pas?

— Tous ceux qui la voient doivent l'admirer, miss Havisham. »

Elle passa son bras autour de mon cou et attira ma tête contre la sienne, toujours appuyée sur le dos de son fauteuil.

« Aimez-la.... Aimez-la!... Aimez-la!... Comment est-elle avec vous? »

Avant que j'eusse eu le temps de répondre, si toutefois j'avais pu répondre à une question si délicate, elle répéta :

« Aimez-la!... Aimez-la!.... Si elle vous traite avec faveur, aimez-la!... Si elle vous accable, aimez-la!... Si elle déchire votre cœur en morceaux, et à mesure qu'il deviendra plus vieux et plus fort, il saignera davantage, aimez-la!... aimez-la!... aimez-la!... »

Jamais je n'avais vu une ardeur aussi passionnée que celle avec laquelle elle prononçait ces mots. Je sentais autour de mon cou les muscles de son bras amaigri se gonfler sous l'influence de la passion qui la possédait.

« Écoutez-moi, Pip, je l'ai adoptée pour qu'on l'aime, je l'ai élevée pour qu'on l'aime, je lui ai donné de l'éducation pour qu'on l'aime, j'en ai fait ce qu'elle est afin qu'elle pût être aimée, aimez-la !... »

Elle répétait le mot assez souvent pour ne laisser aucun doute sur ce qu'elle voulait dire ; mais si le mot souvent répété eût été un mot de haine, au lieu d'être un mot d'amour, tel que désespoir, vengeance, mort cruelle, il n'aurait pu résonner davantage à mes oreilles comme une malédiction.

« Je vais vous dire, fit-elle dans le même murmure passionné et précipité, ce que c'est que l'amour vrai : c'est le dévouement aveugle, l'abnégation entière, la soumission absolue, la confiance et la foi contre vous-même et contre le monde entier, l'abandon de votre âme et de votre cœur tout entier à la personne aimée. C'est ce que j'ai fait ! »

Lorsqu'elle arriva à ces paroles et à un cri sauvage qui les suivit, je la retins par la taille, car elle se soulevait sur son fauteuil, enveloppée dans sa robe qui lui servait de suaire, et s'élançait dans l'espace comme si elle eût voulu se briser contre la muraille et tomber morte.

Tout ceci se passa en quelques secondes. En la remettant dans son fauteuil, je crus sentir une odeur qui ne m'était pas inconnue ; en me tournant, j'aperçus mon tuteur dans la chambre.

Il portait toujours, je crois ne pas l'avoir dit encore, un riche foulard, de proportions imposantes, qui lui était d'un grand secours dans sa profession. Je l'ai vu remplir de terreur un client ou un témoin, en déployant avec cérémonie ce foulard, comme s'il allait se moucher immédiatement, puis s'arrêtant, comme s'il voyait bien qu'il n'aurait pas le temps de le faire avant que le client ou le témoin ne se fussent compromis ; le client ou le témoin, à demi compromis, imitant son exemple, s'arrêtait immédiatement, comme cela devait être. Quand je le vis dans la chambre, il tenait cet expressif mouchoir de poche des deux mains et nous regardait. En rencontrant mon œil, il dit clairement, par une pause momentanée et silencieuse, tout en conservant son attitude : « En vérité! C'est singulier! » Puis il se servit de son mouchoir comme on doit s'en servir, avec un effet formidable.

Miss Havisham l'avait vu en même temps que moi. Comme tout le monde, elle avait peur de lui. Elle fit de violents efforts pour se remettre, et balbutia qu'il était aussi exact que toujours.

« Toujours exact, répéta-t-il en venant à moi; comment ça va-t-il, Pip? Vous ferai-je faire un tour, miss Havisham? Ainsi donc, vous voilà ici, Pip? »

Je lui dis depuis quand j'étais arrivé, et comment miss Havisham avait désiré que je vinsse voir Estelle. Ce à quoi il répliqua :

« Ah! c'est une très-jolie personne! »

Puis il poussa devant lui miss Havisham dans son fauteuil avec une de ses grosses mains, et mit l'autre dans la poche de son pantalon, comme si ladite poche était pleine de secrets.

« Eh! Pip! combien de fois aviez-vous déjà vu miss Estelle, dit-il en s'arrêtant.

— Combien!...

— Ah! combien de fois? Dix mille fois?

— Oh! non, pas aussi souvent.

— Deux fois?

— Jaggers, interrompit miss Havisham, à mon grand soulagement, laissez donc mon Pip tranquille, et descendez dîner avec lui. »

Il s'exécuta, et nous descendîmes ensemble l'escalier. Pendant que nous nous rendions aux appartements séparés en traversant la cour du fond, il me demanda combien de fois j'avais vu miss Havisham manger et boire, me donnant comme de coutume à choisir entre cent fois et une fois.

Je réfléchis et je répondis :

« Jamais !

— Et jamais vous ne la verrez, Pip, reprit-il avec un singulier sourire ; elle n'a jamais souffert qu'on la voie faire l'un ou l'autre depuis qu'elle a adopté ce genre de vie. La nuit elle erre au hasard dans la maison et prend la nourriture qu'il lui faut.

— Permettez, monsieur, dis-je, puis-je vous faire une question ?

— Vous le pouvez, dit-il, mais je suis libre de refuser d'y répondre. Voyons votre question.

— Le nom d'Estelle est-il Havisham, ou bien.... »

Je n'avais rien à ajouter.

« Ou qui ? dit-il.

— Est-ce Havisham ?

— C'est Havisham. »

Ceci nous mena jusqu'à la table où elle et Sarah Pocket nous attendaient. M. Jaggers présidait. Estelle s'assit en face de lui. Nous dînâmes fort bien, et nous fûmes servis par une servante que je n'avais jamais vue pendant mes allées et venues, mais qui, je le sais, avait toujours été employée dans cette mystérieuse maison. Après dîner, on plaça devant mon tuteur une bouteille de vieux porto ; il était évident qu'il se connaissait en vins, et les deux dames nous laissèrent. Je n'ai jamais vu autre part, même chez M. Jaggers, rien de pareil à la réserve que M. Jaggers affectait dans cette maison. Il tenait ses regards baissés sur son assiette, et c'est à peine si pendant le dîner il les dirigea une seule fois sur Estelle. Quand elle lui parlait, il écoutait et répondait, mais ne la regardait jamais, du moins je ne m'en aperçus pas. De son côté, elle le regardait souvent avec intérêt et curiosité, sinon avec méfiance; mais il n'avait jamais l'air de se douter de l'attention dont il était l'objet. Pendant tout le temps que dura le dîner, il semblait prendre un malin plaisir à rendre Sarah Pocket plus jaune et plus verte, en revenant souvent dans la conversation à mes espérances; mais là encore il semblait ne se douter de rien, il allait jusqu'à paraître arracher, et il arrachait en effet, bien que je ne susse pas comment, des renseignements sur mon innocent individu.

Quand lui et moi restâmes seuls, il se posa et il se répandit sur toute sa personne un air de tranquillité parfaite, conséquence probable des informations qu'il possédait sur tout le monde en général. C'en était réellement trop pour moi. Il contre-examinait jusqu'à son vin quand il n'avait rien autre chose sous la main; il le plaçait entre la lumière et lui, le goûtait, le retournait dans sa bouche, puis l'avalait, posait le verre, le reprenait, regardait de nouveau le vin, le sentait, l'essayait, le buvait, remplissait de nouveau son verre, le contre-examinait encore jusqu'à ce que je fusse aussi inquiet que si j'avais su que le vin lui disait quelque chose de désagréable sur mon compte. Trois ou quatre fois, je crus faiblement que j'allais entamer la conversation; mais toutes les fois qu'il me voyait sur le point de lui demander quelque chose, il me regardait, son verre à la main, en tournant et retournant son vin dans sa bouche, comme pour me faire remarquer que c'était inutile de lui parler puisqu'il ne pourrait pas répondre.

Je crois que miss Pocket sentait que ma présence la mettait en danger de devenir folle et d'aller peut-être jusqu'à déchirer son bonnet, lequel était un affreux bonnet, une espèce de loque en mousseline, et à semer le plancher de ses cheveux, lesquels n'avaient assurément jamais poussé sur sa tête. Elle ne reparut que plus tard lorsque nous remontâmes chez miss Havisham pour faire un whist. Pendant notre absence, miss Havisham avait, d'une manière vraiment fantastique, placé quelques-uns des plus beaux bijoux de sa table de toilette dans les cheveux d'Estelle, sur son sein et sur ses bras, et je vis jusqu'à mon tuteur qui la regardait par-dessous ses épais sourcils, et levait un peu les yeux quand cette beauté merveilleuse se trouvait devant lui avec son brillant éclat de lumière et de couleur.

Je ne dirai rien de la manière étonnante avec laquelle il gardait tous ses atouts au whist, et parvenait, au moyen de basses cartes qu'il avait dans la main, à rabaisser complétement la gloire de nos rois et de nos reines, ni de la conviction que j'avais qu'il nous regardait comme trois innocentes et pauvres énigmes qu'il avait devinées depuis longtemps. Ce dont je souffrais le plus, c'était l'incompatibilité qui existait entre sa froide personne et mes sentiments pour Estelle; ce n'était pas parce que je savais que je ne pourrais jamais me décider à lui parler d'elle, ni parce que je savais que je ne pourrais jamais supporter de l'entendre faire craquer ses bottes devant elle, ni parce que je savais que je ne pourrais jamais me résigner à le voir se laver les mains près d'elle : c'était parce que je savais que mon admiration serait toujours à un ou deux pieds au-dessus de lui, et que mes sentiments seraient regardés par lui comme une circonstance aggravante.

On joua jusqu'à neuf heures, et alors il fut convenu que, lorsque Estelle viendrait à Londres j'en serais averti, et que j'irais l'attendre à la voiture. Puis je lui dis bonsoir, je lui serrai la main et je la quittai.

Mon tuteur occupait au *Cochon bleu* la chambre voisine de la mienne. Jusqu'au milieu de la nuit les paroles de miss Havisham : « Aimez-la ! aimez-la ! aimez-la ! » résonnèrent à mon oreille. Je les adaptai à mon usage, et je répétais à mon oreille : « Je l'aime !... je l'aime !... je l'aime !... » plus de cent fois. Alors un transport de gratitude envers miss Havisham s'empara de moi en songeant qu'Estelle m'était destinée, à moi, autrefois le pauvre garçon de forge. Puis je pensais avec crainte qu'elle n'entrevoyait pas encore cette destinée sous le même jour que moi. Quand commencerait-elle à s'y intéresser ? Quand me serait-il donné d'éveiller son cœur muet et endormi ?

Mon Dieu ! je croyais ces émotions grandes et nobles, et je ne pensais pas qu'il y avait quelque chose de bas et de petit à rester éloigné de Joe parce que je savais qu'elle avait et qu'elle devait avoir un profond dédain pour lui. Il n'y avait qu'un jour que Joe avait fait couler mes larmes, mais elles avaient bien vite séché !... Dieu me pardonne ! elles avaient bien vite séché !...

FIN DU PREMIER VOLUME.

TABLE DES MATIÈRES

DU PREMIER VOLUME.

	Pages.
Chap. I.	1
Chap. II.	9
Chap. III.	22
Chap. IV.	30
Chap. V.	44
Chap. VI.	59
Chap. VII.	63
Chap. VIII.	78
Chap. IX.	96
Chap. X.	107
Chap. XI.	117
Chap. XII.	137
Chap. XIII.	145
Chap. XIV.	156
Chap. XV.	160
Chap. XVI.	176
Chap. XVII.	183
Chap. XVIII.	196
Chap. XIX.	216
Chap. XX.	238
Chap. XXI.	251

TABLE DES MATIÈRES.

Chap. XXII. 259
Chap. XXIII. 279
Chap. XXIV. 291
Chap. XXV. 300
Chap. XXVI. 312
Chap. XXVII. 323
Chap. XXVIII. 335
Chap. XXIX. 345

FIN DE LA TABLE DU PREMIER VOLUME.

COULOMMIERS
Imprimerie PAUL BRODARD

www.ingramcontent.com/pod-product-compliance
Lightning Source LLC
Chambersburg PA
CBHW050548170426
43201CB00011B/1604